SHANGHAIJIAOYUCONGSHU

上海教育丛书

许孩子一个幸福童年

徐则民　贺蓉　王菁／著

上海教育出版社
SHANGHAI EDUCATIONAL PUBLISHING HOUSE

《上海教育丛书》历届编委会

1994年至2001年

主　　编　吕型伟

副 主 编　姚庄行　袁　采　张民生　刘元璋(常务)

编　　委　于　漪　刘期泽　俞恭庆　江晨清　陆善涛　陈　和　樊超烈

2002年至2007年

主　　编　吕型伟

副 主 编　姚庄行　袁　采　张民生　刘元璋　夏秀蓉　樊超烈

编　　委(以姓氏笔画为序)

于　漪　王厥轩　尹后庆　冯宇慰　刘期泽　江晨清　陆善涛　陈　和　俞恭庆　袁正守

2008年至2014年

顾　　问　李宣海　薛明扬

主　　编　吕型伟

执行主编　夏秀蓉

副 主 编　姚庄行　袁　采　张民生　尹后庆　刘期泽　于　漪

编　　委(以姓氏笔画为序)

王厥轩　王懋功　仇言瑾　史国明　包南麟　宋旭辉　张跃进　陈　和　金志明　赵连根　俞恭庆　顾泠沅　倪闽景　徐　虹　徐淀芳　黄良汉

总　序

建设一流城市，需要一流教育。办好教育，最根本的是要建设好教师队伍和学校管理干部队伍。

在长期的教育实践中，上海市涌现了一大批长期耕耘在教育第一线呕心沥血、努力探索，积累了丰富经验的优秀教师；涌现了一批领导学校卓有成效，有思想、有作为的优秀教育管理工作者。广大优秀教育工作者教育教学和管理工作的经验，凝聚着他们辛勤劳动的心血乃至毕生精力。为了帮助他们在立业、立德的基础上立言，确立他们的学术地位，使他们的经验能成为社会的共同财富，1994 年上海市领导决定，委托教育部门负责整理这些经验。为此，上海市教育局、上海市中小学幼儿教师奖励基金会组织成立《上海教育丛书》编辑委员会，并由吕型伟同志任主编，自当年起出版《上海教育丛书》（以下称《丛书》）。1995 年上海市教育委员会成立后，要求继续做好《丛书》的编辑出版工作。2008 年初，经上海市教育委员会领导同意，调整和充实了《丛书》编委会，并确定夏秀蓉同志任执行主编，协助主编工作。2014 年底，经上海市教育委员会领导同意，调整和充实了《丛书》编委会，确定尹后庆同志担任主编。《丛书》的内容涵盖了基础教育和中等职业教育的各个方面，包含有较高理论水平和学术价值的著作，涉及中小学教育、学前教育、师范教育、职业教育、校外教育和特殊教育，以及学校的领导管理与团队工作，还有弘扬祖国优秀文化、促进国际教育交流等方面的著作，体现了上海市中小学教育改革与发展的轨迹，体现了上海市中小学教育办学的水平与质量，体现了优秀教师和教育工作者的先进教育思想与丰富的实践经验。《丛书》出版后，受到广大教师、教育工作者及社会的欢迎。

为进一步搞好《丛书》的出版、宣传和推广工作，对今后继续出版的《丛书》，我们将结合上海教育进入优质均衡、转型发展新时期的特点，更加注重反映教育改革前沿的生动实践，更加注重典型性、实用性和可读性。希望《丛书》反映的教育思想、理念和观点能起到抛砖引玉的作用，引发大家的思考、议论和争鸣；更希望在超前理念、先进思想的统领下创造出的扎实行动和鲜活经验，能引领当前的教育教学改革工作，使《丛书》成为记录上海教育改革历程和成果的历史篇章，成为广大教师和教育工作者的良师益友。限于我们的认识和水平，《丛书》难免会有疏漏和不尽如人意之处，诚恳地希望广大读者提出宝贵意见，帮助我们共同把《丛书》编好。

《上海教育丛书》编委会

序　一

努力办好每一所幼儿园

上海市教师教育学院(上海市教育委员会教学研究室)总结提炼的教学成果——整体提升幼儿园保教质量的上海实践,在回应国家政策要求和顺应学前教育改革趋势的基础上,凭借敏锐的眼光和深邃的洞察力,选择了“保教质量提升”这一关键议题,并致力于聚焦典型问题,找准突破路径,分段实施推进。经过二十余年的不懈拼搏、砥砺奋进,上海各区幼儿园在保教质量提升方面取得了丰硕成果。该成果报告以精练且饱满的笔触,呈现了这一段波澜壮阔的改革历程,凝聚着上海幼教工作者的智慧和心血。具体而言,该成果具有以下特点:

一是具有理论的先进性和科学性。保教质量是幼儿园可持续发展的生命线,提升保教质量关乎每个家庭的幸福和希望。该成果明确提出科学的保教质量新观念,以成就每一个幼儿的幸福童年、为其可持续发展奠基为宗旨,以促进幼儿整体发展、主动发展、差异发展的“幼儿发展优先”理念为导向,以支持园所和教师主动发展为抓手,并最终确立幼儿园保教质量观。此外,该成果聚焦于幼儿园保教质量的关键要素,围绕办园方向、课程框架、保育安全、师幼关系、环境创设、家园共育、教师发展等方面,以一日生活为主阵地,以游戏为支点,以教研为依托,以激活教师专业发展内驱力为追求,为促进幼儿园保教质量持续提升提供了理论指引。

二是具有实践的引领性和创新性。当前,我国学前教育已经实现基本普及目标，正迈入全面普及和高质量发展的新阶段，迫切需要全面提升幼儿园保教质量，以满足人民群众对“入好园”的需求。该成果从观念革新、课程建构、游戏开展、教研支持和评估实践五方面，全面总结了上海在幼儿园保教质量提升方面的全方位思考和实践路径。尤其是在课程领导力提升，游戏活动深入研究，市、区、园三级教研网络构建，基于循证的保教质量自评方案制定等方面的改革实践中，该成果为新时代背景下学前教育高质量发展开辟出兼具先进性、引领性和创新性的探索之路，为我国其他地区的幼儿园保教质量提升提供了方向指引和行动指南。

三是具有推广应用的示范性和普及性。尽管上海作为我国经济最发达的城市之一，在幼儿园保教质量的外在环境支持方面占有得天独厚的优势，但上海市幼儿园保教质量的整体提升行动始终强调充分激发幼儿、教师和幼儿园的内在发展动力。比如：顺应幼儿的发展规律，尊重幼儿独特的学习方式；倾听教师的声音，让教师真正成为各级教研体系的主体；鼓励并支持幼儿园进行自我评估，引导其走上自我诊断、自觉反思、自主更新的主动成长之路。2022 年，教育部印发的《幼儿园保育教育质量评估指南》从注重过程评估、强化自我评估、聚焦班级观察三方面，为我国新时期学前教育的提质增能指明了方向。因此，上海在幼儿园保教质量提升方面的改革实践，正是对这一方向指引的有力回应。通过激活内驱力，让幼儿、教师和幼儿园成为主动参与者和发展者，这无疑对我国广大地区的幼儿园保教质量提升具有广泛的示范和启示意义。

中国教育学会学前教育专业委员会理事长

华东师范大学教育学部教授

黄　瑾

2024 年 12 月

序　二

携手提升保教质量，共筑幼儿成长基石

“整体提升幼儿园保教质量的上海实践”这一教学成果先后荣获2022年上海市基础教育教学成果奖特等奖、2023年基础教育国家级教学成果奖一等奖。这是上海近1700所幼儿园、4万余名幼教工作者的共同荣光，是上海政府主导和业务引领同心同德的美好结晶，是市、区、园三级同向发力的充分体现，是各方专业力量和上海教研同频共振的有力彰显。

二十余年前，上海“二期课改”拉开帷幕，为学前教育课程改革注入新的活力。学前教育课程的基本理念是以幼儿发展为本，倡导课程应满足幼儿对安全与健康、关爱与尊重的基本需求，并为幼儿提供平等的学习与发展机会；应与幼儿的学习特点和身心发展水平相适应，旨在引导幼儿积极主动地学习；应尊重幼儿学习与发展的个体差异，并致力于落实个别化教育。比如，确立以促进幼儿和谐发展为取向的课程目标，构建以整合、开放为特点的课程内容，推进以活动、体验为特点的课程实施，开展以发展为导向的课程评价，落实以民主为原则的课程管理。这些先进理念以及符合上海实际的课程结构与内容，引领了上海学前教育课程改革，能为全市幼儿园保教质量提升打牢根基。

2021年，上海市紧扣新时代育人要求，立足社会主义现代化国际大都市的特点，提出“幼儿发展优先”理念，倡导幼儿可持续发展优先、幼儿发展规

律优先、幼儿发展需求优先。此外，上海市通过深化“五育”融合，传承红色基因，着力培养幼儿的良好习惯以及好奇好问、实践创新、乐于学习、善于合作等综合素养；通过聚焦于幼儿整体发展、主动发展、差异发展，为幼儿成为终身学习者奠定基础，从而实现学前教育高质量发展，满足人民群众对“幼有善育”的美好期盼。

“幼儿发展优先”理念进一步引导教师立足现代儿童观，认识到儿童虽因弱小而需要保护，但不能因此被轻视。教师要积极主动地发现幼儿成长的力量，将幼儿视为有能力、独特、积极主动的权利主体，并将幼儿在一日生活中自然经历的挑战、困难、关系视为学习与发展的机会。总之，教师要进一步凸显幼儿主体地位，在完善一日活动、丰富成长经历、探索自我评价、创新教研制度、重构家园互动模式、开发并利用课程资源的过程中，努力实现“三个走向”和“三个统一”。具体而言，从为了幼儿发展走向基于幼儿发展，实现幼儿主动学习与教师引导支持的统一；从成人视角走向幼儿视角，实现幼儿发展行为分析与教师内生性专业成长的统一；从一般的、统一的幼儿走向具体的、个性化的幼儿，实现整体性与差异性的统一。

“幼儿发展优先”行动研究被列为上海市学前教育与托育服务发展“十四五”规划重大项目，也成为全面建设高质量幼儿园的强劲驱动力。如今，“幼儿发展优先”不再只是挂在教师嘴上的口号，而是体现在他们的举手投足间，体现在他们肯定和鼓励幼儿的眼神中。教师不再是掠夺式地开发幼儿的大脑，而是基于幼儿的认知特点，理解并尊重他们的学习兴趣和探究方式；不再是一味地牵着幼儿往前走，而是能用心观察每一个幼儿的独特之处，将他们的试错、重复尝试视为宝贵的教育契机；不再是借着安全等名义，让幼儿乖乖地待在教室，而是让他们每天至少有 2 小时在户外奔跑、玩耍等。此外，教师深知，看似粗放的活动中蕴含着丰富的教育价值。在“幼儿发展优先”理念的指导下，各园所都在努力为每一个幼儿创造幸福的童年时光。

2020 年，原上海市教育委员会教学研究室牵头研制了《上海市幼儿园办园质量评价指南（试行稿）》（以下简称《评价指南》）。在《评价指南》的引导下，各园所逐步建立了自我评价机制，营造了以评促建的良好氛围；越来越多的教师也养成了自我评估意识，能从容地开展观察与评估活动，并在反思与调整中实现自我成长。教师深知，幼儿的发展才是教育的目的，评价是为了更好地发现和创造价值。

2022 年，教育部印发《幼儿园保育教育质量评估指南》(以下简称《评估指南》)。于是，我们第一时间组织教研员和园长开展学习讨论。把握《评估指南》的精髓和要求，并将其有效落地，是上海学前教育持续提升专业内涵、实现高质量发展的实然选择，是实现“幼有善育”、促进全市幼儿健康快乐成长的必然要求，是坚定儿童立场、促进教师和管理者专业发展的必由之路。

在贯彻保育教育质量评估新观念的进程中，我们在上海市教育委员会尤其是托幼工作处的领导下，不断激发新动能和创造新模式。比如：我们组织幼儿园通过不少于半日的连续观察，精准发现和科学诊断问题，并据此采取改进措施；我们鼓励幼儿园将园本教研根植于真实场景，通过开展循证研究，在追溯和研判证据的过程中对幼儿进行研究，推动教师将高质量的保教过程融入每一个活动。此外，我们依据《评估指南》研制的自评手册即将推出。我们相信，它会成为上海幼儿园保教质量提升的新航标。

童年时光一去不复返，是不可逆的珍贵岁月。幼儿的学习经历因其独一无二的珍贵性，让我们产生敬畏之情。因此，尊重幼儿的身心发展规律，是我们始终追求的目标。如何帮助幼儿更好地实现从幼儿园到小学的“软着陆”？经过十多年的努力，上海的幼小衔接工作呈现出双向奔赴的态势。

我们于 2008 年研制了《上海市幼儿园幼小衔接活动的指导意见(征求意见稿)》，并于 2020 年出版了《上海市幼儿园幼小衔接活动指导意见(修订稿)》。在专业性文本的指引下，教师逐渐明确幼小衔接是长期性而非一时性的活动。因此，教师并非只要在大班末期有针对性地组织主题活动就行，而是要从小班入园开始，将目光聚焦于每一个幼儿，密切留意他们在班级中的情绪情感波动，悉心培育他们良好的学习和生活习惯以及各项基础能力。比如，在大班的一年时间里，教师要切实将教育融入一日生活的方方面面，有意识地在各类活动的实施过程中融入文明习惯、情绪管理、自我保护、规则意识、任务意识、时间观念、社会交往等方面的内容，从而为幼儿进入小学做好全方位准备。与此同时，我们开发了专门用于幼小衔接的课程——小学低年级主题式综合活动课程，倡导该课程遵循生活化、综合化、活动化的原则。这些实践成果在我们于 2022 年推出的上海市深入推进幼小科学衔接首批系列讲座培训视频（共 12 讲）中得到充分展现。这一课程的开发还得到多位高校专家的鼎力支持。目前，基于儿童经验发展连续性的幼小课程教学衔接研究正在持续开展中。市、区两级教研部门携手合作，共同深耕这一领域。在此过程中，幼小双方逐渐“看清”并“拥抱”对方，从而使得幼小科学衔接得以深入实施。

随着我国经济社会的不断发展、人民生活水平的显著改善、家庭养育者文化水准的日益提高，社会各界对 0—3 岁婴幼儿早期教育的需求呈现出迅猛增长的态势。截至 2023 年底，上海已有近 1800 家各类托育服务机构，提供约 8.8 万个名额，基本形成以幼儿园托班为主体、以普惠性资源为主导的托育服务体系。唯有教养融合，才能托举起 0—3 岁婴幼儿这个“最柔软群体”。针对社会上过早或片面关注婴幼儿智能开发等现象，当下社会亟须更新对 0—3 岁婴幼儿发展认知和教养观的认识，提升机构保教人员的整体素质，优化照料者的育儿理念和行为。为此，我们通过全面整合各方力量，深入开展研究工作，精心研制并出版了《上海市 0—3 岁婴幼儿发展要点与支持策略（试行稿）》，旨在助力 0—3 岁婴幼儿健康快乐成长。

从确立理论依据到提出假设指标，再到进行多轮效度检验，所有研究人员在此过程中始终秉持工匠精神，精益求精，遇到问题就反复修正，可谓“十年磨一剑”。我们相信，这一成果会引导上海托育服务机构的保教人员逐渐明确不同月龄段婴幼儿在动作与习惯、情感与社会、认知与探索、语言与沟通等不同领域所应达到的状态，从而给予有针对性的支持，并关注婴幼儿的特殊行为表现，做到早发现、早干预。

教研是支持园所解决问题的通道，也是促进教师专业成长的阶梯。上海历任教研员都深刻认识到，园所的实际需求和教师的真实痛点是教研工作的关注点，问题的召唤和课改要求的呼应是教研工作的立足点。因此，他们总能在问题驱动与应然性变革之间找到教研工作的突破点。同时，他们始终重视来自教师的普遍性问题，因此经常会深入教研活动现场，通过剖析一个个具体问题，进而解决一类问题，助力教师提升专业认知，形成专业智慧，并引领他们走上自我诊断、自觉反思、自主更新的成长之路。此外，制度规范、组织赋能、工具支持的网络教研，实现了优质教研资源扁平化、无限制、快速传递的功能，并将这些宝贵经验广泛辐射至全市乃至全国。

早期经验对儿童未来发展具有深远影响，高质量的童年生活为儿童一生的幸福奠定基础。回首过去，展望未来，上海各区幼儿园将持续坚持保育与教育双轮驱动发展模式。为了同一个目标，广大学前教育工作者始终携手并肩，坚定地走在保教质量提升的道路上。

许孩子一个美好童年，给孩子一个锦绣未来。

上海市教师教育学院（上海市教育委员会教学研究室）副院长
谭轶斌
2024年12月

目 录

第一章

筑牢保教质量的根基，以核心理念为引领

第一节　以促进每一个幼儿健康快乐成长为宗旨

众所周知，学前教育课程与教学改革的关键在于教师，而教师的驱动力则源自他们的儿童观和教育观。上海学前教育研究人员在认真反思诸多现实问题时，发现了以下问题：首先，在实践工作中，大批教师虽秉持“为了幼儿发展”的宗旨，但在实际行动中却急功近利，急于推动幼儿发展。在此过程中，这些教师往往容易忽略幼儿本身的需求、体验和经验基础，也不习惯将幼儿视为他们自身学习与发展的积极参与者。其次，在课程管理与评价中，教研员、园长和教师更习惯从成人视角出发，用统一的标准分析每一个幼儿存在的问题，却很少能真正站在幼儿的立场，反思自己的教育行为。最后，在家园共育中，教师常常无法为家长呈现一个真实、立体的儿童形象。究其根源，是因为他们缺乏对幼儿的充分研究和分析，总是习惯以一般化、统一化、理想化的认知看待幼儿，因此无法有效认识那些具体的、个性化的、真实的幼儿。

如何以促进每一个幼儿健康快乐成长为宗旨？如何重构教师的儿童观？如何推动教师成为保教质量提升的中坚力量？这些问题是我们行动的关键所在。为此，我们持续推动教师不断加深对幼儿的认识和理解，将每一个幼儿视为具有独立人格的个体，将今日的幼儿视为国家的未来，支持幼儿成为积极主动、有能力的学习者。同时，我们以促进幼儿身心健康发展为宗旨，深入落实立德树人根本任务，为培养德智体美劳全面发展的社会主义建设者和接班人奠定坚实基础。

每一个幼儿都应被温柔以待

案例

藏在口袋里的红色蝴蝶结

这天，一名教师遇到了一个不爱说话的女孩。为了拉近与女孩的距离，教师开始努力尝试，通过细心观察来发现女孩的独特之处。教师喜欢称呼女孩为“蓝妹妹”，因为女孩经常穿蓝色衣服。然而，为了确认女孩是否能接受这个称呼，教师耐心地等待了一个星期，直到女孩点头允许。

过了一段时间，女孩剪短了头发。教师并没有因女孩的新发型而改变对她的照顾，依旧像往常一样为她梳头，同时轻声与她交谈。在这段时间里，教师只是单纯地和女孩说话，并没有深入聊天。之后，教师与女孩达成了一项温馨的约定：每天都会给女孩一个温暖的拥抱。终于，在日复一日的坚持中，女孩主动向教师问候“老师早”“老师再见”。尽管女孩每天只说这两句简单的问候语，但教师欣然接受这样的相处模式，耐心地等待女孩的进一步变化。

后来，在班级演出排练中，教师终于听到了女孩声音最响亮的一次说话。为了庆祝这一进步，教师送给女孩一个红色蝴蝶结。尽管女孩没有如教师所期望的那样将蝴蝶结戴在头上，而是选择将其珍藏在口袋里，但教师依然为女孩的这一举动感到高兴。

这个案例故事虽不长，也没有催人泪下的情节，但却因教师的细腻举动而触动人心。比如，这名教师在征得女孩同意后才称呼她为“蓝妹妹”，每天给予女孩拥抱并坚持与女孩说话，通过送小礼物来表达对女孩的爱意，以及适时适度地进行反思和调整。以上这些行为充分展现了这名教师对专业陪伴的深度理解。这名教师耐心且持续地做着一些不起眼的小事，让我看到了其“因上努力，果上随缘"的坚定，以及由内而外地尊重、信任和等待幼儿。

其实，每名教师都会遇到形形色色的"蓝妹妹"。或许，有的"蓝妹妹"性格内向，有的固执任性，有的胆小敏感，有的脾气急躁，有的缺乏自律，有的拒人于千里之外……然而，现实中的许多"蓝妹妹"并未得到应有的温柔呵护。许多教师忙于应对班级里的"熊孩子"和"熊家长"，忽略了在关爱能力和专业能力上的自我提升。殊不知，如果教师没有赢得幼儿的爱与信任，即便教育目标正确、方法科学，也难以取得理想效果。只有让幼儿真切感受到教师的爱，教育才能真正触及他们的心灵。

说到爱心，我常想起上海市首位学前教育特级教师赵赫老师说过的话："带班的每一天，我规定自己一定要利用一日生活的各个环节，和班级中的每一个幼儿都有单独对话的时间。聊天的时间可长可短，内容也可以不着边际、海阔天空。我希望我的陪伴能让幼儿充分感受到我对他们的重视，而我也能在这样的师生互动中更好地走近、了解他们。"

教师应努力做到以下几点：在与幼儿相处的每一天中，与每一个幼儿建立亲密、彼此信任的师幼关系，让每一个幼儿都能感受到浓浓的师爱；在日常班级管理中，让爱化作神奇的力量，从而触动幼儿幼小的心灵，让他们感受到温暖。

细细想来，案例中的女孩是幸运的，因为她遇到了一位愿意站在她的角度理解她，允许她按自己的方式行事，以及不催促她朝着成人期望的方向快速成长的教师。其实，每一个幼儿都是含苞待放的花蕾，也是"最柔软群体"，需要教师努力站在有利于他们成长的立场，关注个体差异，促进并支持他们的学习与发展，为他们的终身学习奠定基础。

学期更迭，如同书页翻动，永不停歇地向前推进。同时，一批又一批幼儿因缘分而与我们相遇。因此，我们要关注每一个幼儿，牢记"每一个幼儿都应被温柔以待"，并继续为之奋斗。

为此，我们需要不断反思内心对幼儿的认知。如果我们坚信幼儿之间存在差异，以及每一个幼儿都有独特之处，就应带着好奇和真诚去研究幼儿，并给予幼儿更多的宽容与理解；如果我们相信幼儿能在体验中成长，就应提供丰富的机会，耐心等待幼儿的进步；如果我们认为幼儿的发展不是一蹴而就的，背后一定有其原因，就应持续观察真实情境中的幼儿行为，并深入挖掘真正的影响因素，甚至不断反思自己的教育行为。

作为教师，要学会用幼儿的眼光观察他们的世界，体会他们的心情，理解他们的想法，并让幼儿感受到被理解与尊重。同时，教师要善于捕捉幼儿的兴趣和需求，以及发现他们各不相同的发展状态、学习特点等，并由此给予更有针对性的回应和支持。唯有如此，我们的陪伴才会更贴心、更温暖，才能真正实现“幼有善育”目标。

让每一个幼儿都拥有机会

作为教研员，我时常走进幼儿园，与幼儿进行交流，因为幼儿的话语中蕴含着丰富的信息。

某天早上，我在教室的角落里看见一个女孩正在记录天气预报。随后，教师给了她一支蓝色水笔和一张画满格子的记录纸。此外，这张记录纸上还绘有代表九月的红色曲线和代表十月的紫色曲线。我想，这些曲线应该是孩子们在过去两个月的时间里记录的气温变化情况。显然，这一过程对孩子们目前感知秋季和未来感知冬季都有积极意义。但此刻，我更关心的是眼前的这个女孩会如何记录当日最高气温。

只见女孩右手握笔，并用左手中指从下往上数格子。当数到 20 时，她立刻换成右手小指，并精准地停在那个位置。显然，她认为自己找到了代表当日最高气温的准确位置。接着，女孩用左手中指从左往右数 15 格。其中，每一格代表一天。当左手中指和右手小指碰到一起时，她用水笔在这个位置画了一个点。之后，她尝试将自己当天画的点与前一天画的点进行连接……

我用手机记录了整个过程。在与一同观摩的教师一起夸奖女孩条理清晰的同时，我情不自禁地对这个班级的幼儿整体发展水平产生好奇，想知道班级里有多少幼儿具备这样的能力。于是，我问女孩：“为什么今天是你记录天气预报？”

通常，这个问题会引发幼儿自信的回答，如“老师请我记录的”“因为我记录做得好""今天是我们小组值日，我负责记录天气预报"。然而，那天我得到的答案却出乎意料。女孩一本正经地告诉我："我是 15 号呀！"她见我没听明白，就补充道："因为今天是 15 日，我是 15 号，所以由我来做天气预报员。"她怕我还不明白，又继续解释："菲菲是 13 号，前天就是她记录的。我们班女生的号码都在前面，等女生都记录完，就轮到男生了。"

虽然女孩的解释十分到位，但我仍有疑问："如果 15 日正好是双休日，怎么办？"毕竟一周只有五个工作日，将一个月的所有工作日加起来，似乎不足以让每一个幼儿都有机会记录。那么，剩余的幼儿怎么办呢？

女孩回答道："那就星期一补记。每个星期一都是由三个小朋友一起记录的，一个负责记星期一的天气预报，另外两个负责把星期六和星期日的天气预报补上。"

女孩毫无保留地给我讲述班级记录天气预报的规则。我在恍然大悟的同时，真心想为这个班级的教师点赞。他们的教育意图和制度设计，让班级里的幼儿都有机会参与有意义的活动。

在细细品味女孩描述的操作流程的同时，我还重新反思了平日里幼儿脱口而出且极其自然的言语，并对其背后隐含的师生关系进行了思考。比如，"老师请我记录的"这句话反映出教师的主导意识和控制状态。显然，幼儿参与活动的机会完全掌握在教师手中，而教师如何使用手中的权力则取决于其儿童观。又如，"因为我记录做得好"这句话是幼儿自信的表达，也是我们期望听到的回答。但在这种回答中，能力较弱的幼儿可能会被忽视。再如，"今天是我们小组值日，我负责记录天气预报"这句话反映了教师在值日小组中实施"扬长避短""定向培养"的教育策略。

也许有人会质疑我的考量，觉得类似上述几种回答今后就不能再出现了。我认为并非如此，因为在不同发展阶段的教育契机中，教师可以运用不同的教育策略来支持幼儿获得经验。但无论运用何种教育策略，"基于幼儿发展，为每一个幼儿提供学习与发展的机会"始终是重要前提。

如果说女孩说的"我是 15 号"这句话让我几年前就对每个幼儿在每个月都获得平等机会表示由衷赞叹，那么近几年，随着学前教育课程改革的不断推进，"尊重幼儿个体差异""相信每一个幼儿都是积极主动、有能力的学习者"等理念更加深入人心。教师要想在接纳差异的基础上成就每一个幼儿，关键在于每日活动中为每一个幼儿提供充分、平等的机会。因为每日的机会至关重要，它能带给幼儿“探索—领会—应用—充分觉知—创造”的过程，也能支持幼儿在每日生活中获得主动学习的过程。

此外，一些幼儿园还为不同年龄段的幼儿提供每天记录天气的机会。比如，有的幼儿园不仅在教室里布置了便于幼儿每天贴贴画画的墙面，还为幼儿准备了本子，支持他们用自己的方式记录天气。别小看这本本子，它给幼儿提供了每天涂涂画画的机会，让他们能把自己关心、喜欢、烦恼的事情记录下来。“记录天气”并非一项强制性任务，而是一种引导，旨在告诉幼儿每天可以关心天气、观察植物生长和了解各种新闻。在来园或其他日常活动环节，幼儿们可以自由选择记录的内容。在这个过程中，教师需要做的不是评价幼儿“记没记”“记得好不好”，而是更深入地感知幼儿发现了什么以及对哪些事情产生了浓厚的兴趣，并尝试探究有些幼儿不想记录的原因。

教师采取的教育策略和行为，要能确保每个幼儿都有机会参与，并获得体验。在此基础上，如果教师能进一步实施有目的的观察，就会发现幼儿在认知水平上的差异。教师要在观察中与幼儿同频共情，并由此确立更有针对性的回应和支持策略。

其实，教育公平并不只是停留在书本或文件中的概念，更不是领导和专家的“专用词”。真正的教育公平，应该在每天的教室或活动中得以体现。

静待花开，支持每一个幼儿获得成功

在一次幼儿园观摩活动中，我见证了执教教师与幼儿之间精彩纷呈的互动。在16个幼儿中，有五六个幼儿的认知水平和语言表达能力尤为突出，令人赞叹不已。然而，我的目光却不由自主地看向那些从未举过手甚至都不知道说些什么的幼儿。在同样的活动时段里，如果给予他们机会，他们又会如何表达？是否有其他想法？遗憾的是，现实中没有“如果”，同伴们高质量的发言替代了对他们能力的考量，他们由此被认定为“懂了，而且懂得很多”。

坐在我身旁的一位区教育局领导轻声说道：“现在的孩子真是见多识广。看着他们，我想起我女儿当年上幼儿园时，课堂上极少举手，就像个小傻瓜一样。我回家问她：‘为什么不举手？’她回答说：‘小朋友说得好，我说得不好。’”这位领导虽然面带笑容且语气轻松，而且她的女儿如今或许发展得不错，但当我想到这样消极的话竟出自一个未满六岁的幼儿之口时，我的内心还是有点隐隐作痛。

说到这里，或许会有教师觉得委屈：幼儿之间本就存在差异，而且每个班级都有不爱开口的幼儿。如果所有问题都要顾及每一个幼儿，那课还怎么上？这样的辩解，乍一听似乎有些道理。作为旁观者，我们不应过分苛责教师在集体活动的“提问—回答”环节无法面向每一个幼儿。但不可否认，在众多集体教学活动中，我们原本设计的“容量”往往无法承载更多幼儿的表达。当能力较强的幼儿回答正确后，教师常常默认大家都已掌握。关键是，这些迅速又准确的回答，加上教师毫不吝啬的赞扬，让那些能力较弱的幼儿相形见绌，甚至无地自容。

能力较弱的幼儿不仅会面临机会的缺失，有时还会遭受同伴的嫌弃。在一场讨论班级日报的集体活动中，教师先引导幼儿发现报纸可以记录新鲜事，接着和大家探讨用拍照、画画等方式记录，随后鼓励幼儿分组采访最想采访的人，并记录结果。这时，能力较强的幼儿开始大展身手：“听我的，我们去采访×老师。”“我聪明，我来问问题。”“×××，你画得好，你来画画。”“哎呀，你这样画是不对的。”“你看，你又画错了。你走开，我来画吧。”……这般“合作”，实在让人心疼。可这样的场景对我们来说并不陌生。

我确信，这绝非教师期望看到的。教师备课时，一定希望幼儿之间能互相倾听、说服对方以达成共识，并根据个人所长来分配工作，以及齐心协力完成任务。然而，这一美好愿景并未实现。其实，这并非难以理解，因为每个人的意愿和认知不同，当他们面对临时指令时，很难按预期完成任务。为此，我们需要反思：这到底是幼儿的问题，还是教师在设计活动时缺乏预估能力或者过于乐观？

我认为，这一定不是幼儿的问题。绝大多数幼儿在与同伴合作时，并无孤立谁、贬低谁的想法，也都希望尽快完成任务。因此，在有限的时间内，用同一目标或标准衡量幼儿是否正确、成功，则有人必然会失败。在集体教学活动中，让能力较强的幼儿主导一切，其他人听从指挥、不发声，或许能让小组获得成功。但可惜的是，这样的合作会让那些静一点、慢一点、弱一点的幼儿成为旁观者，在一次次被同伴否定中，产生“被碾压”的感受。

在现实中，这种“被碾压”的现象屡见不鲜。比如，在一个搭高楼的科学活动中，教师准备了不同形状、数量有限的积木，并鼓励幼儿选择自认为最合适的积木搭高楼，比谁搭得又牢又快。话音刚落，那些反应灵敏的幼儿毫不犹豫地奔向积木区，并挑选了许多长方体积木，很快就把一块块积木叠成高楼。看着这些能力较强的幼儿只注重速度，无暇深入探索，我满心遗憾。再看那些能力较弱的幼儿，等他们挤到积木区时，剩下的大多是小正方体、三棱锥积木，因此面临的挑战难上加难。于是，他们满心挫败地向教师诉苦：“因为长方体积木没有了，所以我搭不快，也搭不高。”在我看来，这显然是活动设计的问题。如果教师在备课的过程中不考虑那些静一点、慢一点、弱一点的幼儿会面临什么，也不给予他们有针对性的支持，这些幼儿就只能成为课堂上的“陪客”。

前一阵子，有一段小鸭子上台阶的视频让我深受启发。鸭妈妈想要带着 12 只小鸭子爬上三级台阶，但鸭妈妈始终就在最高的那级台阶上来回踱步，看似无所作为，可每只小鸭子都在不断寻找合适的位置，并奋力起跳。在这段视频里，你会看到 12 只小鸭子无数次摔倒又爬起。然而，鸭妈妈对此却不急不躁，耐心等待小鸭子的到来。我留意到，第一只爬上台阶的小鸭子用时不到一分钟，而最后爬上台阶的小鸭子比它晚了一分多钟。即便如此，第一只“登峰”的小鸭子也没有获得任何嘉奖和优待，只是和鸭妈妈一起等待同伴。

我为最后那只小鸭子的坚持不懈而感动，更为鸭妈妈静待花开的耐心所折服。我想，假如让鸭妈妈来当幼儿教师，她一定会信任每一个幼儿，并给予他们充足的时间去学习和探索。

通过反复观看视频，我想起很久以前自己做班主任的一些事情。比如，认真布置教室和准备材料后，我总会热情地向所有幼儿介绍新环境、新材料。和我搭班的两位老教师支老师和陈老师，她们常常会在活动结束后询问班级里的小朋友：“WW，墙上贴的是什么呀?”“YY，为什么要贴这个呢?”“XX，你知道这个东西怎么玩吗?”后来我发现，她们追问的都是班级能力最弱的那几个幼儿。

我曾经好奇地问过她们："为什么总是问他们几个？"两位老教师的回答却简洁明了："他们懂了，我们就放心了。"可见，在两位老教师看来，只有那些静一点、慢一点、弱一点的幼儿都拥有机会参与，都能理解并胜任完成，教育才算成功。

现在再看"静待花开"这一热词，其基本前提不是放任自流，而是不剥夺任何幼儿的机会，给予他们生长、开花的时间。

静待花开，是充分尊重幼儿的学习与发展规律，发现幼儿的独特之处，用更长远的眼光看待幼儿，理解他们正处在成长的过程中。

静待花开，是在陪伴幼儿成长时，不按成人的目标急于求成，而是多鼓励幼儿通过直接感知、实际操作和亲身体验获取经验，支持幼儿按照自身的节奏和方式，从原有水平迈向更高水平。

成就每一个幼儿发展：幼儿园保教质量持续提升的实践行动

2021 年，在历经 20 年课程改革的深厚积淀后，上海市创新性地提出"幼儿发展优先"理念。这一理念强调从为了幼儿发展走向基于幼儿发展，从成人视角走向幼儿视角，从一般的、统一的幼儿走向具体的、个性化的幼儿。

2022 年，教育部颁布《幼儿园保育教育质量评估指南》（以下简称《评估指南》），在附件的"科学理念"中强调"尊重幼儿个体差异""相信每一个幼儿都是积极主动、有能力的学习者"。

2023 年，上海全面启动高质量幼儿园建设工作，明确提出要形成科学的儿童观和保教观，充分尊重和理解幼儿，支持幼儿在生活和游戏中的主动学习。

显然，幼儿始终是教育的核心。我们需要思考：如何在发现幼儿、研究幼儿、成就幼儿方面做得更好？

一、每一个幼儿都应享有机会

说到"机会"，上海市教委的一位老领导这样比喻："幼儿教育要像农民种庄稼一样。农民怎样对待庄稼，决定了庄稼的命运。农民会全力以赴地铺足底肥，浇足水分，精耕细作，把土地整得松软、透气。农民日夜思考的是庄稼需要什么，怎样才能满足庄稼的需要。当庄稼长势不好时，农民从不埋怨庄稼，而是从自身找原因。对农民来说，没有种不好的庄稼，只有不会种庄稼的人。农民都知道，只有关爱是不行的，还要懂庄稼，这样才会有好的收成。关键是，一个好农民一定知道种庄稼要讲究时间和规律。一旦违背种植规律，至少一年都难以获得大丰收。而且，农民不会让最矮的庄稼枯萎……”这番话从本质上揭示了学前教育的基本任务——努力站在最有利于儿童生命成长的立场，密切关注个体差异，促进并支持每一个幼儿的学习与发展，激发他们的好奇心和探索意识，引导他们体验自我价值，促进他们富有个性地发展，为他们的终身学习奠定基础。

基于此，如果将幼儿在园的每一天以及一日活动中的每一个环节视为其“成长的土壤”，教师在陪伴幼儿的过程中，既不用统一的标准规范幼儿行为，也不包办代替，而是将自身的理解、宽容、支持作为滋养幼儿成长的“底肥、水分、精耕细作”，那么幼儿是否就能在日复一日的环节中逐渐成长起来呢？

以来园活动为例，教师应养成日常观察与评估的习惯，仔细观察幼儿是否具有按时来园、不迟到的时间观念，是否能大方地向老师、阿姨、保安叔叔及同伴问好，是否具有主动告知身体状态、不在楼道里奔跑、上下楼梯靠右行等自我保护意识，是否掌握有序整理衣物或玩具的能力，是否能积极参与值日生工作，并由此思考还能采取哪些措施，以进一步提升教育的有效性。这一做法无疑对幼儿的成长具有积极而深远的意义。

其实，在来园活动中，教师能做的事情还有很多。比如：引导幼儿逐步养成自我管理的习惯，鼓励幼儿在规定时间内投身于自己感兴趣的活动，让幼儿在持续的活动过程中获得效能感；有针对性地倾听幼儿的所思所想，深入了解幼儿的情绪和意愿，让幼儿感受到来自教师的尊重和理解，从而构建融洽和谐的师幼关系。

以此类推，每日的盥洗、餐点、午睡、操节、区域运动、游戏活动、集体教学活动等，甚至是在各个环节的转换过程中，都蕴含着丰富的学习与发展契机。关键在于，教师能否在凸显各类活动特质的基础上，充分相信幼儿，并促进幼儿在规则意识、任务意识、时间观念、社会交往等方面的全面发展。

曾有人问我："你认为理想中的幼儿园生活是怎样的?"我认为，虽然无法详尽描述所有的美好，但它必定具备一些主要特质。比如：一日活动的安排要符合幼儿的年龄特点，能为每一个幼儿提供多样化的活动体验，让他们拥有快乐且难忘的幼儿园时光；一日活动要遵循动静交替、室内外结合的原则，将集体活动、小组活动与个别活动有机结合；教师要充分重视生活和游戏的独特价值，切实保障幼儿拥有主动学习的机会和权利；教师要对幼儿好奇的问题尤其是其思维过程充满兴趣，鼓励幼儿大胆提出自己的问题，并尝试清晰地表达自己的观点，为幼儿创设提出、讨论和解决问题的良好氛围与空间；幼儿能从容地安排自己的时间，与教师建立起相互信赖、相互尊重、平等互助的关系，从而获得安全感和归属感。

二、每一个幼儿都需要被看见

常言道，只有看见幼儿，教育才能真正发生。

近几年的实践经验表明，对于"相信每一个幼儿都是积极主动、有能力的学习者"这句话，广大教师已然耳熟能详，但他们是否真的从内心深处相信这一点，仍有待进一步研究。很多教师常常抱怨："我看见的是调皮捣蛋的'熊孩子'，实在难以相信他们有这般能力。"

有时，我也会反思：到底是"看见了，才能相信"，还是"相信了，才能看见"呢？"看见"与"相信"，究竟哪个是因，哪个是果？仔细辨析可知，导致广大教师"不相信"的根本原因是他们习惯将预期目标作为唯一标准，以此衡量每一个幼儿。而且，他们始终无法摆脱"我懂得更多""我更有经验"的优越感，时常会因幼儿的表现与预期目标相去甚远而感到遗憾。活动中总有幼儿的表现不尽如人意，或者班级里总有一些"游离在外"的幼儿无法融入集体生活。在这种情况下，教师更容易产生"你不会""你不能""我来教你""我来帮你"的行动逻辑。

那么，如何才能突破这种思维定式？我们以"做实做强户外2小时活动"为切入点，鼓励教师通过观察幼儿的喜好和倾听幼儿的想法，为幼儿打造"童年的院子"。比如：引导教师尝试重构师幼关系，大胆放手，让幼儿自己开展游戏，真正给予幼儿自由时光，支持幼儿从容地做自己；同时，引导教师从幼儿的材料选择、情感体验、社会交往、规则遵守、语言表达、学习品质等方面观察活动过程，感受幼儿身上所蕴含的生命力量……当那些在室内常常被教师视为能力较弱、需要更多关注的幼儿，在户外活动中展现出更主动、更专注、更持久的状态时，教师才会由衷地信服。我们深刻体会到，只有深入了解幼儿的发展规律，“相信幼儿有其成长方式和速率”，教师在行为上才会更退后、更宽容。这恰恰能为幼儿的无限可能创造有利条件。

《相信相信的力量》这首诗歌所表述的观点，为我们提供了正确的指引。

不是从孩子身上看到了希望，你才相信孩子；而是你相信了孩子，你才能有希望。

不是孩子有了责任，你才放手；而是你放手了，孩子才有责任。

不是孩子听话了，你才尊重孩子；而是你尊重孩子了，孩子才听话。

不是孩子长大了，你才信任孩子；而是你信任孩子了，孩子才能长大。

不是孩子优秀了，你才接纳孩子；而是你接纳孩子了，孩子才优秀。

不是孩子幸福了，你才幸福；而是你幸福了，孩子才能获得幸福。

不是孩子可爱了，你才爱孩子；而是你爱孩子了，孩子才显得可爱。

……

这些年来，随着“站稳 10 分钟”的定点（定人）观察工作的逐步深入，越来越多的教师为自己看见了许多以前想不到、体会不到、触动不了内心的过程而感到欣喜，并情不自禁地表达对幼儿的欣赏与宽容之情。教师应与幼儿同频共振，追随幼儿的兴趣，逐步摆脱书本上笼统的儿童群体印象，走向真实情境中鲜活的、独一无二的个体。

此外，一些教师还尝试定期对手机、电脑里关于幼儿的视频和照片进行整理。如果说按活动主题记录活动过程的文件夹，有助于教师还原幼儿面临的问题和挑战，复盘幼儿的认知过程，那么专属个人的文件夹，本质上就是一份珍贵的儿童成长档案。一些教师通过与家长共享这些资料，实现了与家长的同频沟通，共同领悟幼儿的特点，开展基于信息收集的协商式家园共育，助力家长形成对幼儿发展的合理期望。

“每一个幼儿都需要被看见”，这并非教师日常带班工作以外新增的额外任务，而是能激励教师养成“观察—分析”的良好习惯，并将这种“观察—分析”的思维自然而然地融入一日活动的各个环节。教师应该明确，观察与倾听的过程绝不仅仅是自上而下地完成观察任务，而是要切实地感受幼儿的喜怒哀乐，敏锐地捕捉幼儿的兴趣和需求，勇敢地直面幼儿面临的真实问题和挑战。

三、每一个幼儿都应获得支持

说到“支持”，它是《评估指南》中出现频次最高的行为动词。当我们致力于提升幼儿园保教质量，期望实现有针对性的支持时，则要深刻理解“支持”的核心释义为“支撑”。“支持”一词揭示了“幼儿在前，教师在后”的新型师幼关系，强调教师要精准把握时机和恰当运用策略。

为此，我们期望教师在一日生活中能敏锐地抓住幼儿感兴趣或有意义的问题和情境，通过开放性提问、合理推测、有效讨论等方式，积极推进幼儿的主动学习；同时，期望教师多鼓励幼儿表达自己的观点，尊重并回应幼儿的想法和问题，采用小组或集体的形式，组织幼儿讨论他们感兴趣的话题，以此引导幼儿不断积累经验。

这样的“支持”更适切、更温暖，能有效改变长期以来从成人立场出发，确定教学内容、教学进度的思维定式，促进教师成为联结幼儿与课程的关键纽带，深度理解幼儿、教师、课程三者之间互为依存的紧密关系。

作为教师，在日常工作中要特别注意，不应急于介入或干扰幼儿的活动。因此，理解幼儿的重复行为，将幼儿在自然经历中面临的挑战、困难、人际关系视为学习与发展契机，甚至悦纳幼儿在失败中汲取经验教训，这些都是更具力量的信任与支持表现。

这些年来，我们习惯相对割裂地实施生活活动、运动、游戏活动、学习活动（以下简称四类活动）。展望未来，我们需要思考：如何在每一类活动中树立培养“完整儿童”的意识，从而支持幼儿的整体发展？

随着户外 2 小时活动的有效推进，同样的幼儿回到室内后，却常常表现出好奇心和主动性不足。此时，我们需要思考：那些由成人发起的特色活动、教学活动，应如何承载和呼应幼儿在户外积累的经验及热点话题？教师又该如何关照每一个幼儿，支持他们的主动发展？那些看似“没有时间去的室内空间”，要怎样与户外活动互为补充，从而进一步丰富幼儿的成长经历，支持幼儿实现差异发展？

持续提升幼儿园保教质量，离不开每一个园所、每一名教师的共同努力。只有聚焦每日生活、每个活动的实施质量，才能让每一个家庭切实感受到教育的成效，收获满满的获得感，进而全方位促进每一个幼儿的全面发展和个性成长。

为每一个幼儿做好入学准备

这些年来，随着幼儿入园率的不断提升，幼儿园作为重要的教育机构，肩负着双重责任：一方面，要妥善应对 3 岁幼儿初入园时产生的焦虑情绪，开展入园适应性教育，助力幼儿顺利从家庭生活过渡到集体生活；另一方面，为幼儿从幼儿园迈向小学做好充分的入学准备，推动幼小科学衔接工作顺利开展。

我国对幼小衔接的研究可追溯到 20 世纪 80 年代。近年来，随着教育改革的不断深入和社会对教育质量的要求逐步提高，"幼小衔接"这一话题受到越来越多的关注，相关研究也逐渐增多。我们已充分认识到，幼小衔接不仅是幼儿从幼儿园教育到小学教育的简单过渡，还是幼儿在心理、社会情感等方面的全面转变，对幼儿的身心发展、学习习惯养成、社会交往能力提升等方面都具有积极意义。当前，"进一步提升幼小衔接活动质量"这一任务摆在我们面前。诚如某学者所言："幼儿园不可能'躺赢'，学前教育阶段依旧需要保有持续优化的意识与过程。"因此，我们始终在自我反思与审视中进行创新实践，不断调整策略，力求提升幼小衔接活动质量，助力每一个幼儿以主动、积极、自信的姿态，从容应对小学阶段更高的任务密度与难度。

一、幼小衔接的主阵地到底在哪里

曾几何时，"不要让孩子输在起跑线上"的口号甚嚣尘上，整个社会都受其影响。彼时，许多园长和教师无奈地目睹每天中午或下午，幼儿被家长接连不断地接走，奔赴各种幼小衔接培训班的情形，并发出"守不住幼儿园大门"的感慨。面对这样的现象，我们是该听之任之，顺从家长的选择，还是持续提升幼儿园保教质量，并加大宣传力度，强化家园共育？答案不言而喻，自然是后者。

回顾过往可知，众多园所普遍重视大班末期的衔接教育，不少园所更是将幼小衔接工作方案纳入大班的课程实施方案。每年 4 至 6 月，一系列旨在引导幼儿“初步了解小学生的学习和活动，向往当个小学生”“体会自己已经长大，要以愉快的心情迎接毕业”的活动如火如荼地开展。虽然这三个月的活动开展得轰轰烈烈，也能回应相关热点话题，但仅靠这三个月的教育，便想激发幼儿的学习兴趣，培养幼儿的学习习惯，提升幼儿的倾听能力、专注能力、社会交往能力等，显然是远远不够的。

针对幼儿园普遍仅重视毕业前三个月衔接教育的现状和问题，我们大力倡导幼小衔接工作是长程性、常态化的保教工作。在幼儿 3 至 4 年的园所生活中，每一名教师都应密切关注幼儿情绪情感、习惯能力的培养。在大班这一关键学年里，教师应有意识地在一日活动中融入身心准备、生活准备、社会准备、学习准备等方面的内容。在大班末期的几个月里，教师可以引导幼儿深入了解小学生活，激发幼儿上小学的愿望，并进一步巩固幼儿良好的学习习惯，促进幼儿在生活自理能力、情绪管理能力、逻辑思维能力、书面表达能力、社会交往能力等方面的发展。基于此，我们不仅明确了幼儿园作为重要的教育机构，是开展幼小衔接工作的主阵地，还着重强调了入学准备是小班、中班、大班教师都要开展的教育内容。通过树立全体教师的衔接意识，充分发挥每一名教师在入学准备中的作用，这是一以贯之地落实教育目标、确保幼小衔接工作行之有效的重要前提。

其实，相较于大班末期两三个月的重点工作，确保在幼儿一日生活中渗透教育，将入学准备落实到幼儿园生活的每一天、每一个活动中，显得更为关键。要做到这一点，关键是要让所有教师充分理解并认识到一日生活对幼儿学习与发展的重要价值。以看似平淡无奇、日复一日的餐点活动为例，其中实则蕴含着丰富的教育契机，如文明习惯的养成、自我保护意识的培养、精细动作的锻炼、节约意识的树立等。对幼儿来说，每天的游戏活动或许只是单纯的玩耍，但在玩耍的背后，却是精细动作的锻炼过程，是与同伴协商合作的过程，是解决真实问题的过程，是学习情绪管理、客观评价自己的过程。因此，推动所有教师充分利用每日的盥洗、餐点、集体教学活动等各个环节，巧妙实施教育，这不仅是贯彻落实《3—6 岁儿童学习与发展指南》的必然要求，还是渗透入学准备、做好幼小衔接的必经之路。

强调在幼儿一日生活中渗透教育，其根本宗旨在于促使教师将提升幼小衔接活动质量的追求有效融入每日生活、每个活动。《上海市幼儿园幼小衔接活动指导意见(修订稿)》清晰地呈现了教师在实施四类活动的过程中可以关注并落实的“入学准备”相关内容。文件中罗列的一日生活环节，皆是教师日常熟悉且日复一日亲身经历的环节，旨在引导教师充分认识到，每一个看似寻常的环节都蕴含着丰富的教育价值和契机。教师只有了解并满足每一个环节中幼儿的学习与发展需求，才是做好幼小衔接的关键所在，也是实现“一日生活皆课程”这一理念的核心要义。

二、如何为每一个幼儿做好入学准备

教师在面对不一样的家庭需求和鲜活个体时，如何在接纳差异的基础上，助力每一个幼儿茁壮成长，关键在于为每一个幼儿提供充足且平等的机会。因为充足的机会能引领幼儿经历“探索—领会—应用—充分觉知—创造”的过程，有力支持每一个幼儿在一日生活中主动学习，进而全面提升活动过程质量。

当下，我们已在每日时长、连续频次等方面，保证幼儿拥有充足的锻炼身体、尽情游戏的机会。但我们仍需思考以下问题：如何为幼儿提供更充足的自我服务、参与劳动的机会？是否切实为幼儿打造了独立阅读、表达表征的良好环境，保证他们能静心阅读，并鼓励他们用自己喜欢的方式表达想法和观点？能否更合理地调整作息时间，赋予幼儿更多的自主空间，将自我管理能力的培养巧妙融入日常生活，促使幼儿在日复一日的生活中自信、从容地树立时间观念？事实上，锻炼身体、尽情游戏、自我服务、参与劳动、独立阅读、表达表征等活动的背后，是支持每一个幼儿在日复一日的生活中主动学习、掌握多种方法、积累丰富经验的过程。幼儿通过亲身经历、探索实践获得的方法和经验，正是助力他们顺利进入小学、快速适应小学生活的储备力量之一。

需要指出的是，一日生活中确实蕴含着大量机会，关键在于教师能否认识到这些机会对促进幼儿学习与发展的重要性。通常情况下，班级中总有一些一说就懂、一干就行的幼儿。他们往往拥有更多的机会，其能力也会随着机会的增多而愈发强大。然而，班级中还有一些性格内向、任性急躁、缺乏自律意识，甚至较为孤僻的幼儿。他们是否拥有同样平等的机会，是否正处于一种“有人懂（会）等于他们也懂（会）”的尴尬境地，这些问题值得我们深入思考。为此，只有确保每一个幼儿都拥有平等的机会，并且相信能力较弱的幼儿能在无数次的自我练习中收获胜任感和成功感，我们才能真正实现“为每一个幼儿做好入学准备”的目标。

虽然一日生活中蕴含着大量机会，但长期以来，教师会不由自主地对环境、材料等作出主观判断。比如，“这个场地适合大班”“滚筒就给中大班幼儿玩吧”“记录游戏故事太难了，小班不行”。这些看似不经意的判断，往往直接剥夺了部分幼儿探索与活动的机会。我们需要反思：当前的环境与材料设计真的精准到只适合某个特定年龄段的幼儿吗？在同一环境中，不同年龄段的幼儿会获得不同的经验，我们为何不能接纳不同年龄段的幼儿有各自的作为呢？如今，当我们牢记“不因幼儿弱小而轻视他们”时，我们便会给予托班、小班幼儿更多的机会。在这个过程中，我们同样也能发现他们身上绽放的别样精彩。由此可见，始终如一地为幼儿提供平等的机会，是促进幼儿逐步发展与成熟的必经之路。

三、以游戏为基本途径的学习对幼儿的入学准备有何积极意义

说到“入学准备”，很多教师都会追问：我们究竟应该在哪些方面为幼儿作准备？多年来，我们一直大力倡导激发幼儿的入学愿望，培养良好的学习习惯和学习兴趣。然而，家长们却时常夹杂着“为何不教拼音”“为何不教汉字”“为何不教 100 以内的加减法”等质疑之声。仿佛在他们看来，学好拼音、多认汉字、熟练掌握 100 以内的加减法，才是最实用、最关键的入学准备。2021 年，《幼儿园入学准备教育指导要点》明确提出，“幼儿园入学准备教育要以促进幼儿身心全面和谐发展为目标，注重身心准备、生活准备、社会准备和学习准备几方面的有机融合和渗透”。2022 年，《幼儿园保育教育质量评估指标》明确提出，“不提前教授小学阶段的课程内容”“关注幼儿发展的连续性，注重幼小科学衔接”。

为了落实“四个准备”，我们明确实施路径，特别强调要更多地在生活和游戏中为幼儿做好入学准备。我们以“做实做强户外 2 小时活动”为切入点，推动

教师进一步理解“游戏是幼儿的基本活动方式和主要学习方式”，支持幼儿“像孩子那样学习与发展”。丰富多样的户外活动不仅有助于幼儿锻炼身体和增强体质，还能有效减少幼儿远视储备的消耗和降低眼轴发育过快的风险，从而有效预防近视的发生。户外活动中洋溢着大自然的气息，这不仅有利于激发幼儿对自然科学的浓厚兴趣，培养幼儿的审美能力和艺术表达能力，还能让幼儿拥有更宽广的胸怀，促进幼儿的社会性发展，培养幼儿不怕困难、团结合作的优秀品质以及勇于创新的精神。幼儿在玩沙水、挖泥巴、滑滑索、攀爬、踢球、骑车、奔跑、草地打滚、池塘网鱼、放风筝、看蚂蚁、种植、玩树叶、追影子、搭积木、自制小船等游戏过程中，尝试主动学习，积累认知经验，探索交往方法，理解规则的重要性，体验问题和挫折带来的挑战和感受。

幼儿从幼儿园过渡到小学时，会面临接触大量陌生教师和伙伴、一节课连着一节课的紧凑学习，以及小学阶段对学生行为规范有着与幼儿园截然不同的较高期望等诸多挑战。我们深知，要帮助幼儿突破这些挑战，就要做到以下两点：一方面，小学教师和家长要发自内心地陪着孩子慢慢来；另一方面，幼儿园要致力于培养有准备的幼儿，以及身经百战、不畏艰难的幼儿。为此，我们毫不犹豫地选择以游戏滋养幼儿的成长，通过幼儿内心的游戏意愿激发他们的学习兴趣，使其产生积极向上的情绪；通过不断优化升级的游戏过程促进幼儿的感官发展，显著提升幼儿的动手能力；通过游戏中不断涌现的挑战和各种复杂问题激励幼儿主动突破困境，积极寻求解决复杂问题的办法，从中获得丰富的经验，逐步培养幼儿的独立性和自信心。游戏不仅提升了幼儿的生命质量，成就了幼儿的全方位学习与发展，还为幼儿顺利过渡到小学阶段提供了有力支持。这些做法远比教会幼儿拼音、汉字和100以内的加减法更有意义。

四、如何帮助家长建立合理期望

长期以来，把握家长在幼小衔接阶段的心理特点，关心家长的焦虑情绪，助力家长走出行动误区，引导家长共同遵循幼儿的年龄特点、发展规律和个体差异，避免“好心办坏事”的情况发生，始终是家园共育的重点工作。众多园所和教师着力宣传幼儿园的课程体系以及针对幼小衔接工作的思考和行动，介绍幼儿园丰富多彩的活动和科学有效的教育方法，并有针对性地提升家长珍视幼儿童年、呵护幼儿游戏权利的认知，从而全面认识幼儿的成长规律和学习特点。比如，教师指导家长了解这一阶段幼儿容易出现的不适应现象，并通过多种方式帮助家长明确认识到，因自身焦虑而盲目地取消或减少游戏、增加作业等行为，会给幼儿带来诸多负面影响，以及拔苗助长式教育甚至可能会导致幼儿出现习得性无助等问题。此外，教师还引导家长了解过早进行“小学化”教育、被提前结束的童年等，可能会导致幼儿未来需要用一生来弥补和治愈，并助力家长理性审视自己的教育行为，主动调控自身的情绪。

这些年来，随着游戏研究的不断深入，定点（定人）观察、持续观察逐渐成为教师的日常工作状态。教师自然而然地与幼儿同频共振，积极与家长分享孩子在园学习与发展的各种行为表现，与家长共同挖掘孩子的闪光点，让家长看到孩子独特的学习与发展过程，清楚了解自家孩子目前的发展状态，从而助力家长对孩子的学习与发展建立合理期望。此外，很多幼儿园和教师还引导家长在各类有意义的亲子活动中，敏锐辨析孩子正在发生的学习行为，感受孩子的学习方式和特点，并以孩子为主体，开展基于信息收集的协商式家园共育，为每一个孩子主动、自信、快乐地融入小学学习和生活保驾护航。

五、如何实现幼小衔接中两个学段的双向奔赴

这些年来，我们倡导在幼儿园和小学之间建立互通机制。我们通过实践发现，一旦树立互通意识，明确互动机制，两个学段的教师便自然拥有了融洽相处的机会。但这远远不够，促进幼儿园和小学开展高质量对话，实现真正意义上的双向奔赴，才是更为关键的目标。

为此，我们期望打破幼儿园和小学之间仅打开一条“参观通道”的局面，也不满足于幼儿园和小学之间仅通过同课异构来揭示各自教学目标、教学方法、课堂评价上的异同。我们更推崇的是，搭建大班教师和低年段教师的联合教研平台，切实聚焦“入学准备—入学适应”这一核心主题，开展平等、深入的对话交流。这一举措不仅能支持幼儿园教师深入了解小学生活、教育的基本要求，精准把握幼儿园和小学在课程设置、教学方式、作息安排等方面的差异，还能帮助小学教师深刻理解、认识幼儿的年龄特点和在园经历等。当一批又一批小学教师走进幼儿园的操场、活动室等场所，仔细观察、分析、评估不同场所中幼儿的

学习与发展情况，充分了解幼儿的在园经历，掌握幼儿已经获得的经验时，相信会有越来越多的小学教师开始反思自己的课堂教学，思考如何根据大多数学生的经验水平，更为精准地设置教学重难点，从而为学生提供更有针对性的支持。这才是真正意义上的无缝衔接。

我们曾经追问过小学教师："如果您在上课前就知道学生有较为充足的前期经验，您的课堂会不会发生变化？"小学科学教师有以下几种回答："我会设置更具挑战性的实验，引导学生展开进一步的探究。""我会基于学生的实际水平，设计一个复杂情境，旨在拓展学生的经验。""我会让那些更有经验的学生当小老师。""我会提供更多的提问空间，让学生们互相提问、回答。"小学数学教师有以下几种回答："我会在课堂上引导学生回顾已有经验。""我会把班级学生中相对薄弱的经验作为教学重难点，用问题引领学生学习。""我需要面对不同差异的学生，并为不同差异的学生提供表达的机会。"

确保学前教育质量得以延续，是幼儿可持续发展的前提。确保学前阶段与中小学阶段之间课程和教学的一致性、连续性，是做好质量延续的重要保障。聚焦幼儿园活动现场，引导幼儿园教师和小学教师开展深度对话，这将促使越来越多的教师站在儿童发展的视角，反思自身学段在课程实践中有待优化、提升的方面，并进一步认识到，儿童连续且渐进的社会性发展、心理发展、身体发展和经验的衔接才是真正意义上的衔接。只有幼儿园和小学携手并肩，将目光聚焦在幼儿的全面发展上，幼儿园教师才会进一步关注并支持幼儿在每日生活和游戏中不断丰富成长经历，为幼儿进入小学展开正式的学习奠定直接且感性的经验基础。

这些年来，我们一直关注幼小衔接，不曾停歇；未来，我们要将工作进一步落实到基于反思的优化调整中。这样，才能让教育工作更具实效性。回顾幼小衔接工作一路走来的历程，"幼小衔接的主阵地到底在哪里""如何为每一个幼儿做好入学准备""以游戏为基本途径的学习对幼儿的入学准备有何积极意义""如何帮助家长建立合理期望""如何实现幼小衔接中两个学段的双向奔赴"等问题，敦促我们不断思考这一成长阶段中幼儿的发展特点，并为持续提升幼儿园保教质量作出优化调整。

事实上，这样的反思还需要具体到每一个教学现象、每一场教学活动中。

我们还需要思考:那些专门为落实入学准备而设计的幼儿园集体教学活动,如认识课程表、课间 10 分钟等,实际成效究竟如何?幼儿园每日有序开展的值日生活动,看似分工明确、有模有样,可为什么幼儿进入小学后,面对值日工作时却显得茫然无措?幼儿教师大力倡导的积极表达,为何到了小学阶段,却被视为不良习惯?小学教师常常吐槽学生“坐不住”,这到底是该年龄段学生的正常特性,还是确实属于需要纠正的问题?对此,我们鼓励教师从幼儿的活动兴趣、参与程度、情绪情感、获得的学习经验等维度进行分析,对实施过程中的内容适切度、师幼互动质量等进行思考,并据此作出合理调整。此外,我们还引导教师倾听双向衔接中真实存在的质疑,在深度对话中更进一步地坚守儿童立场,持续提升幼小衔接的科学性。

每年 9 月,新的学年拉开帷幕。我们由衷地期望每一个幼儿都能自信满满、昂首挺胸地迈入小学。他们满怀对小学的向往和期待,内心充盈着积极向上的情感体验,并具备自我服务、自我保护等基本生活能力;能主动表达自己的需求和想法,乐意学习新知识,善于在与不同对象交往中积累经验;能初步建立规则意识和任务意识,具备遵守规则和独立完成任务的能力;对各类学习活动有好奇心和探索欲,具备初步的逻辑思维和问题解决能力;能培养良好的倾听、阅读习惯,为小学学习和生活奠定基础。

我们更期望所有教师始终秉持促进幼儿健康生长、深入了解幼儿发展态势的教育理念,为幼儿提供有针对性的支持和帮助;同时,坚决摒弃幼儿园“小学化”的错误倾向,陪伴幼儿自然度过这一至关重要的成长阶段,从而实现有效衔接、无缝衔接。

整体提升幼儿园托班保育教育质量的若干行动

一、提升幼儿园托班保育教育质量的背景意义

2015 年,联合国儿童基金会在关于“0—3 岁是儿童发展的关键阶段——科

学研究的最新发现”的论述中明确指出，从出生到 3 岁是儿童成长和发展的关键阶段。

2018 年，世界卫生组织等国际组织联合发布了《养育照护框架——促进儿童早期发展》。这一文件明确提出，一个国家要想促进共同繁荣，刺激包容性经济增长，推动机会平等，并解决极端贫困，最佳方式之一是什么？答案很简单，就是投资儿童早期发展。

2019 年，《国务院办公厅关于促进 3 岁以下婴幼儿照护服务发展的指导意见》(以下简称《指导意见》)提出，“到 2025 年，婴幼儿照护服务的政策法规体系和标准规范体系基本健全，多元化、多样化、覆盖城乡的婴幼儿照护服务体系基本形成”。

2023 年 1 月 1 日，《上海市学前教育与托育服务条例》(以下简称《条例》)正式实施。《条例》坚持政府主导、社会参与、普惠多元、安全优质、方便可及的原则，构建起上海托育服务体系的“四梁八柱”，实现学前教育与托育服务一体规划、一体实施、一体保障。

幼儿园是托育服务体系的重要组成部分。持续加强托班内涵质量建设，实现“幼有善育”目标，是顺应国际学前教育研究趋势、响应国家人口高质量发展目标、回应人民群众对优质托育服务的期盼的具体举措。在上海市教育委员会的直接领导下，上海市教师教育学院(上海市教育委员会教学研究室)积极投身“幼儿发展优先”“全面建设高质量幼儿园”的行动，持续提升幼儿园托班保育教育质量。

二、提升幼儿园托班保育教育质量的实践行动

我们需要思考：提升幼儿园托班保育教育质量的关键是什么？如何为婴幼儿营造良好的成长环境？怎样才能基于婴幼儿发展，又能为了婴幼儿发展？

(一) 营造良好的氛围——给予婴幼儿真诚的关爱

养育者与婴幼儿之间的关系质量被定义为“照料的质量”。养育者与婴幼儿之间的关系是早期教育质量的关键所在。这里所指的养育者涵盖了婴幼儿的家人以及机构保教人员。

大量研究表明，除了提供足够的营养以满足婴幼儿大脑发育和身体生长的

需求外，还要给予婴幼儿真诚、持续且稳定的关爱。这对其大脑的健康发育有着至关重要的影响。

关爱婴幼儿，满足其需求，是对生命早期的一种人性化关怀。婴幼儿有被关爱、被信任、被认可、被欣赏、被理解、被倾听、被关注、被激励的需求。每天给予婴幼儿关心、拥抱和言语交流，与婴幼儿进行面对面、一对一的互动，能让婴幼儿在安全且充满关爱的环境中健康快乐成长。当婴幼儿感到人身安全受到保护，觉得周围的人值得信任时，他们更愿意积极行动、大胆尝试。

（二）基于儿童视角——创设对托班幼儿友好的环境

环境是幼儿园课程的根基，环境质量影响幼儿在园的生活质量。

室内外活动空间能带给幼儿不同的感受，他们也能在活动中获得大量愉悦美好的体验。托班幼儿喜欢重复动作，因此在室内外走动过程中，其粗大动作、身体协调性、四肢力量等都能得到充分发展。

环境创设要符合托班幼儿的身心发展规律。为了确保托班的户外 2 小时活动，我们运用各种方法，打破室内外的界限，让室内外自然连接。比如：运用延伸的方式，将自然元素引入室内，使室内与室外建立更紧密的联系；运用联通的方式，在创设环境时就考虑如何便于幼儿自由进出并保障其安全；运用再造的方式，打造半开放式的户外空间，充分满足幼儿多样化的需求。

环境创设要充分考虑托班幼儿的个体差异。比如：在盥洗室的角落设置半私密的换尿布区域和便于幼儿自己取用尿布的架子；在坐便器周围加装垫子，便于矮小的幼儿自主如厕；在坐便器周围安装呼叫铃，便于保教人员及时回应有清洁需求的幼儿。

环境创设要顺应托班幼儿的发展特点。基于这一阶段的幼儿既喜欢独自游戏，也乐于初步交往的特点，阅读区既有便于幼儿独处的小沙发，也有便于教师和幼儿一对一阅读的大沙发，还有便于开展小组阅读的空地。活动室里不同摆放方式的镜子，可以引发幼儿不同的行为，如竖放的全身镜能引发幼儿的自我整理行为，横放的软面镜能引发同伴之间的观察互动，平放的安全镜能激发幼儿的好奇心。让环境“说话”，能满足幼儿的自主发展需求，体现保教人员引导发展的作用。

（三）做敏感的教师——通过观察和识别提供更适宜的回应

观察和识别幼儿的学习与发展情况，对保教人员制订下一步计划至关重要。比如，保教人员在不同的活动场景持续、自然地观察幼儿，与家长交谈，并通过多种途径收集信息，敏锐地了解幼儿的兴趣需求和已有经验，再据此决定如何调整现有的环境材料、活动内容、交流方式等。

3岁前是对有发育风险的幼儿早发现、早干预的最佳时期。我们通过开展教养医结合的教研活动，助力有发育风险的幼儿实现追赶性发展。比如，教师发现相较于其他孩子，蕴蕴的语言表达能力存在明显差异，即便说话，也只用一个字或叠词。与托班联合教研组（课程部、师训部、科研部、托班教师、副园长、保育员、保健教师、特教教研组组长等）以及教研员、医生共同复盘分析后，教师和蕴蕴的家长进行了沟通。经儿童医学中心的科学评估可知，蕴蕴确实存在语言发育迟缓问题。经过三个多月的家园共同努力，蕴蕴的语言表达能力得以显著提升。在即将进入小班前，蕴蕴已经能说出较为完整的简单句子，也能复述简单的儿歌。

（四）相信婴幼儿的力量——提供充分的机会

“营造良好的氛围”“基于儿童视角”“做敏感的教师”，其底层逻辑是相信婴幼儿也是有能力的学习者。在一日生活中，我们是否真正相信婴幼儿是有能力的学习者？在与婴幼儿相处的每一天，保教人员“相信每一个托班幼儿”的理念在不断增强。

无论是晴天还是雨天，我们都确保托班幼儿的户外2小时活动，让他们和3—6岁幼儿一样自由玩耍、亲近自然，如听雨声、跳水坑，并让他们拥有充分展示自己力量的机会。无论幼儿月龄大小，我们都应耐心等待，不催促、不替代，用充分的时间和空间换取幼儿自主探索的机会。我们要为幼儿提供与周围环境互动的机会，如主动参与、自主选择、自我照料、好奇发现的机会。此外，我们还秉持“在场，但不干预”“和幼儿一起做，而不是替他做”的理念，在观察、倾听、理解、悦纳幼儿的过程中，发现他们的力量。

三、提升幼儿园托班保育教育质量的后续思考

从妊娠到3岁是儿童早期发展最关键的时期。在此阶段，儿童大脑比任何时候都发育得快，其大脑的80%是在此阶段形成的。基于幼儿发展是基础，也是前提；为了幼儿发展是目的，也是方向。一方面，要顺应幼儿的天性，尊重幼

儿的身心发展规律，体现自然发展；另一方面，要为幼儿提供充分的机会，让幼儿主动发展与周围世界的关系，在与周围人和物的互动中获取经验，实现充分发展。下一步，我们将在发展支架方面开展深入的行动和思考。

高质量幼儿园建设，是每一个区域、每一所幼儿园、每一个年龄段的课程实施追求更高质量的过程。园长作为幼儿园课程的首要责任人，要进一步加强系统思考和整体设计，构建幼儿园2—6岁、四年一贯的课程体系。

此外，我们还要充分发挥区域、集团、园所、教师集聚的专业力量，紧紧围绕“幼儿发展优先”理念，真正关注每一个幼儿。

（一）了解每一个幼儿

了解幼儿的学习与发展规律，有助于教师确定最适合幼儿学习与发展的活动。一方面，加强对《上海市0—3岁婴幼儿发展要点与支持策略（试行稿）》（以下简称《要点与策略》）的学习，了解0—3岁婴幼儿每个阶段的发展要点；另一方面，建立每个阶段的发展要点与《3—6岁儿童学习与发展指南》中幼儿各领域学习与发展目标的联系，把握经验的连续性。

了解幼儿的个体发展情况，如年龄越小，个体差异越大。教师要在日常陪伴中了解幼儿的个性、能力、兴趣、学习方式等，将与每一个幼儿建立温暖、积极的关系作为首要任务。

了解幼儿的不同文化背景，与家长建立合作、信任的关系。教师要了解幼儿家庭的价值观、教养方式、对孩子的期待等，以便为每一个幼儿及其家庭提供合适的支持。

（二）理解每一个幼儿

理解的基础是观察。教师要将观察与分析自然而然地融入一日生活的各个环节，在不同情境中收集幼儿的信息，避免依赖单一、片段式的信息。

理解的前提是倾听。教师要倾听幼儿的声音，也要倾听家长的声音。

理解的目的是悦纳。教师要对幼儿好奇的问题保持好奇心，关心家长关心的问题，理解幼儿的情绪变化，悦纳幼儿的独特行为，保持开放的心态，并给予尊重。

（三）支持每一个幼儿

在场，但不干预，因为幼儿需要获得安全感。

提供必要的最少帮助，因为幼儿需要获得掌控感。不过度帮助幼儿，只在幼儿最需要的时候给予必要的帮助。

确保学习经验的连续性，为每一个幼儿搭建持续发展的阶梯。

未来，我们将依托成熟的市、区、园三级教研体系，以及学区化、集团化办园优势，携手共进，做实教研、做强项目、做优实践，让每一所幼儿园、每一个幼儿都朝着更高质量的方向发展。

第二节　激发教师成为保教质量提升的根本力量

在高质量学前教育体系建设中，幼儿园和教师是冲锋陷阵的主力军，其行动直接影响幼儿一日生活的质量。

长期以来，我们习惯以一日活动中两场集体教学活动的质量来判定园所的保教质量。这种做法引发了一系列问题：过度重视教学而轻视游戏，过度聚焦知识技能的传授而忽视了生活习惯的养成，幼儿应有的权利和地位未能得到充分保障，等等。过去，我们常常将园所的硬件改造和建设视为关键标志，过度追求保教过程中的外在形式，对幼儿的过程经历和实际体验关注不足。与此同时，部分教师没有充分认识到自身在质量提升和评价中的主体地位，长期处于任务驱动、被动接受评估、临时突击整改的状态，难以在工作中体会到职业幸福。那么，该如何突破这一困境？又该如何激发教师的内在动力，唤醒他们的自觉意识？

2021 年，上海学前教育提出“幼儿发展优先”理念。这一理念进一步将幼儿置于核心位置，鼓励园所和教师秉持保育与教育相结合的原则，在以幼儿为本的一日生活中，珍视游戏的独特价值，并在促进幼儿整体发展、主动发展、差异发展的过程中，确保幼儿可持续发展优先、幼儿发展规律优先、幼儿发展需求优先。我们期望所有教师都能时常反思自身的儿童立场和陪伴过程，从而不断改进和优化自己的教育行为，真正成为保教质量提升的主力军。

坚守儿童立场

这些年来，“儿童立场”成为学前教育领域的热词，频繁出现在我们的日常实践工作中。无论是课题研究、论坛交流，还是案例分享、工作总结，学前教育工作者不遗余力地阐述儿童立场，以彰显自身的教育理念和实际行动。

尽管我们将"坚守儿童立场"作为努力方向和行动原则，但成人与儿童在解决问题时，其思路往往大相径庭。在现实生活中，教师常常不自觉地以成人为中心，做出很多"很不儿童"的事情。

以游戏为例，对幼儿来说，游戏就是玩耍。然而，教师面对幼儿的游戏行为时却深感纠结："结构游戏中偶尔出现角色行为，这样可以吗？""角色游戏里有大量的结构化过程，该怎么办？"在衡量幼儿对游戏的投入程度时，教师更是无所适从，既质疑幼儿总是换地方玩，又为幼儿总是执着于一个地方或者热衷于一个情节而焦虑。其实，这并非幼儿的缺点，而是游戏本身的特点。根本原因在于，教师认为游戏有种类之分，且不同的游戏具有不同的发展价值，但却忽略了幼儿游戏的真实模样。幼儿在游戏中从不区分游戏种类，他们在装扮、建构、替代等行为中自由切换。这恰恰展现了最真实、最自然的游戏过程。不难发现，教师理想中的状态是幼儿对所有区域都能产生兴趣，并投入一定时间和精力。在教师眼中，涉足每个区域，有助于幼儿获得不一样的经历。教师担忧幼儿在单一领域浪费时间，却没有关注到幼儿表现出的持续兴趣，以及重复行为背后蕴含的自发练习过程。

走进幼儿园，我们常常能看到园所最显眼的门厅里陈列着各种手工作品。园长和业务园长总会自豪地介绍："这是家长参与园所活动时，与幼儿共同完成的作品。"此时，我们不禁会想象家庭成员为筹集毛线、纸盒、棒冰棍、瓜子壳等材料而挑灯夜战的忙碌景象。我们是否该反思：当家长被卷入完成幼儿园布置的作业时，我们是否错把家长当作挑战对象，无意间发展了家长的想象力和动手能力？关键是，在这些琳琅满目、精美复杂的作品中，幼儿究竟参与了多少？他们到底经历了哪些过程？他们会不会只是拥有知情权和冠名权？

其实，当下很多幼儿园的走廊、楼梯布置也存在类似问题。面对楼梯旁张贴的幼儿作品、园所特色、各类活动记录时，我常常感到困惑。我的脑海中会浮现各班教师带领队伍路过时自然发出的指令："走楼梯时，看好脚下，不要东张西望！"此时，幼儿该如何选择？是抬头欣赏成人精心设计的墙面，还是听从教师的话踏稳每一步？

当我站在教室里时,这种纠结依然存在。这些年来,常有园长和教师提及“环境是幼儿的第三位教师”。或许正是基于这样的观点,很多教师竭力打造“会说话的墙”,以证明自己对该理念的认同和践行。每学期开学前,教师会大张旗鼓地布置一番;学期中,又会随着主题活动的更替而调整墙面。然而,教师如此不遗余力地贴满墙面,是否真的取得了成效?当我们多次询问幼儿“这是什么”时,他们往往一脸无辜地回答:“不知道,老师贴的。”

开学没多久,我走进一个大班教室的盥洗室。水池墙面上张贴着 7 张纸——七步洗手法的分步流程图。教师主动向我介绍:“暑假刚结束,很多幼儿忘记了七步洗手法。于是,我们决定用图示告诉他们如何正确洗手。”那天,我和教师约定好不提醒幼儿,就在一旁观察他们的洗手过程。结果,全班 26 个孩子中,几乎没有孩子注意到这些流程图。同时,只有 14 个孩子能正确洗手,其余孩子都草草了事。面对这一结果,教师感慨不已。我则追问:“如果有孩子真的需要边洗手边看图示,他该如何确保看到所有流程图呢?”站在水池前的教师瞬间意识到,无论孩子站在哪个水龙头前,都无法看全所有流程图。其实,“环境是幼儿的第三位教师”这句话本身并无问题。但我们仍要思考幼儿是否能明确成人刻意打造的环境与他们之间的关系,也要观察幼儿是否真的需要或经常使用这些环境。

比如,在设计图画书的集体教学活动时,很多教师都会在课前认真钻研每一本图画书的画面内容及其背后蕴含的教育意义。他们精心挑选出需要重点讨论的页面,并通过设计不同结构化程度的提问,搭建起教学活动的框架。但是,他们可能会在兢兢业业的备课过程中忽略了“把儿童看作是有能力、独特、积极主动的权利主体”。很多时候,教师为了确保预设的活动得以高质量开展,甚至会刻意把图画书藏起来,以此维持课堂上幼儿的好奇心和兴趣。殊不知,面对陌生的图画书,幼儿必然会对时间、地点、人物、事件和结果展开探究。对毫无前期阅读经历的幼儿来说,帮助他们识记和理解图画书,是教学中不可或缺的环节。那么,该如何解决这一难题呢?这就需要教师给予幼儿更多的信任,让他们在集体活动前充分地阅读图画书。同时,教师要立足幼儿的阅读经历,和他们一起讨论最感兴趣的内容和看不懂的地方,把课堂变成幼儿之间的阅读分享会,让幼儿在这个过程中进行释疑、分析、评价和创造。

其实，在教师的实践工作中，类似的现象还有很多。这也促使我们不得不时常审视“什么是儿童立场”。立场是指人们认识和处理问题时所处的地位和所秉持的态度。儿童立场是指教育者认识和处理问题时所处的地位和所秉持的态度应基于儿童，从儿童出发。

为此，我们需要不懈努力，加强对幼儿行为的观察与分析。幼儿的行为表现就如同镜子一般，能清晰地反映出教师的意识和行动。我们只有在教育活动的全方位实施中，始终贯彻幼儿可持续发展优先、幼儿发展规律优先、幼儿发展需求优先的行动准则，牢记促进幼儿整体发展、主动发展、差异发展的价值目标，才能激发自身的专业内驱力，主动关注那些习以为常或曾引以为傲的教育行为，深入反思在各类活动中有没有忘记幼儿。

比如，当我们评估为筹备一场高质量、零失误的六一会演或毕业典礼，而花费幼儿大量时间和精力是否值得时，我们的儿童意识会给出较为明确的答案。我们会在“牺牲一个月的上课时间排演节目”和“在日积月累中让幼儿习得经验和能力”之间坚定地选择后者。当我们开始反思一日生活中是否存在“有一种冷是老师以为的冷，有一种热是老师以为的热”这种情况时，我们就会主动倾听幼儿对活动场地的想法，了解他们对雨天是否外出活动的看法，以及他们在冬天、夏天进行户外活动时的感受。

其实，儿童立场是指教师要站在儿童的视角看待教育问题。它是幼儿园课程变革中必须坚守的基本立场，是基于儿童、引领儿童发展的关键所在。强调儿童立场，意味着我们要逐渐摆脱习以为常的成人立场。这不仅是对儿童的尊重，更是在捍卫儿童权利方面取得的难能可贵的突破。

我们期待儿童立场得以真正落地，因为只有这样，学前教育才会变得更温暖、更实在，也更有品质。

让陪伴更温暖

这些年来，“虎妈”的身影愈发常见。与她们交流后便会发现，她们要么强调学习是艰苦的事情，唯有笨鸟先飞，才能弥补不足；要么强调当下社会竞争激烈，必须争分夺秒，容不得一丝懈怠。对于“虎妈”的种种观点，我在此不作评论。我将目光聚焦于“虎妈”内心深处对孩子的认知——孩子究竟是积极主动、充满潜力、值得期待的，还是被动懈怠、弱小无助、看不到希望的？答案显而易见。

其实，成人内心深处对幼儿的认知，会直接映射到他们在陪伴过程中的行为表现。如果你认为幼儿懵懂无知，就会忍不住时刻教导；如果你认为幼儿缺乏自控力，就会时不时地提醒他、管理他、控制他；如果你认为幼儿记性不佳，你的陪伴过程就多半是让其反复训练强化；如果你认为幼儿有其独一无二的精彩，就会给予其更多的宽容；如果你认为幼儿是在经历中成长的，就会为其提供大量的机会，并且耐心等待他们的茅塞顿开。

很多时候，我都想劝身边的“虎妈”珍惜亲子关系。但更多情况下，我想和广大教师交流：作为从事教育教学工作的专业人员，该如何给予幼儿温暖的陪伴？

比如，面对大班幼儿即将步入小学时，很多教师的内心会自然而然地勾勒出优秀孩子的形象，对知识经验丰富、能力出众的幼儿青睐有加。这本无可厚非，但班级里总有一些能力较弱的幼儿。作为教师，该如何与他们相处，着实值得深思。我曾经不止一次看到教师在教学活动中拿出绘本并问道：“你们猜猜这本书讲了什么呢？”由于教师并未刻意遮挡绘本封面上的文字，班级里有一定识字量的幼儿就会迅速作出反应，并得意地说出书名。关键是，教师得到这个精准回答后，便会情不自禁地夸赞：“真不错。你们马上要上小学了，有很多小朋友已经认识字了……”

这一行为背后反映的是，教师其实欠缺思考。这个所谓的正确答案，更多的是家庭教育的结果，而非幼儿园教育的成效。同时，教师忽视了幼儿园教育不应过早教授小学知识，而应鼓励幼儿观察画面、猜测内容。更重要的是，这样的表扬会树立起“别人家的孩子”的形象，给识字量较少的幼儿带来心理压力，让他们产生无能感。

我们曾经组织过一场调研，想深入了解大班幼儿独立阅读图画书的情况。结果发现，当教师递给幼儿一本从未看过的图画书时，有的幼儿竟直接拒绝，并说道:“老师,我看不懂,因为我不识字。”面对幼儿如此无力的回答,教师需要思考:我们的陪伴是否真的能给予幼儿持续学习与发展的自信和力量?什么样的陪伴才能让幼儿感受到温暖?

温暖且高质量的陪伴,意味着成人通过行动让幼儿明白,无论好坏,自己的一切都能被接纳。这种陪伴不仅具有疗愈效果,还能让幼儿感到踏实、放松、安全,从而产生依赖感,并不断增强彼此之间的信任。要做到这一点,教师可以从以下几方面着手:第一,关注幼儿的需求,学会倾听;第二,当幼儿需要帮助时,能停下手中的工作,让其感受到被关注;第三,鼓励幼儿表达想法和感受,尤其是独特见解,适当引导但不过多干涉;第四,如果幼儿的某些想法或做法不妥,则要真诚地表达,避免一味地迎合和表扬;第五,扩展幼儿的视野,引导其多角度分析问题。

显然,温暖的陪伴源于对幼儿的了解和悦纳,不急于将幼儿纳入成人预设的轨道,愿意和幼儿一起面对真实问题,并给予支持。

某项调查邀请了 279 位新小班幼儿家长为自家孩子拍摄一段视频,用来呈现孩子在家玩得最好的运动项目。此次调查的大量视频和数据统计,让教师们感慨:入园前的 3 年“散养”时光,让幼儿们积累了各不相同的经验,发展水平参差不齐。关于玩具、玩法的数据统计,让教师们重新审视原本计划投入的简单的运动器材。比如,适合低龄幼儿的拖拉玩具、小摇椅等,可能并不适合投放在小班幼儿的活动空间里。

这样的反思与调整,其实源于一场家长调研。未来,我们甚至可以将此类调研自然融入新生家访。主动了解幼儿入园前的游戏经历和前期经验,能彻底改变教师长期以来的认知。一直以来,我们认为小班幼儿是幼儿园里最弱小的群体,由此产生“小班幼儿什么也不会”的观念,如不会使用材料、不会锻炼、不会玩耍,因此在与幼儿相处中“不放心”“不放手”,觉得必须时刻给予幼儿指导和照顾。于是,很多教师自然而然地拿出仓库里简单的玩具,却从未深入思考这些玩具是否真的适合每一个幼儿。对有着不同经历的幼儿来说,拖拉玩具可能无法激发他们的好奇心以及深入参与的兴趣,反而会拉低游戏水平,还会让他们感到无聊。由此可见,主动了解幼儿的喜好和好奇心,并站在他们的立场,倾听与理解他们的选择和探究,才是温暖陪伴的前提。

一位托班教师分享了这样的故事：某男孩虎头虎脑，十分招人喜爱，但教师手机里却记录了他多次抢、打、推同伴的场景。只要他一出现，教室里、操场上便常常传来同伴的叫喊或哭泣声。每次，只要教师一出场，他总是第一时间求饶，说“不抢了”“不打了”“不推了”，还不忘信誓旦旦地表示“一定改正”。对此，教师也不忍再批评他。有一天，教师无意间记录下他和同伴一起玩耍的过程。比如，他把玩具递给同伴，扶起摔倒的同伴，帮同伴拍去裤子上的灰尘。游戏结束后，教师将这段视频放给男孩看，并告诉男孩今天要讲一个关于“了不起的×××”的故事。男孩看到视频中的自己，听着教师的描述，满心欢喜，反复看了三遍。当他还想看第四遍时，教师播放了一段男孩前两天抢夺同伴玩具并把同伴惹哭了的视频。没想到，男孩见状，急忙抢过手机，想要关闭视频。他因为找不到关闭按钮，便急切地说：“我现在已经长大了，不要看这个视频。”于是，教师关闭了屏幕，抱住男孩说：“老师放错了，那是×××小时候的事情。你现在已经长大了，会帮助小朋友，也会和小朋友一起玩游戏，对吗?”男孩听了教师的话后，郑重地点了点头。

这个故事告诉我们，这名教师是如何陪伴幼儿成长的。从整个过程可以看出，教师喜欢男孩，也知道男孩在与同伴相处中存在的问题。我们从男孩的多次认错可知，教师的出场也是为了确保其他幼儿不被伤害。比如：教师没有将男孩拴在身边，以防他再次惹事，而是通过深入观察，捕捉男孩身上的闪光点；教师将男孩无意识的善意行为无限放大，让其反复回看视频以强化这些善举；教师看似不经意地“翻旧账”，却引发男孩对过去行为的反思。我欣赏这样的陪伴，相信温暖的陪伴能给予幼儿最恰当的支持，助力他们在原有水平上稳步发展。

温暖，不仅代表着温度，更是一种积极的心理体验。要让陪伴更温暖，我们就要真诚地研究幼儿，并不断修正内心对幼儿的认知，相信他们能在探究、试错中学习与发展。要让陪伴更温暖，成人的行为就要有温度。即便是纠错，也要让幼儿感受到真诚与友好，并向幼儿传递正能量。

从“1米高度”看托班幼儿入园适应

1996年，联合国儿童基金会和联合国人居署共同发起儿童友好城市倡议，强调少年儿童的福祉是衡量人居环境、社会文明程度和政府治理水平的重要标准，并提出儿童友好城市建设的五大目标领域，即“一只手框架”，包括儿童有权在安全环境下成长、有权受到平等对待、有权享受基本服务、有权表达意见、有权享受家人陪伴和游戏。2021年，国家发展改革委等23部门联合印发《关于推进儿童友好城市建设的指导意见》(以下简称《意见》)。《意见》明确提出，推进儿童友好城市建设，要坚持“儿童优先，普惠共享”“中国特色，开放包容”“因地制宜，探索创新”“多元参与，凝聚合力”的基本原则，并将“儿童友好成为城市高质量发展的重要标识”确立为建设目标之一。《意见》还提出，引入“1米高度看城市”儿童视角，推进儿童友好理念融入城市规划建设。

在幼儿园这个城市的“微空间”里，教师通过无数个专业的“微行动”，努力提升保教质量，促进婴幼儿健康发展。随着托班在幼儿园的逐渐普及，教育服务的焦点已从单一的学前教育质量提升扩展至涵盖托育服务的全面质量提升。但相较于学前教育，我们在托育服务方面的经验仍然相当匮乏。面对处于入园适应期的托班幼儿，我们要从儿童视角出发，通过开展“微行动”，给予他们最温暖的陪伴，助力他们顺利从家庭生活过渡到集体生活。

一、蹲下来，秉持“1米高度”儿童视角

为帮助托班幼儿顺利度过入园适应期，幼儿园采用家长提前一周陪伴的方式，让幼儿熟悉集体生活。9月1日是托班幼儿独自在园的第一天。这天，小敏走进活动室后，虽然没有哭闹，但也没有参与游戏，只是静静地站在窗边并看向窗外。当保教人员尝试靠近小敏时，小敏就会立刻出现紧张、回避的状态。于是，教师慢慢退后，在不引起小敏反应的区域陪伴他。此后几天，小敏只在吃饭和午睡时加入集体，其余时间都静静地待在窗边。教师并没有打扰小敏，而是

采用距离比前一天靠近一点的方式陪伴小敏。

过去，面对小敏这样的情况，保教人员总是试图用各种方式引导幼儿尽快适应集体生活。但成人的好意却时常换来幼儿更激烈的反应，这让大家身心疲惫。当我们从“1米高度”儿童视角出发，才能真正站在幼儿立场，理解他们产生不适感的原因。比如，小敏可能对陌生的触觉刺激更为敏感，从而产生强烈的不安全反应。这样，成人更容易接纳幼儿的消极情绪，以平和的心态面对每一个幼儿的入园适应期。

幼儿3岁前安全感的建立，是高质量保教的基础。托班幼儿从熟悉的家庭环境来到陌生的集体环境，更需要在与成人互动的过程中获得安全感。教师可通过微笑、拥抱、陪伴、平视、交流等一对一的互动，为托班幼儿提供安全基地，让他们对外部环境产生安全感，形成良性的心理应对机制，从而更主动地探索周围环境。

二、玩起来，创设友好自然的活动空间

有关表观遗传学的科学研究证明，基因在人的成长中处于配角地位，环境对生命个体成长起关键作用。蒙台梭利也指出，想要支持幼儿的良好成长，成年人应该全力关注的基本要素就是环境。人体大部分知觉来自视觉，婴幼儿通过视觉感知的比例则更大。这些蓬勃发展的小生命喜欢怎样的新环境，是保教人员亟待解决的问题。2　3岁幼儿处于第一反抗期，其情绪波动比较大，因此家庭化、亲自然的环境更具亲和力，能让幼儿产生似曾相识的安全感和自由感。

在环境创设上，色彩选择宜以淡黄、淡粉、淡米色等浅淡的色调为主，木制家具搭配色调柔和的地毯、桌布等，局部再辅以纯度较高的颜色点缀，给婴幼儿带来视觉安全感。

在空间布局上，将娃娃家、阅读天地等稳定的游戏区域设置在活动室的四周，每个区域能容纳3—4名幼儿；设置阁楼、隔断等半封闭空间，既能带给幼儿安全感，也为幼儿开展同伴交往活动创造了条件；留出活动室中间的空间，确保通往户外的通道宽敞、无障碍，便于托班幼儿在室内自由走动或在室内外安全进出。如果户外空间很大，可以选择邻近班级的户外场地作为活动区域，也可以用拦网或低矮的树木来分隔。因为宽阔但相对有限的区域，能让幼儿感到更

安全，也便于保教人员的视线顾及每一个幼儿。

在家具高度上，购置两面透明的低矮橱柜，便于幼儿取放玩具且能看到活动区域以外的环境，也便于保教人员观察到室内的每一个角落。此外，阁楼高度要便于成人观察楼上幼儿的活动情况，以确保幼儿安全。

在功能设定上，活动室里除了要设置幼儿生活活动、游戏活动、自由走动所需的区域外，还要在进门处设置亲子共处区域。这种更具家庭互动性的区域，能让幼儿在陌生环境中通过靠近成人获得内在的平衡，从而调整自己的情绪。当幼儿在新环境中感到安全了，便会离开成人，并自主开展游戏。

户外成片的绿色和蓝色景观，为幼儿提供了健康积极的情绪体验。对正处于入园适应期的托班幼儿来说，他们在户外活动中会被周围的环境吸引，并主动与之互动，其情绪也会在此过程中变得更为稳定和愉快。友好、适儿化的活动空间，能有效缓解托班幼儿对新环境的不适感，并促使其继而开始了解和适应环境。

三、自己来，赋予幼儿全面参与的自主机会

下面以乐乐的故事为例进行阐述。乐乐正双手把玩着小汽车，因此不愿意自己扶着杯子喝牛奶。教师一边耐心地用勺子喂乐乐喝牛奶，一边说："乐乐，你自己试着喝，好吗？"乐乐看了看手中的小汽车，依然等着教师喂。教师又说："让小汽车看着乐乐喝牛奶，好吗？"乐乐迟疑了一下，把小汽车放到桌上，但还是等着教师喂牛奶。接着，教师又耐心地喂了一口。此时，坐在对面的玲玲不小心把牛奶洒了出来。乐乐便笑着说："哈哈，牛奶翻啦！"教师看到乐乐的情绪变化，顺势说："乐乐可棒啦！肯定会自己喝牛奶哦。"听到教师的鼓励，乐乐终于拿起小勺，一口一口地喝起牛奶。

处于入园适应期的幼儿，常常会把家庭生活中的习惯带到幼儿园。幼儿在集体生活中遇到的自理方面的小困难，极易引发他们的情绪波动。教师不用急于催促，而是耐心等待，找准时机以鼓励幼儿参与自我照料。如此一来，幼儿在"自己来"的过程中逐渐获得良好体验，其情绪也会变得更愉悦。

为了让幼儿在"自己来"的过程中获得成功的体验，幼儿园依据低龄幼儿的特点，设计了许多小机关和小妙招。比如：给马桶配备大小适宜的冲水按钮，便

于托班幼儿用整个手掌发力以完成冲水；在盥洗室放置小板凳，便于矮小的幼儿垫着脚凳如厕。这些贴心的设计有效缓解了幼儿如厕时的紧张感，也显著减少了幼儿憋大小便的现象。考虑到新入园幼儿情绪尚不稳定，营养员将食材做成小饭团，既方便幼儿进食，又保证了营养。同时，给幼儿提供短柄平口勺，便于他们自主进食。

在作息安排上，幼儿园采用常规活动顺序相对固定的方式，帮助幼儿建立可预期的生活规律。此外，活动时长则根据幼儿的个体差异灵活调整。这种弹性的作息安排能避免教师为赶流程而催促幼儿或包办代替，让教师更安心地陪伴幼儿，给予幼儿适度的语言引导，支持幼儿更从容地完成力所能及的事情。

到了 9 月下旬，大部分托班幼儿已能独立完成整理、盥洗、吃饭、入睡等活动。参与自我生活照料的过程，让这些来园不到一个月的幼儿身心愉悦。当我们给予幼儿更多"自己来"的机会，就会惊喜地发现他们都是有能力的学习者，远比想象中更有潜力。这种支持性环境，可以促使幼儿主动探索周围世界。

四、一起来，营造家园共育的教育环境

柏林自由大学的学者开展了一项关于 0—3 岁婴幼儿入园适应的调查研究。调查结果显示：入园适应情况直接关乎婴幼儿入园后 7 个月内的生病次数、发展状况和亲子关系；父母和主要照料人在婴幼儿入园适应中扮演重要角色。比如，在婴幼儿进入新环境时，父母和主要照料人的陪伴，对缓解婴幼儿的压力并使其获得安全感至关重要。因此，为了帮助托班幼儿平稳度过入园适应期，教师和家长应在幼儿入园前做好充分沟通和准备。

对新入园的托班幼儿及其家长来说，提前了解园所和班级环境以及带班教师和保育员，有助于缩短适应周期。开学前几周，可以安排家访或家长接待日，通过一对一交流的方式，让家长与保教人员相互熟悉。在此过程中，保教人员可以更具体地了解幼儿的家庭环境、日常作息、生活习惯、个性特点、兴趣爱好等。此外，带班教师还可以将班级保教人员的合影交给家长，让家长带领幼儿提前熟悉老师们。比如，开学前，召开新生家长会，带领家长参观活动室，鼓励家长拍摄记录班级环境和玩具材料，回家后与幼儿一同观看，帮助幼儿提前了解班级环境。

为了给幼儿搭建入园适应的阶梯，幼儿园采用独特的入园陪伴模式。在幼儿入园第一周，针对个别情绪很不稳定的幼儿，安排其父母或主要照料人陪伴幼儿在园度过半天时间。在此期间，保教人员则要观察幼儿在园活动时对家人的依恋情况。一般而言，大部分幼儿在短短几天后，便能离开家人，独自投入游戏。到了第二周，就可以让这些幼儿尝试在没有家人陪伴的情况下，独自在园度过半天时间。其间，他们往往会与班级中的某位保教人员建立起依恋关系。不过，也有个别幼儿从第一周开始就极度依赖家人，一旦找不到父母或主要照料人，其情绪便会异常激动。此时，保教人员要及时与家长沟通，第二周继续让家长陪伴幼儿在园半天。到了第三周，大部分幼儿已经能独自在园一整天，而个别情绪仍不稳定的幼儿，可通过独自在园半天的方式进行过渡。

孩子入园后，家长陪伴时长成为一个关键问题。柏林自由大学的研究表明，父母过长时间的陪伴，同样会对婴幼儿的入园适应产生负面影响。在这一阶段，大部分幼儿已成功适应集体生活。因此，保教人员可以对个别仍不适应的幼儿进行每日观察与分析，并及时将幼儿在适应过程中的点滴进步反馈给家长，以此来确保家长能坚持每天送孩子入园。

此外，教师与家长之间的细节沟通也至关重要。比如，家长每天送孩子入园后，务必与孩子认真道别，让孩子感受到即使分别后，家长还会回来。又如，家长可以鼓励幼儿自己吃饭、穿衣、整理物品、如厕清洁等，可以采取幼儿自己先做一部分，家长辅助完成另一部分的方式，逐步引导幼儿独立生活。

美国心理学家艾莉森·高普尼克曾指出："你是个什么人，你跟孩子关系怎么样，比你对孩子怎么做要重要得多。"幼儿通过观察成人的表情、动作以及聆听成人说的话，逐步构建起对周围世界的认知。在这一阶段，父母和主要照料人要给予孩子足够的爱，如拥抱、爱抚、微笑、对视、陪伴等，让孩子感受到成人毫无保留的爱意。良好的亲子关系和师幼关系，对幼儿尤其是低龄幼儿的生活起到关键作用。

我们要真诚地理解并接纳托班幼儿及其家长在入园适应阶段所表现出的消极情绪和行为，并通过微调环境材料、优化作息安排、改进互动形式、合理组织活动等方式，帮助幼儿平稳度过入园适应期。只有始终铭记自己也曾是个孩子，我们才能成为真正意义上的优秀教师。

站稳 10 分钟
——教师专业发展的助推器

在一次针对教师观察情况的调研中，当被问及“在工作中，你认为是否有必要提升自身的观察能力”时，高达 97.81％的教师认为提升观察能力“很有必要”和“比较有必要”。这一数据表明，教师对自身观察能力的满意度偏低，并且有提升观察能力的强烈意愿。他们普遍认识到自身观察能力的短板，以及在当前教育背景下提升观察能力的重要性和紧迫性。虽然教师在活动行为观察中存在的问题有多种表现形式，但仅有 67.98％的教师表示“能在教育教学过程中主动、有意识地观察幼儿”。这意味着，近三分之一的教师缺乏主动观察幼儿的意识。在观察的有效性方面，仅有 32.89％的教师认为自己能通过观察幼儿在活动中的表现，真正做到了解幼儿的内心世界。

教师每天与幼儿朝夕相处，能获取大量源自幼儿行为表现的鲜活信息。但在日常保教实践中，教师的观察通常会出现以下问题：一是教师的观察意识淡薄，缺乏有效的观察方法，不知如何在生动的现场捕捉幼儿的活动瞬间。比如，即便教师尝试观察，也往往难以捕捉到期望观察的内容。二是教师的观察多流于表面，缺乏针对性和持续性。比如，教师常常依据观察到的片段，对幼儿进行分析和回应，随后便又转向其他内容的观察。

案例

看上去玩得开心，就说明活动有意义吗？

有四个大班幼儿正在玩气球。首先，他们将充满气的气球粘在即时贴上；然后，一个幼儿发令，两个幼儿听指令放开气球，另一个幼儿负责记录比赛结果。教师看了一会儿，觉得幼儿们兴致高昂，配合也十分默契。当教师准备转身离开时，我建议教师再多观察一会儿，并且仔细查看幼儿的记录。

我之所以建议教师这样做，是因为我发现这些大班幼儿玩了一会儿后，对材料的玩法已然相当熟悉。但依据教师设计的记录纸，幼儿仅需记录谁的气球获胜，这一任务过于简单。对大班幼儿来说，完全可以让他们在现有发展水平上完成更多的挑战。在我的建议下，教师调整了记录表，补充了“找找气球冲得快或慢的原因”等任务。这些小小的挑战，让大班幼儿玩得愈发投入、快乐。

教师自身的观察意识和观察水平，会直接影响其对每一个幼儿的了解程度。只有具备主动观察的意识，掌握科学的观察方法，教师才能更好地了解、分析幼儿，改进教育教学行为，以及更好地反思自我、构建自我，进而实现自身的专业成长。因此，基于当前教师专业发展中的难点问题，提出“站稳 10 分钟”这一理念，具有重要的现实意义。

一、“站”是一种姿态——愿意看

你越深入幼儿的生活，就越能了解幼儿的行为；你越贴近幼儿的心灵，就越能理解幼儿的想法。所谓“站”，就是期望教师走进幼儿的世界，站在幼儿的身边，倾听他们的话语，留意他们的举动，琢磨他们的心思。作为教师，主动靠近幼儿，积极观察幼儿，这是提升观察、分析和回应能力的第一步。

案例

给宠物宝宝一个惊喜

大班的妮妮坐在桌前，面前摆放着化妆台、梳子、口红、小床等物品。她忙碌地摆弄着，先是将一个 30 厘米左右的小玩偶放在床上，盖上被子，接着又拿了一支粉色口红放在床边。我不禁好奇：大班幼儿怎么还停留在摆弄玩具的阶段？于是，我蹲下身，与妮妮聊了起来。妮妮告诉我，床上躺着的小玩偶是她的宠物小美人鱼。今天是小美人鱼的生日，她趁小美人鱼睡觉的时候精心布置了卧室。妮妮说：“等小美人鱼醒来，我要给它一个惊喜。”

妮妮的讲述充满了想象，她正在编织一个美妙的故事。作为成人，我们要做的是理解、接纳和欣赏，悉心呵护幼儿这份独特、美好的想象。

二、"稳"是一种心态——静心看

观，即"看"；察，即"体察"。从愿意看进阶到静心看，需要时间沉淀。教师唯有驻足停留，静下心来观察，才能捕捉到先前预设的观察要点，或是幼儿在活动中自然生成的行为表现。

案例

幼儿的时间究竟花在哪里了？

教师为幼儿提供了一些黑白皮毛的动物图片。小雨按照 ABAB 模式给图片排序时，始终专注投入，饶有兴致地摆弄材料。然而，小雨在寻找所需图片上耗费了大量时间，远远超过了实际排序所用时间。

教师驻足观察许久，发现了这一问题。于是，教师对材料作出调整，额外提供了分别贴有五种动物图片的盒子。这一调整有利于幼儿先将不同图片分类放置在相应盒子里，再进行主动选择和分类取放。这样，幼儿寻找图片的时间大幅减少。如果教师仅仅观察 3 至 5 分钟，就很难根据幼儿的行为表现，对材料作出恰当的调整，自然也难以真正支持幼儿的后续发展。

三、"10 分钟"是一种方法——持续看

"10 分钟"代表着时长，它提示教师要在活动中持续观察一段时间，也提示教师要在各类活动中对幼儿进行有目的、持续的观察。

案例

小花还会掉下来吗？

小班的依依发现一朵粘在吸管上的小花掉落了，于是拿着小花来到美工角。她取出一张圆形即时贴，尝试用有黏性的一面连接花瓣和吸管。但吸管有弹性，她试了好几次，花瓣都没能粘上去。依依稍作停顿，拿出固体胶，用力地

来回涂抹，在花瓣上留下厚厚的一层固体胶。然后，她把吸管放了上去。这次，吸管居然没有掉下来，终于粘住了。依依小心翼翼地把小花重新放回“花园”。

与我一同观察依依的带班教师微笑着说：“我想先让依依自己体验一下，看看固体胶到底行不行。中午，我会带她再去看看花瓣是否还粘在吸管上。到时候，我会介绍其他材料，并让依依再试试。”

教师在这一次偶发事件中敏锐地发现了教育契机。教师深知，有效的教育并非由外向内的灌输式教育。教师更在乎的是幼儿的每一次经历、每一份体验，并且愿意投入时间，持续观察幼儿与环境的互动方式，在其最需要时给予适当的支持。

有学者认为，21 世纪的教师教育必然是以唤醒教师意识为基础的教育。[①] 在教师专业发展方面，只有唤醒教师的专业意识，他们才能主动地认识和完善自我，最终实现自身价值。同样，在观察幼儿行为方面，教师只有具备清晰且坚定的观察意识，才能在课程实施过程中，积极主动地发现、记录，以及挖掘蕴藏在幼儿行为背后的教育时机。唯有如此，教师的观察才是理性的，教师的成长才具有可持续性。

具备观察意识，只是教师在活动中更好地观察幼儿的基本前提。意识本身无法直接转化为教育活动，也不能直接作用于教师能力的提升和教育教学活动的改进。要想真正实现教师观察行为的优化，就要将研究与实践的重点聚焦于教师观察能力的提升。

教师的观察能力与教师的专业发展紧密相连。良好的观察不仅被视作有效教学的关键特征之一，还是教师成长为研究者的重要途径之一，更是教师走向成熟、实现专业化的重要标志之一，堪称教师专业发展的助推器。

---

① 姜勇.关于教师专业意识的研究——从角色隐喻看教师专业意识的觉醒[J].教师教育研究，2006(5):7-11.

关注集体教育活动中的每一个幼儿

集体教育活动是幼儿园常见的教育活动形式，涵盖全班或分组活动、谈话或分享活动、集体体育游戏等。它只是一种活动组织形式，与活动目的并无直接的必然联系。为了促进幼儿发展，既可以采用个别化教育活动方式，也可以采用集体化教育活动方式。在选择活动组织形式时，关键在于考量在特定情境下，哪种方式更恰当、更合理，或者说更有效。

我们知道，追求“统一”并非我们对幼儿的学习期望。在幼儿园开展集体教育活动时，究竟该注意些什么？多数教师可能会认为是解决集体问题。这固然没错，但在实际操作中，很多教师并未真正解决集体问题，只是将幼儿组织起来，按自己规定的事项行事，却未深入思考集体教育活动与幼儿个性化发展之间的关联。

在集体教育活动实践中，幼儿个体常常有意无意地被忽视。比如：当幼儿展现出独特的想法或做法时，教师经常有意无意地忽略或不予理睬；教师时常不由自主地寻找符合一般意义的表现或答案，反复邀请幼儿回答问题，直至得到期望答案，却不关注究竟是哪个幼儿在何种情况下作出的回答。很多时候，教师还会将个别或少数幼儿的想法扩大为大部分甚至全体幼儿的想法，进而认定某个环节的目标已达成，便开启下一个环节。因此，我们经常会发现，在某个集体教育活动中，少数幼儿表现突出，总能呈现教师期望的表现，而部分幼儿却根本没有真正参与活动。教师在回忆活动过程、判断目标达成度时，往往主观地认为活动开展过了，部分幼儿做到了，部分没做到，甚至认为这是集体教育活动的必然结果。幼儿的原有经验本来就有差异，活动过程也不一样，结果自然不一样，因此没有必要深究。然而，每个集体教育活动的成效是由每一个幼儿对目标的达成情况共同构成的。仅仅满足于一般意义上的开展活动，以及部分幼儿参与活动、达成目标，显然是不够的。

一、一次有关集体教育活动的教研思考

我们曾经组织过一次教研活动，邀请一名教师针对12个幼儿开展集体学习活动，让所有参与教研的教师现场观摩。每位参与者都拿到一份纸质教案和一份幼儿学习活动观察表。观察表设置了10个关于幼儿行为表现的观察点：(1)幼儿是否表现出与活动目标一致的行为；(2)幼儿的原有经验是否得到利用、扩展和提升；(3)幼儿在活动过程中的参与度高不高，是否表现出主动性，情绪是否饱满；(4)幼儿是否利用多种感官或方式(观察、操作、表达等)进行学习；(5)幼儿是否有与同伴或教师交流的机会(包括提问)；(6)幼儿是否围绕具体且有意义的任务进行学习；(7)幼儿能否在学习中解决问题或者通过解决问题进行学习；(8)幼儿是否有机会充分表达与学习活动相关的体验和感受；(9)幼儿是否有公平参与活动过程的机会(操作、表达等)；(10)幼儿是否表现出对活动本身及相关经验的兴趣，是否有继续学习的愿望。每位参与者固定、持续地观察一个幼儿在集体教育活动中的表现，并依据观察表中的10个观察点为幼儿表现评分(1分最低，10分最高)。

汇总教师们的观察记录和评分后，我们发现，在此次集体教育活动中，幼儿表现差异显著。在参与活动的12个幼儿中，3个幼儿在“是否表现出与活动目标一致的行为”这一观察点上的得分低于4分；同时，至少有4个幼儿在活动中完全没有与同伴或教师交流的机会。其中，有个幼儿在5个观察点上都获得低分。这一数据表明，他在这些方面表现得极为被动、毫无目的。虽然这是一次以实验操作为主的集体教育活动，但12个幼儿在“是否有公平参与活动过程的机会(操作、表达等)”这一观察点上的得分为6至10分，差异同样较大。

从这次教师精心准备的集体教育活动可以看出，教师仍然无法做到关注每一个幼儿，也没有在后续的反思过程中体现出对这些幼儿的关注和分析，更没有给予他们相应的支持和锻炼机会。但是，换个角度看，这并非意味着设计高质量活动难度极大，而是说明教师没把好钢用在刀刃上。之所以出现这些状况，是因为教师并未站在幼儿在集体教育活动中的学习与发展的角度，思考如何为幼儿提供支持。或者说，教师将完成活动过程当作目标，忽视了幼儿在活动中的发展。

也许，我们不应一味指责教师，而是要帮助教师养成一种“教育活动都是服务于幼儿的学习与发展”的思维和习惯。或许，有教师会问：“我精心设计目标，安排活动过程，组织幼儿开展活动，难道不是在服务于幼儿的学习与发展吗?”从幼儿的外在表现看，这一切似乎确实为促进幼儿的学习与发展提供了条件。但是，如果教师心中没有装着幼儿，没有具体设想幼儿在活动中能获得哪些学习机会，没有预估不同幼儿对活动目标的达成程度，那么活动设计就如同空中楼阁，难以切实推动幼儿的真实发展。

二、关注集体教育活动中每一个幼儿的表现水平

如果说“促进幼儿在原有水平上获得富有个性的发展”是我们的追求，那么教师的日常教学行为就要与之建立紧密联系。对于集体教育活动，我们不仅要关注教师的设计和组织，还要关注幼儿的学习状况；同时，不能只留意那些与教师积极互动、能主动跟随活动节奏的幼儿，更要为那些安静、被动、不能主动跟随活动节奏、容易被忽视的幼儿提供有力支持。只有教师具有“一个都不落下”的意识并采取相应行动，幼儿在集体教育活动中的学习机会与质量才能得到保障。

结合当下情况，以下几种表现从一定程度上反映出我们对“在集体教育活动中关注每一个幼儿”的不同理解程度。

第一个层次是教师确保所有幼儿都能参与活动。对幼儿来说，别人有什么材料以及能做什么，他也应有机会参与，这是最基础的公平。不过，教师可能还来不及考量幼儿在何种水平上获得了哪些发展。

第二个层次是在一个真实的集体教育活动中，教师关注到要让每一个幼儿的行为都与活动目标和具体任务直接相关。即使幼儿的能力不同，教师仍要提供相应机会。比如，如果集体教育活动目标是“大胆表达自己对问题的设想和发现”，无论幼儿水平如何，以及是否有教师所倡导的正确发现，都应有机会展现自己对问题的设想和发现，而并非仅限于那些能力较强且能清晰表达的幼儿。因此，教师在活动过程中要坚持让每一个幼儿都获得锻炼和发展的机会，引导他们经历目标指向的学习过程。这是目前我们需要认识并着力解决的重要问题。教师理解这一点并不难，难的是观念的传播和落实。观念确立后，教

师对不同幼儿学习状况的注意力分配自然会有所改善。

第三个层次或许更为理想化，但的确是我们真正期望的，也就是将集体教育活动打造为促进幼儿充分发展的平台和载体。此时，集体教育活动作为课程实施的必要形式，积极发挥其价值。比如，有些教师充分利用幼儿之间的经验差异，引发幼儿的讨论和质疑，让参与活动的幼儿在原有基础上感受到集体学习带来的思维碰撞、相互模仿和接纳等。相较于第二个层次，此时的集体教育活动不局限于达成某个具体活动目标，而是真正服务于幼儿的不同发展。教师在设计和实施集体教育活动时，能始终基于对幼儿发展情况和需求的了解，有针对性地创造不一样的机会，包括材料提供、师幼互动等，让幼儿在相同的外在预设过程中获得更细致、更个性化的学习支持。此时，集体教育活动已转变为开展活动的平台和载体。

比如，在一项研究中，我向一名国外儿童中心的资深教师(她负责的是一个由 25 个 2—5 岁幼儿组成的混龄班)提了这样的问题："如果要设计一个同时面向 12 至 15 个幼儿的集体教育活动，您一般会怎么做?"

她是这样回答的："……我知道面对 12 至 15 个幼儿时，设计出真正优质的活动至关重要。就我目前负责的由 7 个 4 岁幼儿组成的学习小组而言，我在设计活动时会思考以下内容：

"因为幼儿 1 喜欢建立人际关系，但读写技能欠佳，所以我让她坐在幼儿 M 的旁边，这样可以让她在读写活动中获得同伴帮助。因为幼儿 2 能独立学习，但语言表达能力有待发展，所以我要确保他能用包括绘画在内的方式展现自己的世界。我总会让他听完其他同伴的回答后再作答，因为他的语言表达能力正在发展，而我希望他能成功。之后，他和同伴玩游戏时的语言表达能力已经发生显著变化，不再只是重复其他同伴的话。

"因为幼儿 3 在读写和数学方面表现得较弱，但人际交往能力和语言表达能力较为突出，所以我尝试将包含人际关系内容的图画书融入读写活动，引导她清晰阐释对图书的理解。

"因为幼儿 4 是高水平的思考者，但在同伴关系方面较为弱势，所以我让他坐在他期望建立关系的同伴旁边，并让他在活动中担任小组长。现在，他能独立且恰当地帮助其他有困难的同伴。

"……我还可以继续列举，但从以上内容便能看出我脑中的检核表。教师对学习方式和每个幼儿考虑得越周全，活动就越容易成功……"

这名教师明确表示，要组织一个真正对幼儿发展有意义的集体教育活动，必须逐一考虑每个幼儿的个性化发展需求，并在活动设计与实施过程中，依据幼儿的特点和需求，提供更合适的教育机会。

这名教师分享的经验，在我后续观察她组织的活动中得到了诸多验证。比如，在一次集体教育活动中，她设定了相对明确的目标和内容，即幼儿听懂语言指令，并按要求（不同物体的相对方位）完成贴纸任务。虽然幼儿们都在做同样的事情（即跟随教师讲述的故事情节，将圆点贴纸贴在相应位置），但这名教师随时都在为每个参与活动的幼儿提供个性化发展机会。又如，除了关注预设目标和内容外，当某个幼儿提及曾看过一本相关图书时，她会拿出该书，并引导大家一同验证该幼儿的回忆。当一个母语为西班牙语的幼儿数圆点时，这名教师会和该幼儿一起用西班牙语计数，并和大家一起感受该幼儿在母语学习上取得的成果。分发圆点贴纸时，这名教师会按每个幼儿喜欢的方式操作。比如，应幼儿要求，将圆点贴纸贴在幼儿的手背、额头上。由此可见，在设计小组（较小集体）活动时，她首先考虑的是每个幼儿的个性特征、发展特点、优势和弱势，然后思考能为每个幼儿提供何种支持。这不仅体现了教师的专业水平，还彰显了教师的教育立场，即教育活动并非教师用来完成流程的工具，而是支持幼儿在原有水平上不断进步的平台和载体。

三、让集体教育活动服务于每一个幼儿的学习与发展

集体教育活动并非教师凭借主观感受和经验，对每个幼儿进行简单的叠加，也不是设定并执行不切实际的活动目标和过程。它是一种手段，教师要理解其特点和价值，并将这些与服务于幼儿的学习与发展建立直接联系。比如，不应回避幼儿之间的差异，而应充分接纳，并为他们提供个性化的学习支持。在这方面，我们可以尝试以下举措：

首先，教师要将目光聚焦于对每个幼儿的深度了解。比如，教师通过对每个幼儿的日常行为进行细致观察，以及与他们的积极互动，真切把握幼儿的发展需求，为他们设定个性化的发展目标。此外，教师还应将集体教育活动视作

蕴藏丰富教育契机和意义的资源，思考在特定集体教育活动中，每个幼儿是怎么学习的。只有当教师把每个幼儿的发展状况以及对他们的发展期望牢记于心，集体教育活动才有可能成为幼儿进步的阶梯，而非仅仅是教师主观要求幼儿共同完成的任务。

其次，在树立集体教育活动应服务于幼儿的学习与发展的意识和立场后，教师还可以运用一些策略来提升关注每个幼儿的能力。比如，合理控制自己对每个幼儿的注意力分配，以了解幼儿参与活动的情况。又如，把幼儿的姓名写在小棒子上，并将其插入杯子。之后，每请一个幼儿回答问题，就将写着其姓名的小棒子放到另一个杯子里。这样便能知晓谁发过言以及谁还未发言。此方法虽简单，但可以帮我们摆脱模糊的主观印象。

此外，教师还可以采用很多类似的方法，在组织活动的过程中观察和记录每个幼儿的表现。如果教师原本就对幼儿有足够的了解，那么观察幼儿在活动中的特定表现就更具意义。因为这些表现既能丰富教师对该幼儿的认识，又能作为分析原因和推断结果的素材。教师经常关注幼儿在活动中的表现，将有效提升自身的教学反思能力，进而形成客观判断活动质量的能力。

教师还可尝试在相同的条件和环节中，对不同的幼儿提出不同的活动要求。比如，在集体教育活动的操作环节，认真观察幼儿的不同表现，注意倾听与幼儿的对话。对于同样很快完成操作任务的两个幼儿，教师可依据对其发展需求的了解，要求其中一个幼儿讲述操作过程（因其完整表达能力有待提升），而启发另一个幼儿用另一份材料再做一次（因其能接受更高的挑战）。又如，有针对性地向一些幼儿提出某些问题，而让另一些幼儿回答其他问题。因为对于某些话题，有的幼儿适合提问，有的幼儿适合回答。再如，有的幼儿适合在后面回答，因为他们的能力较强，若让他们先发言，可能会让其他幼儿没有思考的空间。有的幼儿能力相对较弱，因此需要先倾听他人的发言。

教师的职责在于让集体教育活动成为对每个幼儿都有意义的学习平台，以及与每个幼儿的发展建立有意义的联系。

改变，从自身开始

每学期，上海众多幼儿园都会迎来全国各地幼教同行的观摩学习。大家都迫不及待地看着、听着、记着，想要通过手中的手机、录音笔等把幼儿园的一切都记录下来。

其实，对于教师这样的学习热情，应该大力发扬。但在观摩过程中，我常听到这样的议论："看人家，班额数控制得多好！我们班级要是人少点，啥问题都没了！""这材料太棒了！我们怎么没有呢？这些东西可以去哪里买呢？""这间教室真大，怪不得游戏做得那么好！我们的教室实在太小了，游戏都没法弄。"……

说实话，偶尔听到这类感慨，我完全理解，毕竟谁都期望在场地宽敞、材料丰富、班额数适当的环境中工作。但当这些抱怨或羡慕的声音一遍遍地出现，甚至被不少园长和教师视为阻碍保教质量提升的关键因素时，我深感忧虑。于是，我有了这样的思考：在同一所幼儿园，场地、材料、班额数等条件基本相同的情况下，所有班级的保教质量就会达到同一水平吗？一个地区按一定标准配置幼儿园，各园所之间就不存在差距了吗？答案显然是否定的。

实际上，当所有条件都一致时，我们也未必能获得同样优质的教育质量。因为教师的主观能动性决定班级保教质量的高低，幼儿园的课程以及课程领导力决定课程质量的优劣。

我们似乎对幼儿园的硬件条件有所释怀，因为我们无法决定园所占地面积，也难以左右财政拨款。但我们可以从自身做起，通过小小的改变来缓解矛盾，提升办园水平。

几年前，我曾参观了山东省的一所幼儿园。清晨入园，操场上、教室里、走廊间到处都是幼儿活动的身影。当时，操场上有二十多个幼儿正在立着"大一班"标识的区域里进行足球比赛，而大一班的教室里还有二十多个幼儿。当我正纳闷时，园长解释道："我们园所是个老园。如果用最新出台的园所标准衡量我们的硬件条件，那么室内外场地面积都不达标；再加上现在的班级人数超额，所以只能尝试分组活动，让一半幼儿去操场运动，一半幼儿留在教室参加区角活动，之后再交换。”这种分组方式有效降低了师幼比例，确保活动时段内的场地生均面积充足，是应对硬件条件不足的有效探索。

近几年，随着课程改革的不断深入，上海推动园所做实做强户外2小时活动，中心城区园所在有限空间里进行积极探索。比如：有的园所通过安排错时活动，确保所有幼儿的活动时间；有的园所通过纵深打造立体空间，为幼儿争取更多的活动空间；有的园所通过充分利用社区环境，用足用好园门口的绿地、操场等。

有一次，我们在上海远郊的一所幼儿园召开了关于游戏的研讨会。活动现场，我看到教师充分利用当地自然资源，为幼儿提供草垫、草垛、草绳、草帘、草袋、草棒、草把等材料。观摩教师都赞叹不已，园长说：“以前，我们很自卑，总觉得比不上城里的幼儿园，就拼命模仿。他们用什么，我们就买什么；他们玩什么，我们就教什么。但后来发现，这样不仅没让教师更自信，反而让他们觉得班级幼儿不够优秀。于是，我们主动改变想法。既然我们也有自身特点，何必拿自己的短处和别人的长处作比较呢？”

其实，幼儿的游戏水平是在玩的过程中得以提升的。充分利用身边资源，既能展现幼儿丰富的前期经验，又能引导幼儿了解家乡、热爱家乡。从上述内容可以发现，该园所在主动改变中领悟到游戏材料的关键不在于昂贵和时尚，而在于能否激发幼儿的玩兴和童趣。

“夹缝里求生存，夹缝里求改变”，这大概就是该园所弥补硬件条件不足的思考和行动吧！这种改变既体现了该园所对现有资源的充分利用，也展现了其教师团队对先进理念的执着求索和对幼儿健康成长的真切关注。基于此，该园所不仅形成了独特的园所特色，还给幼儿带来了更多的快乐和发展机会。

记得我还是幼儿园行政人员时，每周总有那么几天承担着园所质量监控的任务。作为分管教育的副园长，我整天都在巡视，从校门口到操场，从教室到走廊，从餐厅到卧室，确保各年龄段的幼儿都有充足的游戏和运动时间。然而，在楼上楼下的巡视中，我也不禁发出疑问：幼儿园里怎么很少听到音乐呢？

我的脑海里不断反思着：到底缺不缺音乐？于是，我和我的团队迅速采取行动，开展问卷调查，并仔细查阅教师的备课记录。经过深入调研后，我们发现，班级之间在音乐活动开展方面存在显著差异。有的教师有较强的平衡意识，会定期组织音乐活动。然而，纵观整个园所，一学期里的音乐活动仅占所有活动的 8%。

这一数据让我们面临“缺了音乐活动，到底行不行”的灵魂拷问。答案不言而喻。幼儿天性喜欢唱唱跳跳，而园长的使命就是要把音乐活动还给幼儿。

究竟该如何将音乐活动还给幼儿？从何处切入，才能实现有效改变？显然，我们的焦虑情绪并未得到全体教师的同频与共情。有的教师说：“我擅长音乐活动，活动时间和质量我都能保证。”有的教师说：“活动太多了，我来不及上。”有的教师面露难色地说：“不擅长，我就少上点。”有的教师直接发出恳求：“我年纪大了，实在应付不来，饶了我吧。”……

面对教师之间的差异，我们需要思考：如何确保每一个幼儿都有参与音乐活动的时间？

我们先从时间上保证，设置每日“快乐 15 分钟”，让各年段幼儿下午在操场集合。我们看到幼儿整齐地排列在操场上，听到幼儿园喇叭中传出的美妙音乐，但同时也看到教师严肃地教授姿势，听到教师发出“一二三四，二二三四”的口令声，以及“抬头”“挺胸”“眼睛看手”“脸上要有笑容”等指令。

这真的是我们想要的吗？我们开始思考：有了音乐时间后，那音乐活动的质量高不高呢？我们的初衷是尊重幼儿的天性，给予他们快乐唱跳的机会。可是，部分教师将其视为领导重视的任务，一心想着必须高质量完成，甚至有教师秉持“要取得好结果，只能靠训练”的观点。

显然，我们面临着“到底是要过程，还是要结果”的挑战。在一次次教研中，我们围绕艺术活动中的“感受与欣赏”“表现与创造”等关键词展开激烈讨论，并最终达成共识。

渐渐地，幼儿的脸上绽放出了笑容。他们每天都能享受到属于自己的“快乐 15 分钟”，并跟随教师沉浸在音乐的海洋中。这里没有节奏、动作上的统一标准，只要幼儿乐意参与和享受即可。

如果说“快乐 15 分钟”的设计与实施彰显了园级层面在不断反思中的自我突破，那么十几年过去了，越来越多的教师在幼儿身上切实看到了音乐回归带来的变化。尤其是每学期,每个幼儿都能熟练地参与 4 至 6 个音乐表演。这让大多数教师彻底释怀,对每年毕业典礼上的班级表演也不再焦虑。因为教师相信每个幼儿都能在日复一日中享受着音乐带来的欢乐,不断积淀着自身的表现力,也由衷认同“不用排练,照样登台”“习得比学得更珍贵”的理念。

“快乐 15 分钟”聚焦课程实施中的盲区,致力于解决教师之间客观存在的专业差异,关注园所幼儿发展中的共性问题,并努力为每一个幼儿提供充分的机会。从本质上讲,这是园所对课程实施的深度反思,也是园所立足现实的创新之举。

改变,从自身开始。这不仅是园长和核心团队的专业选择,还体现在班级教师的日常工作中。

有位老教师曾向我分享了她的一段经历:当“一对一倾听”被明确写入《评估指南》时,她有意识地听了专家报告,也阅读了相关文章。但对于“一对一倾听”的意义,她决定通过实践来验证,于是迈出“我来试试”的第一步。她每天抽出时间来倾听幼儿,并如实记录,努力让自己不插嘴、不评论。一段时间后,她惊喜地发现,自己听到了许多以往未曾留意的孩子的想法和观点。然而,随着时间的推移,她发现,班级孩子在搭班青年教师那里讲述的内容更为丰富。一想到自己作为有经验的教师,却无法让幼儿充分表达,她就决定主动作出改变。于是,她在倾听时不断追问幼儿。眼看着幼儿越讲越多,她也越记越多,心中不禁沾沾自喜。只是没过多久,班上的幼儿宁愿去青年教师那里排队,也不太愿意找她倾诉。难道自己不停地追问并非幼儿所愿?她直面问题,开始有意识地观察青年教师的倾听过程。她发现,青年教师不仅面带微笑,还时常给予幼儿欣赏的眼神,并用“嗯”“啊”“哇”“哦”等进行简单回应。她这才明白,倾听和记录中传递出的对孩子讲述的欣赏、理解与好奇,远比记录内容本身更重要。这种由内而外的欣赏、理解与好奇,能更好地激发幼儿表达。

这天,老教师毫无保留地讲述自己的心路历程,园长也在一旁认真倾听。园长表示,园所从未考核过老教师的“一对一倾听”,她的所思所行都源于自身的主动反思和乐于改变的态度。我忍不住追问园长:“您觉得教师主动改变的最大意义是什么?”园长简洁地回答:“改变,可以考验教师刨根问底、突破自我的勇气;改变,可以促使教师作出调整和创新的专业选择;改变,只有从每一名教师自身开始，才能促进幼儿全面发展，增强教育的公平性和普及性；改变，只有从每一名教师自身开始，才能持续提升保教质量，让园所和教师成为提升保教质量的核心力量。”

呵护“最柔软群体”，为每一个婴幼儿家庭提供专业指引

婴幼儿自出生起，便是积极主动的学习者，他们迅速适应母体外的环境，积极探索周围世界。丰富多彩的早期体验和经历，深刻影响着婴幼儿的大脑发育，也有助于调整大脑内的突触连接，使婴幼儿发展至最佳水平。幼年时的种种经历，为个体的健康、学习等设定轨迹，贯穿一生，为其终身发展创造良好开端。随着我国社会经济水平的不断发展、人民生活水平的稳步提升以及家庭养育者文化素养的逐步提高，大家对 0—3 岁婴幼儿早期教育的需求与时俱增，都期盼获得优质托育服务。早期教育已然成为关乎“最柔软群体”、千家万户、城市未来的民生大事。

2001 年，《中国儿童发展纲要（2001—2010 年）》明确提出“发展 0—3 岁儿童早期教育”。中国共产党上海市委员会、上海市人民政府高度重视托育服务工作，将“学龄前儿童善育”纳入民心工程。在上海市教育委员会的指导下，上海市教师教育学院（上海市教育委员会教学研究室）联合教育理论与实践研究、儿童医学与早教实践等各方专业力量，历时十年，完成《要点与策略》的研制与印发工作。《要点与策略》旨在帮助家庭养育者和机构保教人员了解 0—3 岁婴幼儿的成长特点，为他们提供专业指引，为全社会营造科学育儿的良好氛围。深入剖析《要点与策略》的内容结构和主要特点等，并给出实施建议，不仅有助于我们全面了解和正确把握其基本理念与具体内容，还有助于我们在实际工作中更好地实施与践行。《要点与策略》的推出，顺应了人民群众对优质托育服务的迫切需求，是贯彻落实“幼有善育”目标的具体举措，更是保障 0—3 岁婴幼儿健康快乐成长的重要支撑。

一、《要点与策略》的内容结构和主要特点

《要点与策略》由“试用说明”与“正文”两部分构成。“试用说明”部分简要提出了《要点与策略》制定的背景与目的、目标与作用、内容与结构、实施原则等，有助于家庭养育者和机构保教人员更全面且准确地把握0—3岁婴幼儿的成长特点和规律，以婴幼儿发展优先，为支持每个婴幼儿健康快乐成长营造安全且充满关爱的环境。“正文”部分包括每个月龄段的引言以及各领域的发展要点、支持策略（含特别提醒）。《要点与策略》具有以下显著特点：

（一）重视价值取向，体现引领性

1. 关注整体发展

0—3岁婴幼儿的学习，是他们在生活和游戏活动中，通过与周围人和物的互动，不断积累经验的过程。《要点与策略》强调保育为主、教养融合，注重养育与教育的自然结合，推动动作与习惯、情感与社会、认知与探索、语言与沟通四方面的相互渗透和有机整合，促使婴幼儿在生活和游戏活动中获得全面而协调的发展。

2. 注重长远发展

0—3岁是行为习惯和学习品质养成的重要时期。成人应为婴幼儿提供充分的锻炼机会，给予其支持和鼓励，在潜移默化中培养他们积极的情绪情感、相互信赖的早期人际关系、好奇探究的认知天性、文明有序的生活习惯、初步的生活自理能力等，助力他们养成良好的行为习惯和综合素养，使其终身受益。

3. 尊重差异发展

婴幼儿的早期发展以成熟为基础，每个婴幼儿的成熟时间、发展速度都存在差异。这就要求我们遵循个体成熟规律，因人而异地提供学习与发展支持，切忌进行横向攀比和追赶性训练。对于那些明显偏离年龄特点的特殊表现，我们要做到早发现、早干预，并提供适合其发展的个别化指导。

4. 支持主动发展

0—3岁婴幼儿通过自发运用各种感官、多种动作和语言进行沟通，积极探索周围世界并汲取经验，从而获得各种体验和经历。为0—3岁婴幼儿创设一个整洁、有序、规律、充满感知运动刺激的物理空间，营造温暖、安全的心理环

境，有利于他们在身心放松的状态下，主动与周围环境互动，实现全面均衡发展。

《要点与策略》聚焦于婴幼儿的整体发展、主动发展、差异发展，致力于为每一个0—3岁婴幼儿的健康快乐成长营造良好的育儿生态。

（二）遵循发展规律，体现专业性

1. 关于月龄段划分

《要点与策略》依据0—3岁婴幼儿生理成熟和心理发展的规律，将这一阶段划分为7个月龄段。月龄段的划分有以下特点：一是前密后疏。依据0—3岁婴幼儿先快后慢的发展规律，将其分为0—3个月、3—6个月、6—9个月、9—12个月、12—18个月、18—24个月、24—36个月7个月龄段。二是月龄段之间互有重叠。采用重叠一个月的划分方式，旨在提示照料者，婴幼儿的成熟时间有先后之分，其发展速度在不同阶段、不同方面没有统一性，因此要充分考虑婴幼儿的个体差异。

2. 关于引言

每个月龄段的开始部分均设有引言。这段文字旨在帮助家庭养育者和机构保教人员构建该月龄段婴幼儿的整体形象，展现该月龄段婴幼儿的发展重点和典型表现，进一步凸显"儿童发展是整合的"这一核心理念。

3. 关于发展要点

发展要点旨在帮助家庭养育者和机构保教人员梳理0—3岁婴幼儿的主要发展脉络，从"动作与习惯"等四方面阐述0—3岁婴幼儿在不同月龄段的发展特点。

在"动作与习惯"方面，与3—6岁婴幼儿自理能力培养不同，0—3岁婴幼儿更强调"自助"。在此阶段，家庭养育者和机构保教人员要耐心等待，为他们提供自我照料的机会。当0—3岁婴幼儿求助时，家庭养育者和机构保教人员要能敏锐觉察并及时回应，让他们获得安全感。

在"情感与社会"方面，尤其强调在儿童生命早期，与家庭养育者和机构保教人员建立安全依恋关系的重要性。这是其他领域发展的基础。在温暖、充满关爱的环境中，婴幼儿能得到家庭养育者和机构保教人员的积极回应，有助于其日后更好地适应社会。

在“认知与探索”方面，凸显0—3岁是人生发展的奠基阶段，也是学习品质形成的重要时期。婴幼儿的好奇与好问、探究与专注等品质，要在生活和游戏活动中，通过成人的支持和鼓励逐步养成。

在“语言与沟通”方面，在关注婴幼儿听说能力发展的同时，还要关注婴幼儿早期阅读兴趣和习惯的培养。

以“动作与习惯”领域为例，研制组先梳理出0—3岁婴幼儿各子领域的具体内容（见表1-1），再编制相对应的婴幼儿发展连续表（见表1-2），随后结合实践观察，列举典型行为，并将其转化为发展要点。这样的编制方式有效避免了遗漏婴幼儿发展过程中的关键要点，提升了文本的科学性和逻辑性。使用者既可以从某一领域查看婴幼儿在不同月龄段的发展要点，又可以了解婴幼儿在该领域的纵向发展规律。比如，粗大动作发展遵循抬头、翻身、坐、爬、站、走的顺序。

表1-1 “动作与习惯”领域中发展要点的具体内容

子领域	发展要点的具体内容
体格发育	身长、体重、头围、胸围、乳牙等
粗大动作	头部控制、翻身与坐、爬、站与行、跳跃与跑、平衡能力等
精细动作	取物手势（抓、握、捏等）以及手部动作（要、来、再见、扔、撕、插、涂、剪等）
自助与习惯	用餐、睡眠、排泄、穿衣、清洁等

表1-2 “动作与习惯”领域中婴幼儿发展连续表（以体格发育为例）

月龄段	发展要点
0—3个月	• 3个月时的参考标准： 身长：男孩57.6—65.3厘米，女孩55.8—63.8厘米 体重：男孩5.1—7.9千克，女孩4.6—7.4千克 • 体重每月增长0.7—1.0千克，身长每月增长3厘米左右
3—6个月	• 6个月时的参考标准： 身长：男孩63.6—71.6厘米，女孩61.5—70.0厘米 体重：男孩6.4—9.7千克，女孩5.8—9.2千克 • 体重每月增长0.6—1.0千克，身长每月增长2.2—2.4厘米，呈先快后慢的趋势 • 乳牙开始萌出

(续表)

月龄段	发展要点
6—9 个月	• 9 个月时的参考标准: 身长:男孩 67.7—76.2 厘米,女孩 65.6—74.7 厘米 体重:男孩 7.2—10.9 千克,女孩 6.6—10.4 千克 • 体重每月增长 0.2—0.3 千克,身长每月增长 1.2—1.3 厘米 • 大部分婴儿长出乳牙
9—12 个月	• 12 个月时的参考标准: 身长:男孩 71.3—80.2 厘米,女孩 69.2—78.9 厘米 体重:男孩 7.8—11.8 千克,女孩 7.1—11.3 千克 • 体重每月增长 0.2—0.3 千克,身长每月增长 1.2—1.3 厘米 • 头围与胸围大小基本持平 • 一般长出 5—6 颗乳牙
12—18 个月	• 18 个月时的参考标准: 身长:男孩 77.2—87.3 厘米,女孩 75.2—86.2 厘米 体重:男孩 8.9—13.5 千克,女孩 8.2—13.0 千克 • 体格生长速度较前期减慢 • 胸围大小开始超过头围
18 24 个月	• 24 个月时的参考标准: 身长:男孩 82.1 93.6 厘米,女孩 80.3—92.5 厘米 体重:男孩 9.8—15.1 千克,女孩 9.2—14.6 千克 • 1—2 岁期间,体重增长约 3 千克,身长增长约 10 厘米
24—36 个月	• 36 个月时的参考标准: 身长:男孩 89.1—103.1 厘米,女孩 87.9—102.2 厘米 体重:男孩 11.4—18.0 千克,女孩 11.0—17.8 千克 • 体重和身高增长趋于平稳,体重每年增长约 2 千克,身长每年增长约 7 厘米

(三) 强调基于证据,体现科学性

前期,研制组阅读了认知神经科学、生物学、发展心理学、教育学、遗传学、

社会科学、儿科学、精神科学等领域的相关文献，将成熟理论、建构理论、生态学理论、人种学理论、印刻理论、互动理论等作为理论依据。比如，脑科学研究表明，良好的情绪对大脑的健康发展和脑功能的正常发挥有重要影响。为了凸显情感对婴幼儿早期发展的关键作用，研制组将“情感与社会”这一领域置于前列。最终确定的领域顺序依次为：动作与习惯、情感与社会、认知与探索、语言与沟通。

在中华人民共和国教育部和上海市教育委员会的关心与指导下，研制组在全国5个省市开展了内容效度检验，对77名从事儿童早期心理学、教育学、医学研究专家，以及159名机构保教人员、491名0—3岁婴幼儿家庭养育者进行访谈和问卷调查。研究结果表明，《要点与策略》具有良好的内容效度。研制组根据访谈意见和调查结果，对部分内容进行修订完善。为了使表述更精准，以及避免引起歧义，研制组对原发展要点的表述进行调整。比如，将发展要点“能专心地玩一会儿喜欢的游戏”调整为“有一定的专注力，同一种游戏能专心地玩一会儿”。为了使发展要点与所在子领域更为契合，研制组将个别发展要点调整到其他子领域。比如，将发展要点“能分辨‘一个’和‘全部’，如在一堆球中，按指令拿出一个球或按指令拿出全部球”从“感知发现”调整到“问题解决”。

此外，研制组还在全国6个省市开展了月龄效度检验，对10000名0—3岁婴幼儿家庭养育者进行问卷调查。考虑到月龄越小，个体差异越大，研制组将60%以上的通过率作为大多数婴幼儿在特定月龄段能达到的发展要点标准。月龄效度检验表明，各个领域的绝大多数发展要点都具有良好的月龄效度。之后，研制组又对个别太难或太易的发展要点进行再次修改；同时，对个别通过率低，但属于该月龄段婴幼儿需要学习与发展的重要指标予以保留。比如，针对9个月左右婴儿的口腔护理，由于家庭养育者普遍认为孩子尚小，未长牙或刚长牙，对口腔护理未予重视，导致通过率较低。但鉴于口腔护理对婴幼儿牙齿萌出与保护至关重要，研制组最终保留了这一要点。

（四）强调顺应发展，体现操作性

研制组在总结上海市托育服务工作的有效经验的基础上，将其转化为科学、适宜的支持策略。对0—3岁婴幼儿的家庭养育者和机构保教人员而言，支持策略的主要作用在于帮助他们从观察婴幼儿的行为表现中了解婴幼儿的发展需求，引导他们形成尊重、理解、支持婴幼儿健康成长的观念和方法，并在此基础上，为婴幼儿提供适宜的发展机会。因此，我们将教养建议表述为“支持策略”，以此明确成人在儿童发展过程中应扮演的角色。同时，为加大对特殊需要儿童的关注力度，更有效地实施对特殊需要儿童的早期发现和早期干预，研制组在“支持策略”中增加了“特别提醒”板块。支持策略的编制主要体现了以下特点：

一是呈现的是要点，不是全部。《要点与策略》中所罗列的支持策略只是要点，是需要向家庭养育者和机构保教人员特别强调的内容，兼顾双方需求，但并非涵盖所有方面。

二是体现阶段性与连续性的统一。支持策略对应每个月龄段，但并非按四个领域逐一阐述。其中涉及的话题可能有类似之处，但会根据每个月龄段的特点，提供不同的教养途径和方法。

三是关注特殊行为表现，做到早发现、早干预。考虑到月龄越小，婴幼儿发展变化越快的特点，“特别提醒”板块中罗列的是儿童发展过程中的特殊行为表现，旨在引起家庭养育者和机构保教人员的重点关注。需要说明的是，病理性问题不在“特别提醒”范畴之内。

二、实施建议

（一）厘清几对关系，理解发展要点

1. 处理好发展的连续性和阶段性之间的关系

婴幼儿的发展是一个连续的过程，也展现出一定的阶段性特征。在 0—3 岁这一阶段，婴幼儿的发展速率并非恒定，月龄越小，其发展变化往往越快。同时，就个体而言，其各领域的发展也有不平衡。《要点与策略》所呈现的发展要点，体现了特定月龄段婴幼儿的典型行为表现。但对个体而言，存在一定范围的正常差异属于常见现象。因此，在运用发展要点时，我们既要关注婴幼儿的整体发展，又要尊重并接纳婴幼儿的个体差异。

2. 处理好发展要点和发展特点之间的关系

尽管婴幼儿在每个发展阶段，各领域的变化过程和速度会因个体而有所不同，但婴幼儿发展的阶段特点具有相对稳定性，其发展顺序不会发生跳跃。《要点与策略》所呈现的发展要点，是基于婴幼儿发展的阶段特点精心筛选的。这些特点是需要成人予以关注并提供支持的关键部分。对于那些无须提供支持的发展特点，则未包含在内。比如，“黏人，当家庭养育者离开时会表现出不安”是18—24个月婴幼儿的发展特点，“玩耍时变得好胜，会产生嫉妒情绪”是24—36个月婴幼儿的发展特点，但它们都未被列为发展要点。

3. 处理好发展要点和支持策略之间的关系

每个月龄段的发展要点，为家庭养育者和机构保教人员指明了该月龄段的观察方向；相应的支持策略则为他们提供了下一阶段的支持方向和方法指引，使他们在为婴幼儿提供发展机会时更有针对性。处理好发展要点和支持策略的关系，意味着在尊重婴幼儿发展规律的基础上，为其营造丰富且适宜的成长环境；在顺应其自然发展的同时，敏锐把握其成熟阶段，以推动婴幼儿的积极发展。

（二）把握价值取向，用好支持策略

1. 呵护生命，让婴幼儿在安全且充满关爱的环境中健康快乐成长

0—3岁婴幼儿是“最柔软群体”，极其需要稳定的家庭养育者，尤其是父母的陪伴和呵护。给予婴幼儿持续稳定的关爱，对其大脑的健康发育至关重要。父母作为儿童成长的第一责任人，应努力为儿童创设安全的环境，提供合理的营养支持，营造充满爱的家庭氛围。此外，机构保教人员也应将与婴幼儿建立积极、稳定的关系作为首要任务。唯有如此，才能让婴幼儿在安全且充满关爱的环境中健康快乐成长。

2. 注重启蒙，关注婴幼儿良好行为习惯和品质素养的形成

0—3岁是人生发展的奠基阶段，应以促进婴幼儿身心健康发展，以及养成良好行为习惯和品质素养为核心目标。比如，在用餐习惯方面，6—9个月的支持策略为“提供机会，让婴儿尝试自己抓取食物送入口中”，9—12个月的支持策略为“养育者喂食婴儿的同时，鼓励婴儿尝试自己用勺进食”。家庭养育者和机

构保教人员应为0—3岁婴幼儿提供充足的锻炼机会,并给予持续的支持和鼓励。

3. 基于成熟,依据婴幼儿的个体发展需求提供支持

0—3岁婴幼儿的学习与发展以成熟为基础。比如,每个婴幼儿开口说话、独立行走、自我控制大小便的起始时间等各不相同。如果家庭养育者和机构保教人员对婴幼儿的发展有疑惑,可以对照婴幼儿的实际情况和"特别提醒"中的内容,以便于及时带婴幼儿去专业机构或医院进行进一步诊断。

4. 教养融合,让婴幼儿在生活和游戏活动中获得全面和谐发展

0—3岁婴幼儿的生活蕴含着对其发展有深远影响的各种因素。强调养育与教育的自然结合,正如支持策略中提到的"可结合日常生活给婴儿描述养育者正在做的事情"。家庭养育者和机构保教人员应当利用哺喂、盥洗、穿脱衣服等生活环节,以及逗引、摆弄玩具、肢体活动、语言交流等游戏互动环节,让婴幼儿有机会通过各种感官、动作、语言等,自发、主动、综合地从生活和游戏活动中获取经验,从而实现全面和谐发展。

三、后续研究

（一）研制供机构保教人员使用的操作指引

《要点与策略》是一份指引0—3岁婴幼儿学习与发展的导向性文本,为机构保教人员理解发展目标、观察了解0—3岁婴幼儿提供了重要参照。因此,未来还要推出相应的操作指引,帮助机构保教人员正确理解和科学运用《要点与策略》,使其在实际工作中能更加得心应手。

（二）研制更具操作性的家庭指导手册

《要点与策略》从儿童视角出发,更多地呈现了婴幼儿的发展要点,针对家庭的支持策略占比较低。因此,后续可以围绕这些支持策略,出台操作性更强的指导手册。比如,考虑到部分地区存在祖辈带养的现实情况,研制组将推出直观形象、图文并茂、浅显易懂的指导手册,进一步扩大受益群体,让更多家庭从中受益。

（三）根据试用情况进一步优化完善文本

目前，《要点与策略》是试行稿。在试用过程中，研制组将继续广泛听取并收集各方信息，关注国内外相关研究动态，为日后进一步优化完善《要点与策略》作准备。

《要点与策略》以及一系列与托育服务相关的文件和实践成果，将持续为0—3岁婴幼儿的健康发展提供有力保障，为构建高质量托育服务体系提供专业支撑。未来，我们将致力于让每一个家庭更科学地育儿，让每一位保教人员更专业，让每一个婴幼儿健康快乐成长。让我们携手共进，实现“幼有善育”目标，共同呵护美好未来！

第二章

以课程领导力驱动课程实施的高质量发展

第一节　强化课程意识，主动攻克课程实施难题

上海学前教育的蓬勃发展，离不开其一路走来坚实的历史足迹。回望2001年，前辈们展现出的与时俱进和高瞻远瞩令我们钦佩。2004年，为贯彻教育部《幼儿园教育指导纲要(试行)》精神，上海市教育委员会制定了《上海市学前教育课程指南(试行稿)》(以下简称《课程指南》)。《课程指南》架构起一套具有时代特征和地区特点的幼儿园2—6岁课程实践体系。这一体系以幼儿活动形态为基本类型，从幼儿的一日生活入手，夯实生活活动和游戏活动在课程中的重要地位，推动园所从"分科教学"走向"一日生活"。不仅如此，上海还从规范课程实施的角度出发，引导教师结合园所和班级实际，每学期、每周(日)制订科学合理的班级保教计划；同时，通过设置稳定有序、动静交替、室内外兼顾的一日作息时间，确保生活重品质、运动重挑战、游戏重自主、学习重意义。在此基础上，上海学前教育进一步引领幼儿园从整体、综观视角，全面审视自身的课程实施，主动将劳动、传统艺术、节庆活动等与幼儿的一日生活进行深度融合。

从幼儿园课程实施方案编制谈起

随着上海课程教学改革的不断推进，以及幼儿园课程主体地位的逐步确立和强化，原上海市教育委员会教学研究室聚焦于幼儿园层面的课程规划、课程设计、课程落实等方面的思考和探索。引导幼儿园编制自身的课程实施方案，是上海学前教育课程改革中的关键举措，为全市幼儿园课程意识的提升、课程研究的深入、改革探索的深入开辟了全新的局面，产生了广泛且深远的影响。

一、引领幼儿园编制课程实施方案的背景

幼儿园课程实施方案是指各幼儿园以统筹思想为指导，按照国家和上海课程文件精神，结合自身的课程基础和资源条件，对幼儿园的课程目标、课程内容、课程实施、课程管理与评价等进行整体、全面的规划和设计，逐步形成平衡、和谐、适宜、可操作的书面课程计划。它是将国家和地方的幼儿园课程方案园本化的结果，也是幼儿园自身开展课程实施、课程管理与评价的基本依据。

《课程指南》明确提出："制定具有个性化和可操作性的课程计划。幼儿园在遵循课程基本设计思想的前提下，综合考虑本园实际及办园风格，设计个性化、切实可行的幼儿园课程计划，创造性地实施课程。"《课程指南》中的相关精神体现了对幼儿园作为办学主体的尊重，有利于引导幼儿园增强课程意识，以及深入研究园本化课程。比如，它将引领和指导幼儿园编制符合园情的幼儿园课程实施方案，并鼓励幼儿园基于自身实际情况，将上海市学前教育课程的基本理念落实到园本化课程实施中。在该文件精神的引领和原上海市教委教研室的指导下，幼儿园编制课程实施方案的探索不断向纵深发展。

二、方案编制的研究

原上海市教委教研室将全市 28 所市级课程教材改革试点幼儿园作为核心力量，持续推进幼儿园课程实施方案编制的探索工作。2004 年，首次在上海市闸北区安庆幼儿园（今上海市静安区安庆幼儿园）开展了以"编制幼儿园课程实施方案"为主题的展示研讨活动。与会人员既讨论了幼儿园课程实施方案的基本框架和内容，也听取了关于"走好课程改革的第一步——编制幼儿园课程实施方案的实践和思考"的专题发言。

2010 年，上海市提升中小学（幼儿园）课程领导力行动研究项目正式启动，其中幼儿园学段的必选研究项目为"编制幼儿园课程实施方案的研究"。原上海市教委教研室组织全市 28 所市级课程教材改革试点幼儿园通过集中力量攻关，于 2013 年推出研究成果《幼儿园课程图景：课程实施方案编制指南》。该书针对幼儿园在编制课程实施方案时遇到的常见问题，如课程要素问题、逻辑一

致性问题等，进行了详细解读，并提供了若干可行的改进策略，以及来自试点幼儿园的具体经验和生动案例。

在第二轮研究中，幼儿园学段在第一轮研究的基础上，将“基于证据完善幼儿园课程实施方案”作为必选研究项目。11 所立项幼儿园共同致力于研究如何基于证据完善和优化幼儿园课程实施方案。

历经十多年的研究和实践，幼儿园课程实施方案已成为上海市幼儿园课程实践的重要参考。目前，全市幼儿园基本都能编制本园的课程实施方案，正从“有”向“优”迈进。此外，原上海市教委教研室还研发了关于幼儿园课程实施方案的评价工具，旨在帮助幼儿园不断优化本园的课程实施方案。

三、幼儿园课程实施方案的两个重要定位

幼儿园课程实施方案主要由各个课程要素构建而成，它深刻体现了幼儿园从以下两方面对课程进行的思考与设计。

一是要阐明幼儿园的课程追求和主张。这一部分主要通过课程理念、课程愿景、课程目标（即幼儿培养目标）等共同呈现，而这些要素共同勾勒出了幼儿园教育的总体方向和期望达到的目标。比如，园长带领全体教师认真学习《课程指南》，并组织教师对园本课程目标进行深入讨论和反复斟酌，从而形成清晰、具体且有引领性的课程目标。

二是要特别重视幼儿园课程实施方案的操作性，将其定位于教师开展课程实践的操作指南。教师是课程实施方案的主要使用者，这就要求课程实施方案必须紧密结合幼儿园的实际条件，对教师的日常操作提出具体且明确的要求。比如，各类教育活动的实施要求、各类计划的规范要求、课程实施与幼儿发展的评价方式、资源开发与配置，以及相关教研、培训支持等。同时，教师应参与以上内容的拟定、梳理与提炼，以更好地了解课程实践问题，从而有针对性地进行调整。

四、方案编制的核心是以园为本

上海市学前教育课程体系致力于激发幼儿园和教师的课程主体性与创造

性，引导幼儿园在遵循基本原则和理念的基础上，因地制宜地落实课程，让每一所幼儿园的课程都独具特色。因此，我们积极引导幼儿园以课程主体的身份，依据自身课程的过往和现状，通过编写课程实施方案，认真开展幼儿园层面的课程规划和设计，明确课程落实的策略和方法，实现自主的课程管理与评价。

编制高质量幼儿园课程实施方案的关键在于紧紧抓住“课程园本化实施”。以园为本，意味着要充分展现园本课程开发的历史沿革和现实状况，尊重其发展脉络和趋势，基于园所的实际条件，如环境、资源、师资力量、幼儿发展水平、家长需求等，对课程实施进行全面且系统的思考和设计。此外，还要构建一个涵盖园本课程目标、课程结构、课程内容、课程实施、课程管理与保障、课程评价等要素的完整方案，并以文本的形式固定下来，作为幼儿园课程实施的行动指南和实践参考。

在编制幼儿园课程实施方案的过程中，园长要带领教师共同审视园本课程的方方面面，客观分析课程实施的条件和资源，并共同设计出合适的园本课程开发规范与流程等。此外，园长和教师还要透过具体课程事务的表象，挖掘其背后潜藏的关键问题。

然而，真正达成以园为本并非易事，这对幼儿园而言是巨大的挑战。一方面，需要改变长期以来幼儿园办学和课程主体性欠缺的情形；另一方面，也要避免课程设计的主观随意性，如避免片面增加某些所谓“特色课程”的占比，以确保园内所有幼儿都能获得全面且适宜的启蒙教育。

五、方案编制的原则是编以致用、与时俱进

幼儿园课程实施方案是集理念澄清和实践指导于一体的课程文本，其根本在于对幼儿园具体课程需求和现状进行深入了解，对园本课程进行顶层设计和规划。但鉴于影响课程的诸多因素和实际条件处于动态变化中，幼儿园课程实施方案必须与园本课程实践紧密相连，持续进行调整和优化。为了避免出现方案“为编写而编写”“束之高阁”的情况，幼儿园既要强化编以致用的意识和行动，确保方案切实被用于指导实践，并从实践中获得优化的契机，又要始终秉持“编制旨在指导课程实践”的理念，使幼儿园课程实施方案能与时俱进。

从宏观背景看，鼓励幼儿园吸纳新的课程发展趋势与理念，是完善幼儿园课程实施方案的重要途径。比如，国家或地区出台的重要课程文件和精神，必然促使幼儿园重新审视自身课程，进而主动作出调整，并将这些调整体现在课程实施方案中。完善幼儿园课程实施方案的过程，关键在于培养教师的系统思维，在幼儿园建立长效机制，保证课程运行过程中的各类状况、信息、问题能得到及时回应和反馈，并定期将新形成的策略和机制融入方案，以指导未来的课程实践。基于园本，紧密结合园本课程实践，保持与实践的互动，是优化幼儿园课程实施方案的根本路径。

六、方案编制的积极作用

编制幼儿园课程实施方案的过程，既是强化幼儿园对自身课程进行全方位感知的过程，也是不断锤炼其系统思维、逻辑思维和独立思维的过程。它能帮助幼儿园确立清晰的课程愿景和目标，引领全体教师积极主动地开展课程探索，推动课程的有效落实。最终，它能有效提升园长和教师的课程领导力，尤其是课程思想力和课程设计力。

具体而言，其作用表现在以下几方面：

首先，编制幼儿园课程实施方案，能有效增强园长和教师的课程意识，强化幼儿园在课程实施中的主体性。这一过程不仅要求园长和教师深入理解并把握课程目标、课程实施和课程评价的逻辑一致性，还促使他们更加敏锐地识别和应对幼儿园课程实践中的现实问题。通过编制幼儿园课程实施方案，园长和教师对课程的把握能力得到提升，主动实践的意识得到增强，并不断追求更高水平的课程理解与实施。

其次，通过提炼课程目标、明确课程结构和内容、规范课程实施等，园长和教师得以深入反思和审视园本课程现状，进而运用多种调研方式和方法，强化对当前课程状态的感知。这一过程有助于园长和教师形成共识，明确发展目标，为编制更加科学合理的课程实施方案奠定坚实基础。

最后，编制幼儿园课程实施方案，能有效激发幼儿园以园为本、创造性地实施课程的热情和理性追求。对具备研究和实践基础的幼儿园而言，通过不断反思、审视、创新课程实践，可以逐步完善幼儿园课程体系，甚至形成独具特色的园本化课程。这一过程不仅满足了幼儿、家长和社会对多元化办学的需求，还提升了幼儿园的教育质量和品牌形象。

七、方案编制中存在的问题及其改进策略

幼儿园课程实施方案（原名为幼儿园课程计划）是幼儿园课程领导力研究的重要载体之一。经过一段时间的研究和实践，我们发现，在编制和实施幼儿园课程实施方案的过程中存在以下问题：

其一，文本千篇一律，缺乏园本特色。编制幼儿园课程实施方案的目的是，在全面、深入地了解和掌握本园实际条件的基础上，规划如何落实普遍意义上的课程。但是，有的幼儿园缺乏自主思考，简单照搬其他园所的方案文本，仅作简单修改后便直接使用；有的幼儿园仅在《课程指南》前添加简短的园所情况分析，便草率完成方案编制，篇幅甚至短于《课程指南》。由此可见，编制幼儿园课程实施方案成为一种“走过场”的工作，无法体现方案应有的价值。

其二，文本陈述的一致性和逻辑性缺失。幼儿园课程实施方案应涵盖课程理念、课程目标、课程内容、课程实施、课程评价等要素，并且各要素之间必须保持内在逻辑和外在逻辑的一致性。但是，一些园所为了彰显“独特性”，通过随意编造语句来阐述课程目标，或者对《课程指南》中幼儿发展目标的表述进行随意剪裁或拼凑；有的方案未能明确实现课程目标的具体做法；有的课程目标与课程实施方式相互矛盾，如在课程目标中倡导“自主、勇于表达、创造”，而在课程实施方式上却倾向于“统一、正确”的要求。

其三，过度聚焦特色，忽视基础核心。一段时间以来，园长的课程意识和课程开发热情随着社会对幼儿园课程关注度的提升而日益高涨。这一现象在幼儿园课程实施方案中表现为，部分课程实施方案使用夺人眼球的词句来突出课程特色和实施方式，却忽视甚至无视培养目标中的“全面发展、素质启蒙”等基本内涵，对课程整体架构的把握存在明显不足。

其四，具体做法空泛无力，缺乏对实践的指导性。编制幼儿园课程实施方案的初衷在于应用，以明确在本园具体条件下如何有效落实课程。因此，基于

幼儿园实际课程条件制定实施策略，是课程实施方案的核心价值所在。优质的课程实施方案应具备系统性和逻辑性，并紧密结合园本课程实践。它来自园本课程实践，又能全面指导课程实践，随时为教师工作提供可靠依据或参考。

其五，行文风格故作高深，缺乏服务教师的意识。幼儿园课程实施方案的主要受众是教师，因此以教师熟悉且易于理解的语言呈现课程实施方案，可以增强课程实施方案的亲和力和可理解性。这是课程实施方案得以有效运用的前提。但是，一些园所的课程实施方案本可使用通俗易懂的表述，却刻意选用一些生僻、难懂甚至容易引发歧义的词汇，导致教师在阅读和理解课程实施方案时产生困难，从而削弱了方案对教师教学实践的指导效果。

基于以上问题，我们可以从两方面有针对性地修改和完善课程实施方案：

一方面，要认真学习并理解《课程指南》，明确其定位，并精准把握它与幼儿园课程实施方案之间的区别和联系。各幼儿园在编制课程实施方案时，应参照《课程指南》的框架，紧密结合本园实际情况，将“在本园实施”与“如何做”紧密相连，并力求用朴实无华、贴近教师日常工作的语言讲清楚课程实施的要点与步骤。

另一方面，要在学习并理解各课程要素的定义、内涵、构成的基础上，深入探究这些要素在园本课程中的相互关系，以增强课程实施方案内在逻辑和外在逻辑的一致性。这包括明确界定课程理念与课程目标、课程内容、课程实施之间的内在联系，共同性课程和选择性课程在本园的具体含义、定位、实施途径和目标指向，以及课程管理和评价如何与园本课程理念相呼应。

总之，我们要持续提炼和总结课程实践中的经验，确保课程实施方案始终源于园本课程实践，并使之显性化、策略化。

创设适宜的幼儿园生活环境

在生活课程的实施进程中，教师时常遭遇诸多令人无奈且苦恼的场景。以各年龄段班级的盥洗室为例，其中张贴着相关标记和图示。当询问园长和教师如此创设环境的缘由时，得到的答复多为“帮助孩子养成并巩固洗手习惯”“这些标记很形象，能起到提醒作用”“孩子不识字，图示更易于理解”“让孩子自己画洗手示意图，这样他们就能看懂”。但对于幼儿是否真的因这些标记和图示而学会正确的洗手方法并切实执行，却鲜有人深入调研和反思。也许，不少教师曾经思考过盥洗室环境创设的成效，但是并没有太多人进行观察研究。下面就以幼儿在盥洗室内洗手为例展开阐述。

一、精准区分“会不会洗手”和“愿不愿意主动洗手”

教师在盥洗室内张贴洗手示意图，通常基于以下三种假设：一是帮助幼儿学习正确的洗手方法；二是为幼儿提供洗手步骤提示；三是引导幼儿看到图示便会遵照执行。可是，如果对这几种假设进行深入分析，就会发现事实并非如此。鉴于幼儿已经通过各种途径学会洗手，前两种假设已无须过多考虑，这些标记和图示或许仅对少数不太熟悉洗手方法的幼儿有参考价值。至于第三种假设，相信大部分教师都会予以否定。如此一来，这些标记和图示流于形式也就不足为奇。

由此可见，洗手示意图或许可以用于解决“会不会洗手”的问题，但绝对不是解决“愿不愿意主动洗手”这一问题的最佳途径，因为会涉及教育目标与教育方法是否一致、匹配的问题。因此，教师首先要反思自身最初的教育目的究竟是指向幼儿认知和技能的发展，还是情绪情感的发展；其次要思考如何达成这一目标，以及必须考虑哪些影响因素，进而运用心理学等知识指导幼儿学会正确的洗手方法。

一般来说，给予直接指导或引导幼儿相互模仿和反复练习，是一种有效的途径。但要让幼儿在日常生活中自觉运用已经学会的洗手技能，还需另辟蹊径。比如，激发幼儿洗手的内在动机和需求。这样，当幼儿看到手上沾满泥土或颜料，或是知晓看似干净的手上实则布满细菌时，便会萌生洗手的想法。又如，引导幼儿建立动力定型，使其在特定情境下自动执行洗手程序，如饭前便后洗手。要想建立这种动力定型，主要依靠在类似情境中反复给予正强化，包括用幼儿易于理解的方式阐明道理、保持长期一致的要求，以及及时肯定幼儿的积极行为。再如，利用幼儿好模仿的心理，让对幼儿有积极影响力的人发挥引领和示范作用。如果教师在每次如厕和户外活动后以及饮水前、用餐前等时刻，都能在幼儿面前自然展现出对洗手的需求，并亲自示范，幼儿就会渐渐意识到洗手是讲卫生的表现，而非在教师要求或监督下才去做的“额外之事”。如果一味强调外在规定和统一程序，反而会抑制幼儿自身的洗手意愿。

美国《幼儿学习环境评量表(修订版)》(ECERS-R)中的“如厕/洗手”一项将“教职工或孩子在如厕后会洗手”作为评价参照，“健康习惯”一项将“教职工和孩子在擦拭完鼻涕或驯养动物后会把手洗干净”作为评价参照。将教职工和幼儿均视为洗手行为的主体，不仅表明教师应成为影响幼儿的重要环境因素(榜样)，还从制度环境层面提示大家，这是真实场景中的所有人(而不仅仅是幼儿)都要去做的事。

其实，幼儿园里还有许多类似的情形。比如，“引导幼儿在需要时主动饮水”这一困扰教师的难题，绝非依靠督促幼儿在饮水记录墙上作标记就能解决。如果我是教师，或许会思考幼儿在一日生活中有哪些饮水机会，哪些环节便于饮水，哪些情形下更需饮水，以及如果幼儿充分利用这些机会，能饮多少水，水量是否足够等。或许，我还会为自己设定带班时的方便饮水时间，带领幼儿一起饮水。这样的言传身教可能比插牌子和口头提醒更有效。当然，对于有特殊需求的孩子，也要给予个别化的关注和照料。

二、依据幼儿真实的生活需求设计和规划生活环境

虽深知环境对幼儿发展意义重大，但不少教师对环境的理解仍不够全面，往往聚焦于墙面环境布置，如洗手、如厕示意图，以及节约用水等环保提示、小心滑倒等安全标记。事实上，环境不仅具有“传递信息”和“教育引导”的功能，更重要的是为人的活动提供支持与服务。尤其对正处于良好生活习惯养成阶段的幼儿来说，环境创设要与“理解幼儿特点，满足幼儿需求”建立直接联系。

在规划和调整幼儿生活环境时，我们要充分考量幼儿的实际需求。比如，如何根据与幼儿盥洗活动相关的需求规划和调整环境，应该成为盥洗室环境创

设的重点。盥洗室的面积一般都不大，如何在有限的空间内尽可能满足幼儿盥洗需求至关重要。比如：便池、便斗的尺寸和高度是否适合幼儿；男孩和女孩如厕是否要分区或设置隔间；设置隔间后，又该如何确保教师能有效观察幼儿；幼儿洗手时是否会阻碍其他幼儿通行；水龙头的安装位置是否合适；便纸和擦手毛巾放置何处更为适宜；等等。幼儿园在规划盥洗室功能时，虽会进行一定的预判并力求合理设计，但实际使用中还是会出现各种问题。这就需要教师在日常观察中敏锐地发现问题，并及时调整，或者通过与幼儿共同约定的方式加以解决。比如，在幼儿餐前洗手环节，为避免幼儿长时间等待，可以安排一段自由活动时间，让幼儿自主整理，并自觉地或在教师的提醒下前去洗手。此时，教师对生活环境的创设，既要考虑到幼儿做事节奏和速度的差异，又能给予部分幼儿适当的提醒和关心。

对于幼儿在盥洗室内的各种行为，教师要客观地甄别哪些是因幼儿的年龄特点而需要理解的，哪些是因条件不完善而需要改进的，哪些是因指导不到位而需要澄清的。比如，针对幼儿洗手液挤取过多的问题，教师可以在洗手液按压头的下方缠上一圈皮筋，以降低按压高度，帮助幼儿更好地控制用量。又如，针对因水流过大而容易溅湿幼儿衣服的问题，教师可以购置专为幼儿设计的水龙头转接装置以控制水流，并放置小型拖把，便于幼儿自觉清理地面水渍。再如，针对幼儿爱玩水的问题，教师可以在理解和接纳的基础上，与幼儿探讨解决方案，制定“提醒不玩水”的制度。相较于教师指定监督员“凶巴巴”地记录名字，这种方式更能维护班级和谐的生活氛围。当幼儿发现自己的行为被理解并可以通过协商来改善时，他们通常会主动遵守约定。

教师要从观察幼儿的行为入手，重视并甄别自己创设的生活环境是否能服务于幼儿真实的生活需求，尽量减少硬性、外在的规定，为幼儿和自己减轻束缚。

三、支持幼儿自主解决问题以应对生活挑战

为幼儿创设符合他们需求、促进他们发展的生活环境，是教师义不容辞的责任。其中至少有以下两层意思：一是为使幼儿园生活环境符合幼儿的现实需

求，教师要根据幼儿的生理、心理特点，创设与之相适应的环境；二是环境要指向幼儿未来的发展，而非限制幼儿的活动方式。“教”的目的是实现“不教”，要激发幼儿自身的学习与发展动力，使其不断取得进步。

因此，在幼儿园这个经过设计的非自然环境中，除了要严格把控安全、卫生等方面的要求外，还要适当为幼儿保留应对生活挑战的空间，即让幼儿运用自身能力面对并适应自然场景。简而言之，就是要鼓励和支持幼儿自己的事情自己做，培养幼儿的自我服务意识和能力。同时，在保证安全、卫生的前提下，避免过度照料、保护和包办代替，支持幼儿自主解决问题。比如，国外某儿童发展中心的一个班级可以同时容纳约 25 名 2—5 岁幼儿。虽然班级内没有专为幼儿设计的低矮洗手台，只有两个马桶和一个尿布更换台，但幼儿能根据自身实际需求，借助稳固的阶梯凳自行洗手。这种环境创设与幼儿真实的社会生活接轨，更适合幼儿在有需要时进行个别化处理。此外，教师还为幼儿提供了安全的踩脚凳，鼓励幼儿自行选用。同时，该中心也没有提供消毒毛巾，只提供环保擦手纸，供幼儿和教职工随时使用。当幼儿外出游玩无法洗手时，教师直接提供可挥发的杀菌洗手液。此时，洗手液不仅是一种清洁材料，还是满足幼儿洗手需求的环境和解决问题的方式。而且，该中心没有专门的午睡床和卧室，而年龄稍大的幼儿会在午睡前协助教师摆放睡垫和分发盖被。

由此可见，生活环境绝不是设备、材料等物质资源的简单堆砌，而是利用这些资源为幼儿创造主动、自由活动的条件和机会。这些条件和机会才是促进幼儿自我意识以及自我服务、自我选择等能力发展的关键。因此，营造亲切自然、便利、可选择的环境，是促进幼儿发展的重要手段。此外，教师应坦然面对盥洗室内出现的各种状况，减少华而不实的环境布置，与幼儿共同面对和分析问题，引导幼儿明确要求，并结合自身需求协商解决问题。

教师不应盲目追求幼儿生活设施的高端化，以及对幼儿无微不至的照料，而应积极思考如何引导幼儿感知自身需求、管理自身行为和承担自身责任。幼儿并非单纯的被照料者，他们需要主动发现自己的生活需求，并积极利用环境满足自身需求，从而主动适应环境。

解析实践，助力教师把握生活的教育价值

教师在幼儿的一日生活中承担着全面养育的重任。为了更好地照料和教育幼儿，教师不断学习先进的理论和知识，并尝试设计各种活动，旨在为幼儿提供充足的锻炼机会。同时，教师也会结合幼儿的实际表现，反思自己的教学实践效果。但令教师疑惑的是，尽管他们用心将所学理论应用于实践，努力践行自己对课程的理解，但实际效果却往往并不尽如人意。

一、回到现场，审视我们究竟看见了什么以及如何思考

在某案例中，教师在幼儿区角活动后以及午睡起床时这两个涉及穿脱鞋子的环节，注意到部分小班幼儿出现“穿错鞋，向老师表达找不到鞋，不动手穿鞋”的情况。比如：“看到有个孩子又把鞋子穿反了，S老师便提醒他重穿。但他说：‘在家都是爷爷帮我穿的。’”“起床时间到了，几个孩子大声喊着：‘老师，我找不到鞋了。’‘老师，我不会穿鞋。’……等孩子回到座位上，S老师发现不少孩子的鞋子还是穿反了。实际上，每天午睡起床时，总有孩子不愿意自己穿鞋或穿错鞋。”不得不说，对于这些表现所反映出的幼儿内心想法和体验，教师的认知较为模糊，将幼儿的表现简单归结为“幼儿不会穿鞋、不愿穿鞋”。实际上，教师对事情的看法会决定其对幼儿的回应方式。

正如案例所示，缺乏生活自理能力或某些技能不熟练是小班幼儿的特点，他们本就是不成熟的。我们需要明确，这是幼儿的年龄特性，并非幼儿必须改正的缺点，也不是亟待解决的问题。如果教师能以这样的视角看待幼儿的表现，便不会急躁和担忧，而是能放松心态，接纳幼儿的不成熟。因为这正是幼儿需要成人给予照顾和关爱，同时也是成人给予幼儿鼓励和指导的契机。然而，教师常常忘却不成熟是幼儿的特点，倾向于通过简单对照“小班幼儿应该学会什么”来判断幼儿的不足，凭直觉去教育、指导、纠正幼儿。

幼教工作者要真正接纳“幼儿有自然的发展过程”。比如，教师对幼儿换牙一事并不焦虑，因为大家都清楚换牙虽会给幼儿带来一定焦虑和痛苦，但这是幼儿成长中自然要经历的，无须为此焦虑。一旦接纳这是幼儿发展的必经阶段，教师的心态便能放松。幼儿自然的成长经历理应得到尊重，教师为幼儿设定的所谓技能学习标准并非那么重要。当幼儿身体动作得以发展，思维变得灵活时，他们或许就能自然而然地掌握这些技能。退一步讲，即便幼儿当下不会这些技能，难道就会产生无法承受的后果吗？“稚嫩”恰恰体现了幼儿的可爱以及其还有很大发展空间，教师不能破坏幼儿与生俱来的主动学习意愿与行动。

回到案例，我们进一步思考：作为教师，你所看到的真实状况究竟如何？你是如何理解幼儿的行为的？你是否清楚自己对幼儿行为表现的看法？比如，当幼儿说“在家都是爷爷帮我穿的”时，你可能以为幼儿在表达自己“不会”或“不愿”。但实际上，他是否有可能在说“老师，我想你帮/教我穿”？他究竟是在表达“我不会”，还是“我想要你帮助我”？或许你会觉得这两个意思相差无几，实则不然。在简单提醒幼儿重穿之前，你是否思考过：幼儿是能力不足、不愿意，还是在寻求与你建立关系？案例中的教师似乎应是前者。

接下来，教师的直接想法和判断是“孩子在家中的生活起居大多由家长照顾，有时孩子想做或主动要做，家长也不让做，认为孩子还小。久而久之，孩子就养成了等着别人来为他服务的习惯。由此看来，家长必须把操作的机会还给孩子，不能再包办代替了”。这段话混杂着教师快速且模糊的主观分析和决定，其似乎在责怪家长日常的包办代替导致了幼儿的“坏习惯”。然而，孩子的爷爷为何要帮孩子穿鞋？是为了节省时间、嫌孩子动作慢，还是为了亲近孩子，在帮孩子穿鞋的过程中感受被孩子需要？如果教师能弄清楚自己面对的真实状况，看待这件事的态度或许会发生改变，采取的方式也会不同。后来，教师要求家长在家教孩子穿鞋并上传视频。这实际上反映的是未经深思熟虑的简单化“要求”。这个过程只能让家长体会到教师要求家园合作，但无法从根本上解决问题。针对这种情况，我们可以引导家长理解包办代替虽能给自己带来便利，但对培养幼儿独立、自信地获取生活技能并无益处。如果要表达对幼儿的关爱，更好的办法是在幼儿需要帮助时给予积极回应，而非包办代替。

二、回归内心，解析我们如何看待生活以及珍视生活的独特价值

在案例中，教师的许多表述看似正确，如"一日生活皆课程，幼儿园的一日生活中蕴含着许多教育契机……这项生活技能可以蕴含分类、配对、锻炼手的动作灵活协调等机会。S老师觉得自己应该做有心人，及时把握幼儿穿鞋这个生活环节中蕴含的多种学习与发展契机……"，但值得思考的是，教师应该如何定义生活，如生活是什么，幼儿园生活是什么，生活是如何对幼儿的发展产生影响的，生活究竟有哪些独特价值。

有教师认为一日生活就是自己组织的各类与照料幼儿身体、满足幼儿生理需求相关的活动或环节，显然这样的理解是不完整的。生活是承载幼儿生命的各种时空、活动与体验的总和。"一日生活皆课程"强调生活为幼儿营造了丰富多变的时空，为幼儿的发展提供了各类机会。幼儿园生活是一种有结构的制度化生活，也是教师为满足幼儿需求、推动幼儿发展而创造的时空。但从本质上讲，它应是幼儿的存在与经历本身。当然，园外的生活同样是幼儿生活的组成部分。园内和园外的生活真实存在，并且会自然地带给幼儿不同的生命经历。

生活的价值在于它的真实性，不仅充满各种反复与变化，还容纳了每个人不同的情感与体验。对每个人而言，生活都是独特的，他们在生活中塑造独特的自我。因此，生活要让每个幼儿成为独一无二的自己。生活并非为了提供教育契机而存在，我们所能做的是顺应、利用生活中随时产生的对不同幼儿的回应与挑战，来促进每个幼儿的发展。珍视生活的独特价值，不是先想着去改造生活，将生活进行工具化利用，而是接纳和尊重完整、真实的生活，让它"如其所是"地存在，从中挖掘它为我们创造的幼儿发展机会。我们可以在生活中，通过幼儿自然的表现洞察其发展状态，更能利用自然、反复、个性化的经历推动幼儿发展。比如，针对幼儿在自然场景中表现出不会穿鞋，教师可以思考他的动作、语言、表情反映了他的哪些个人经验，他有怎样的想法与期望，以及如何利用每日反复出现的场景，帮助他了解自己、感知环境、提出需求、主动选择、尝试行动、感受体验，从而获得进步与成长。

教师在与幼儿的共同生活中，应努力成为能敏锐地发现幼儿发展需求的

“有心人”。但如果在生活中生硬地加入非自然的教导和训练，可能就扭曲了生活的教育价值。我们应合理运用真实生活带给幼儿的自然重复，而不作刻意修改。我们要明白，生活就是自然地为不同的人提供不同的机遇与关系，甚至是困难与挑战。帮助幼儿学习应对来自真实生活的挑战，而非“制造假生活中的困难”，这才是教育者应做的。比如，我曾看到在点心时间，幼儿被要求用筷子夹取饼干，说是为了锻炼幼儿的手眼协调能力。这一做法完全是对生活的异化。同样，幼儿因在某个场景中集体脱鞋后鞋子乱作一团而需要解决问题，以及教师为教幼儿辨认自己的鞋子而有意把幼儿的鞋子堆在一起要求幼儿分辨，这两者显然是有区别的。后者打着“游戏化”的旗号，扰乱幼儿的生活和学习，浪费了双方的时间。

三、回归关系，思考幼儿在活动中获得了什么以及我们扮演了什么角色

幼儿教师通常行动敏捷，一旦发现幼儿的某些表现，就会迅速作出应对。比如，案例中的教师觉得应“通过生动有趣的游戏激发幼儿的参与热情，让他们在做中学、在玩中学、在生活中学，帮助他们理解和掌握穿鞋的方法，尽快解决技能缺失的问题”，于是马上行动起来，安排了一系列活动。这些活动看似与学习穿鞋相关，内容丰富、形式多样，幼儿似乎也表现得兴致勃勃。因此，教师会认为自己设计的这些活动过程与结果都颇为不错，便很少会去考察幼儿在这样的活动中究竟经历了什么。

实际上，当我们逐一回顾幼儿参与的具体活动，如他们在活动中做了什么，在何种情况下做的，以及展现出怎样的经验、能力时，就会发现，幼儿只是在完成教师布置的不同任务，且完成这些任务所需的经验主要集中在认知方面。然而，幼儿是否在此过程中学会正确穿鞋了呢？教师自己也发现，尽管进行了如此高密度、反复的情境化练习，小班幼儿的情况并未得到多大改善，即他们可能接受了相关的认知训练，但这对他们学会穿鞋、愿意自己穿鞋并无太大帮助。

相反，教师在短时间内要求幼儿快速掌握这些技能，加大不会或不愿意自己穿鞋的幼儿的练习量，甚至要求家长参与，还在班级中组织穿鞋比赛，这些做法看似让幼儿在游戏中学习、锻炼，但原本就会的幼儿没必要参与这样的活动，

而不会或不愿意的幼儿通常会在活动中沦为失败者和落后者，并会感受到教师对自己的不满意、焦虑、嘲弄、埋怨，从而产生自卑、无价值感等负面情绪。如果长期处于这样的情绪状态，这些幼儿会产生习得性无助，甚至形成“我太笨”“我又错了”“我永远学不会”“我就是不被老师喜欢”等负面的自我意识，进而影响学习与发展的主动性。产生这样的后果或许并非教师的本意，但却极易给幼儿带来负面影响。即便是那些在催促和集中指导下“学会了”的幼儿，恐怕大多也付出了得不偿失的努力。教师肯定会说，这并非自己期望看到的。因此，教师要做的是让幼儿在这个过程中被理解、接纳、喜爱、认可，体会到来自教师的信任和合理期待。

教师为何会如此迅速地为帮助幼儿学会穿鞋而设计并组织各种活动呢？我认为有以下两方面原因：一是担心家长发现幼儿穿错鞋而责怪自己不够负责；二是过度相信自己的自动化处理是必要且合理的。其实，这两种情况都值得反思。

第一种情况，教师迎合了家长对教师不合理的角色期待，即“你怎么连孩子鞋子穿反了都教不会、不教、不管”。相较于保姆，教师不仅要从生理和心理上负责照料幼儿，更重要的是创造机会以推动幼儿的成长与发展。因此，教师要解读幼儿的发展状况，进行有针对性的指导，帮助幼儿在学习中获得生活技能，但更关键的是要帮助幼儿通过独立完成力所能及的事情体会到一种胜任感，增强幼儿的自我效能感。这才是教师的根本责任，也是教师树立专业自信以及向家长和社会展现专业形象的方式。

第二种情况，教师存在惰性思想，缺乏独立思考能力，盲目自信或依赖他人。比如，教师会这样想：别人都是这样做的，我也这样做，难道不对吗？我已经做了这么多了，还要求我做什么才算好呢？同时，教师也缺乏根据幼儿在活动中的真实表现进行现实检验的意愿和能力，仅仅满足于开展过活动就好了。教师确实很辛苦，但如果不养成仔细观察、认真分析、独立思考的习惯，让自己成为智慧的教师，必然会陷入无意义的模仿和随波逐流中。这样，不仅事倍功半，也难以体现身为教育者的价值，无法体验到创造的乐趣。教师要做的就是通过感知幼儿真实的表现，摆脱自以为是的惯性思维，真正成为一个关注幼儿发展、具有主体性的反思性实践者。

幼儿发展导向下的集体学习活动设计与实施

集体学习活动是幼儿在园期间的重要活动形式之一。教师通过这类活动，能了解幼儿的情况，对活动设计进行反思，并对活动实施加以总结与改进。我们所带领的教研团队，在参与学前教育的各类课程调研，以及进行教学活动观摩、评审的过程中，尝试深入了解教师在精心准备的状态下，围绕活动目标设计与实施活动的能力；同时，尝试进一步了解教师在日常课程实施中的目标意识，以及指向幼儿发展的引导行为，概括其现状特征，引发教研讨论，分析影响因素，并思索可行的对策。

在活动观摩期间，我们主要运用以下方法来收集信息：

其一，结合教研员日常开展的各类研讨和入园指导工作，从幼儿园提供的集体学习活动中随机挑选，并依据“幼儿园保教活动工具表(集体学习活动)”对活动进行观察与记录。

其二，收集执教教师的活动设计文本，并仔细研读。此举旨在了解教师的设计意图，在认定教师预设的活动目标的基础上，展开活动观摩与分析。这一做法的前提是，教师预设的活动目标合理，且是教师期望通过活动达成的目标。我们在尊重教师已确定的目标指向的基础上，进行观察以及信息收集与分析。

一、现状分析

经研究发现，上海市幼儿教师在围绕幼儿发展目标设计与实施集体学习活动方面呈现出以下基本状况：

（一）教师对活动目标的文本表述基本规范

从幼儿园提供的活动设计文本(备课)看，教师已具备集体学习活动设计的基础能力，具体表现为活动设计的构成完整、书写规范，活动目标、活动准备、活动过程等部分的内容较为具体、清晰。这表明幼儿园在教师的活动设计方面有着相应的规范与格式要求，也对教师如何用清晰的书面语言表述活动的主要意图和流程进行了指导。尤其是在活动目标的设计与书写表述方面，教师已达到较为稳定的水平。比如，教师针对一个集体学习活动，通常会设计两个活动目标，分别指向幼儿发展的经验、能力、情感等层面。通过对这些目标的表述，我们能较为明确地辨别出该活动的价值导向、关注重点和实施要点。

以某个集体学习活动的设计文本为例，其目标表述为“尝试表演歌曲《我是小海军》，用自己的方式表达对海军的喜爱”。从这一目标陈述中，我们能清晰地看出，“表演歌曲，表达喜爱”是该活动的重点关注内容。同时，该目标运用“尝试”“用自己的方式”等表述，体现出教师对幼儿活动经历的关注，以及对幼儿个性展现的重视。这为教师有计划地开展实践活动指明了方向，理论上能在后续的活动过程设计与现场活动实施中发挥引导作用。此外，表述清晰的活动目标也便于其他人（如园长、教研员）进行观摩。园长、教研员等在考察活动过程时，主要关注教师是否能围绕活动目标的具体指向，为幼儿提供相应的学习机会，以及给予幼儿学习和展现相关经验的条件支持。

（二）教师围绕幼儿发展目标设计活动的能力有待提升

在正式的活动实施环节，大部分教师能较为顺畅地带领幼儿开展活动，按部就班地完成预设的各个流程。然而，在“将活动目标牢记于心，围绕活动目标，主动创造机会与幼儿互动，有效地为幼儿提供学习机会，有针对性地给予幼儿目标意识指导”方面，教师的表现较为薄弱。

教师在实施活动过程中，普遍只是依照计划好的活动内容推进，仅仅满足于走完活动环节的所有流程，却很少有基于幼儿发展目标引导幼儿学习的行为。因此，活动目标应有的指向功能有所缺失，“重过程”在一定程度上沦为了“走过场”。

比如，在某个集体学习活动中，教师预设的活动目标为：在观察和理解画面的过程中，感知熊爸爸对熊宝宝的关爱；尝试用较为完整的语言大胆表达父子之间的爱。但在实际活动中，教师既未通过自身语言为幼儿营造想象和思考的空间，也未在幼儿观察画面整体和细节时给予有针对性的引导，更没有给予幼儿足够的机会去观察、发现、思考，以及组织语言进行有目的的表达。因此，从预设活动目标的落实情况看，活动过程显得随意且零散，目标达成度较低。

（三）教师关注幼儿获得学习机会的意识不足

幼儿在活动中获得发展，是活动的直接目的。通过对幼儿在活动过程中表现的考察，我们发现，幼儿在集体学习活动中的学习机会常被忽视。具体表现为，教师总是期望幼儿能给出自己预设的答案，一旦有幼儿"回答正确"，便立即转换环节或话题，导致幼儿普遍缺乏参与机会，也没有足够的时间去理解、消化。教师对预设期望的过度"追求"，使得能力较强、能胜任的幼儿频繁获得机会，并得到教师的认可。那些真正需要学习和练习机会的幼儿，即答不上来、不会做、做错了、走神的幼儿，却有意无意地被忽视，既没有基本的参与保障，也得不到有针对性的指导。

幼儿在学习活动中的参与方式和水平，包括他们基于何种经验，通过活动获得怎样的学习锻炼，是简单的应答和陈述还是观察、思考并总结，或者是一般的模仿还是探索和创造。然而，教师缺乏对幼儿学习表现机会和水平的设计，导致目标在实施过程中的偏离。比如，活动目标期望幼儿大胆表述观察到的现象，但在实际活动中，教师一方面没有考虑幼儿现有的经验和可能的表现，也没有启发和引导幼儿积极表述自己观察到的现象；另一方面，没有考虑幼儿在何种水平上，以怎样的方式获得观察和表述的机会。比如：幼儿是随意、大略地看看，还是进行细节、局部和整体观察；他们表述的语言是简单、粗略、片段化的，还是力求连续完整、准确且富有个性的。同时，从对上海市幼儿教师自主设计与实施的学习活动的反思情况看，教师普遍缺乏审视和评价学习活动成效的意识，尤其是针对学习机会和表现进行的达成度、效度评价。

通过观察与分析，我们发现，以下两方面对教师围绕幼儿发展目标设计与实施集体学习活动产生了影响：

一方面，教师孤立地认识活动目标，忽视了活动目标与其他方面的关联。在很大程度上，教师对活动目标的理解，仅仅局限于活动设计完整构成中"必须写出来的部分"。目标对于活动的统领性和指导性地位，并未被教师理解和把握。因此，目标呈现与活动实施、学习内容设计之间缺乏紧密联系。

我们发现，教师能否较好地书写和呈现规范清晰的目标，与是否参照成熟教案有一定关联。这些成熟的教案往往经过长时间的磨合，是在成熟型教师或骨干教师的实践基础上形成的，在文本呈现上具有一定的规范性和逻辑性。但这些成熟的教案一旦被其他教师“浅读”或“误读”，在后续演绎时就容易出现目标指向理解模糊、目标和实施过程不相关联等问题。

此外，教师普遍缺乏基于对班级幼儿的观察和理解，确定适切活动目标的能力。如果活动目标脱离了幼儿发展的基础以及活动内容和环节设计的支撑与关联，那么对活动本身而言，它就缺乏了实际意义。

另一方面，教师普遍将活动定位于“教师干什么”，而非“幼儿如何去学习”。比如，教师在撰写教案时，往往关注“我打算怎么做”“我是如何一步步安排活动的内容和流程的”“我该如何提供材料”“我该如何提问”等。这种关注以自我为中心，重点在于“自己如何顺畅地推进活动”，而忽视了“幼儿在活动中，如何才能产生与活动目标相关的学习行为，如何才能获得与目标一致、有一定密度的学习机会”，最终导致幼儿的主体地位被轻视甚至忽视。实际上，教师应该设想幼儿如何成为活动的核心参与者，更要思考什么样的活动内容和方式才能真正指向活动目标。

活动目标不仅要成为教师教学的指引，还要切实成为幼儿获得学习机会和参与方式的根本导向。如果活动目标是“幼儿大胆、连贯地用语言表达自己的想法”，那么在活动中，我们就应该看到幼儿在教师的鼓励下，能主动、自信、连贯地用自己的语言表达想法，并且获得有针对性、切实有效的学习与发展机会。

二、教学改进对策

教师可以围绕以下两方面，有针对性地进行教学改进：

（一）建立“以目标为核心，有针对性地勾画幼儿表现”的活动设计逻辑

教师可以先主动选择教学主体，确立可实现的活动目标，并尝试改变原有的活动设计书写形式。比如，在撰写活动目标、材料准备、活动环节与过程之前，先构建思维框架。如图 2－1 所示，教师可以将活动目标置于核心位置，并标注出关键词。中间一圈是自己期望幼儿参与学习的表现，最外面一圈是自己

选择的活动内容、实施方式以及材料和手段。

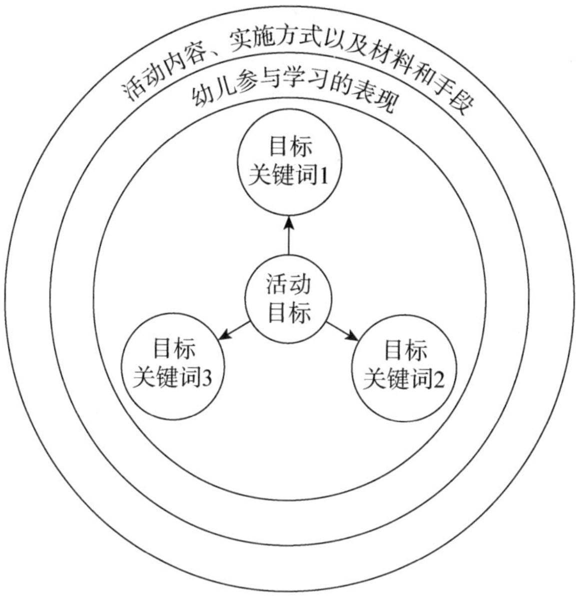

图 2－1　思维框架

通过这样的方式，教师的注意力能始终聚焦在活动目标上，并将幼儿的学习机会作为直接体现。教师据此构想出幼儿的具体行为，包括不同特点、能力的幼儿可能出现的行为表现。这些行为表现多种多样，可能会因幼儿的不同经验、活动意愿、思维能力和操作技能等而呈现出典型和非典型的差异。在此基础上，教师应该有针对性地设计活动内容、实施方式，提高其与活动目标的契合度。在完成这一完整思考后，教师再按照一定的书写规范完成教案。

（二）增加从幼儿发展表现来审视活动结构和实施成效的环节

目前，能对自身活动过程和效果进行反思与评价的教师并不多。大部分教师无法客观评价自己的教学和幼儿的学习，这一现象或许与我们过度强调活动的设计与实施，而忽视对教学过程的自我监控和评价有关。鉴于此，增加评价环节，有助于增强教师的主体意识和行为，提高设计、实施、评价的一致性。

幼儿园可以引导教师围绕活动目标的达成度，结合幼儿在活动中的真实表现，评价集体学习活动的成效，实现基于行动和反思互动的发展。活动的成效应更加切实地关注幼儿在活动中的学习机会、学习性质和学习水平，以及通过参与学习带来的变化，使其能自然地与教师的“设想幼儿参与学习的表现”维度建立直接关联，从而促使教师在活动中始终贯彻“以幼儿发展为本”的理念。

因此，我们倡导幼儿园在活动设计过程和文本中，尝试增加活动评价环节，引导教师基于活动中幼儿学习情况的信息收集，进行评价和自我反思，从为幼儿创造学习机会和条件的角度，设计和反思幼儿的活动，而非单纯的教学视角。

幼儿园开展劳动教育的现实挑战、分析与对策

幼儿园是否需要开展劳动教育？劳动教育对幼儿发展具有怎样的价值？幼儿园活动中是否存在劳动教育？什么样的劳动教育既科学又适宜，还符合幼儿身心发展特点？实施劳动教育时又该注意些什么？这些问题对园长和教师而言并不陌生，他们通常能结合日常工作经验进行简要表述。然而，当深入幼儿园实地考察时，我们又常常会怀疑，这些理念是否真的被教师充分认识和切实理解。

一、问题提出

为深入贯彻习近平总书记关于教育的重要论述，全面贯彻党的教育方针，落实《中共中央 国务院关于全面加强新时代大中小学劳动教育的意见》，加快构建德智体美劳全面培养的教育体系，教育部于2020年印发《大中小学劳动教育指导纲要（试行）》（以下简称《指导纲要》）。《指导纲要》成为我国大中小学开展劳动教育的纲领性指南，为新时期科学、高效地开展不同阶段的劳动教育提供了根本依据与实践指引。

幼儿园开展劳动教育，是一个极具探索价值的实践领域。尽管幼儿园阶段尚未单独着重强调开展劳动教育，但作为对幼儿进行专业照料与培养的机构，幼儿园如何主动对接国家育人目标，在保育教育过程中开展科学适宜的劳动教育启蒙，已然成为必须深入思考的问题。

二、在幼儿园开展劳动教育的重要性和必要性

人的发展具有连续性与整体性，幼儿在园、在家、在社会的生活和学习过程中，都需要融入劳动教育。如何主动落实劳动教育的基本理念，确立适合幼儿的劳动教育目标，《幼儿园教育指导纲要（试行）》早有相关要求。比如，社会领域的目标明确提出“能努力做好力所能及的事，不怕困难，有初步的责任感”，并在对应的内容与要求中强调“与家庭、社区合作，引导幼儿了解自己的亲人以及与自己生活有关的各行各业人们的劳动，培养其对劳动者的热爱和对劳动成果的尊重”。

《课程指南》从多个角度提及劳动教育的相关内容。在4—5岁幼儿发展目标中提出“学会……对自己能做的事表现出自信。有初步的同情心和责任意识，关注同伴，完成力所能及的任务。爱父母、老师、长辈。了解他们的职业与自己的关系，尊重他们的劳动”；在5—6岁幼儿发展目标中也提到“有基本的生活自理能力，养成……生活卫生习惯，独立自信地做力所能及的事”。

关于生活活动的基本经验，要求“学做自己的事情，积累自理生活的经验”，并给出内容示例，如“个人生活自理：自己进餐、穿脱、盥洗、如厕，自主有序地处理自己个人的事情；简单劳动：扫除、帮厨、种植、饲养、整理物品、值日”。生活活动的组织要点强调“……帮助家长理解、体会让幼儿参与劳动和自理生活的重要性，……保教人员要充分利用园内设施为幼儿创造自己动手、自我服务的机会，在必要时给予适当的指导，注意不要过多干涉与包办代替”。

《课程指南》的附件“年龄特征”更是明确提到，“学前后期的儿童已能将劳动与游戏分开，对劳动持认真态度，关心劳动结果，也能初步理解一些劳动的社会意义。他们喜欢参与成人的劳动，在家里会扫地、擦桌子、整理自己的用品。在幼儿园里能做一些力所能及的种植、喂养、值日生劳动等。在劳动中表现出一定的责任感”。

由此可见，劳动教育不仅在政策、文件层面是幼儿园教育的重要组成部分，在幼儿园课程实践层面，贯彻落实劳动教育已是既定事实。然而，幼儿园的劳动教育在实践中却未得到足够的重视。在中国知网上以幼儿、劳动教育为主题词进行查询，近几年来的相关研究寥寥无几。

三、当前幼儿园开展劳动教育时遭遇的困惑与现实挑战

幼儿园劳动教育一直在开展，但在实践中存在诸多值得探讨之处。在走进幼儿园、观察各类活动以及参与园长和教师研讨时，我们深切感受到幼儿园在开展劳动教育方面的困惑与现实挑战。

（一）观念上存在幼儿劳动教育的认识误区

部分幼儿教师由于对劳动教育的价值和目标的理解不够深入，在开展劳动教育时存在理解偏差。比如，虽然能说出幼儿参与劳动的积极意义，也能按要求组织幼儿参与劳动，但内心却认为幼儿年龄太小，参与劳动的意愿和能力不足，认知水平有限，个体差异大，且缺乏劳动所需的注意力和耐心，组织幼儿劳动需要耗费大量精力去调动其主动性。同时，教师担心幼儿因缺乏对劳动过程和工具的了解，存在受伤隐患，觉得安排幼儿参与劳动会带来诸多麻烦。还有教师和家长发出疑问："小学都不要求孩子学习拖地，幼儿园为什么要让幼儿参与清洁?"基于这些认识，为减少可能出现的不可控因素，教师往往倾向于避免组织幼儿参与劳动。当然，社会上普遍存在的"唯有读书高"的观念，在很大程度上也加深了幼儿园对劳动教育的忽视。

（二）对劳动带给幼儿的发展价值存在疑惑

一些保教人员虽口头上称劳动教育很重要，但实际上并不理解其重要性所在。他们片面、习惯性地认为劳动又苦又累，幼儿不会喜欢，因此在开展劳动教育时只是布置任务并要求幼儿完成，或者进行说教。此外，幼儿教师和保育员在日常工作中的实际分工导致了一种现象：教师通常认为班级中许多与劳动相关的事务应由保育员完成，不觉得这是幼儿可以参与的活动机会。保育员则常因工作便利、想快速完成任务，不自觉地帮助、替代幼儿做事，包办代替的情况屡见不鲜。如此一来，幼儿园本可以为幼儿提供的通过劳动获得发展的机会，就这样"被剥夺"了。不少教师和保育员在组织、安排幼儿活动时，常"看不惯"幼儿动作慢、反复尝试，觉得让幼儿参与劳动是"浪费时间"。他们既不理解幼儿喜欢参与做事的天性，更未将幼儿参与劳动视为幼儿身心成长的需要和获得发展的契机。

（三）幼儿园课程与活动对如何开展劳动教育的指引和支持不足

由于种种原因，幼儿在课程中真正接受劳动教育的机会并不充分。具体表

现为，幼儿园课程未对幼儿劳动教育目标进行分析和解读，缺乏专业指引和操作要求，也未说明在幼儿园和班级中开展劳动教育的具体场合与方法。在幼儿园的作息安排中，甚至难以找到足够时间让幼儿开展劳动，无法保证教育的连贯性，同时也忽视了对幼儿参与劳动机会的创设与考察。另外，幼儿参与劳动时，需要幼儿园创设适宜的环境、资源和条件。如果教师在幼儿园课程实施中未在这些方面做好准备，尤其是在幼儿劳动机会创设、劳动过程指导、劳动意义发现等方面存在缺失，就会导致劳动教育无法落实，或仅流于形式。比如，只是规定值日生的工作任务，或在劳动节开展表面热闹的简单庆祝活动。这其实反映出教师不理解幼儿园开展劳动教育的原因，以及在幼儿园开展劳动教育时，如何选择既符合幼儿身心发展特点，又符合幼儿园生活实际的合理路径。

（四）教师在实践中关于劳动专业的知识和技能储备缺乏

与前文对幼儿劳动教育目的不明确并行的，还有教师在开展相关教育时，自身知识和技能储备严重不足，且这种情况极为普遍。许多幼儿教师自身并不具备丰富的劳动知识和技能，因此难以想象幼儿如何参与劳动，以及能从中获得哪些有益经验。甚至当教师需要获取相应的教育技能和方法来指导幼儿时，很多教师尤其是青年教师，对幼儿可参与的劳动内容并不了解，自己也从未亲身参与和体验过，一些基础的劳动知识和技能明显匮乏。比如，不了解常见植物及其生长习性和适宜环境等，且没有意愿寻找合适的资源进行有效学习，以致面对幼儿可能遇到的挑战时，无法有效应对，更谈不上指导了。教师在劳动知识和技能方面的欠缺，使其无法在幼儿面前树立一个值得模仿和学习的能干的成人形象。因此，教师需要加强自我培训和劳动实践，以提升教育水平。

四、幼儿园开展劳动教育需要突破的关键

幼儿园开展劳动教育要实现转变，就要在以下两方面取得突破。这两方面实则是在保教人员心中深植两个根本性观念，而观念的转变需要清晰的意识，并结合教育者自身的行为，进行深入理解。

（一）深刻理解劳动对幼儿成长的价值

相较于只是表面记住和说出劳动的一般意义，保教人员需要深刻认识到，劳动是培养人、塑造人（包括幼儿）的重要途径。《指导纲要》明确提出劳动教育

性质，即“劳动是创造物质财富和精神财富的过程，是人类特有的基本社会实践活动。劳动教育是发挥劳动的育人功能，对学生进行热爱劳动、热爱劳动人民的教育活动”，并强调“正确理解劳动是人类发展和社会进步的根本力量，认识劳动创造人、劳动创造价值、创造财富、创造美好生活的道理”。幼儿园开展劳动教育时，需要牢固树立并秉持这样的大观念，且绝不能仅停留在理念层面，而要切实落实到行动中。

那么，如何才能让这样的观念在保教人员心中真正扎根呢？最有效的方法就是引导保教人员将目光聚焦到幼儿当下和未来的发展上。幼儿在真实、具体的劳动过程中展现出的多方面发展，包括身心健康、积极的社会性情感、手脑并用、全身心投入、主动追求美好和成功等表现，以及这些表现给教育者带来的教育启示，往往最能触动他们的内心。因此，在宣传劳动教育的价值追求时，要避免空谈道理，而是要紧密结合教师的保教工作实际，引导其加深认识。

比如，教师不仅要知道“自己的事情自己做”“不包办代替”“感知劳动的辛苦”等行为要求，更要发现幼儿通过参与力所能及的事，收获成果和成就感，进而提升自尊和自信，发展主体意识，增强应对未来生活挑战的胜任感和期待。这些正是幼儿可持续发展的重要组成部分。不恰当的干涉、限制、忽视或替代式帮助，会阻碍幼儿与真实世界互动并获得反馈，让幼儿无法看到自身作为成长个体的力量，甚至产生习得性无助。只有教师真正理解这些道理，才能从幼儿发展的角度，重视劳动教育的价值，从而主动创造机会，让幼儿参与劳动，避免空洞说教，并审视自己在开展劳动教育中所扮演的角色是否恰当。

（二）切实尊重和发挥幼儿在劳动中的主体性

幼儿是受教育者，但劳动教育的价值和成效要通过幼儿的参与和成长来体现；幼儿在劳动教育中的主体参与，是影响劳动教育效果的关键因素和重要评价标准。幼儿园开展劳动教育时，往往容易单方面强调保教人员要培养幼儿、要求幼儿参与劳动的意识，过度注重教师站在教育者角度进行活动设计、组织和评价，却忽视了幼儿身心发展特点，以及幼儿作为活动主体的主动需求，导致成效甚微。

比如，教师常常为了简单完成劳动教育任务，在劳动节要求幼儿采访劳动者、为身边的劳动者送礼物，或者学唱一些表现劳动的歌曲等。在幼儿园中，还经常出现这样的现象:幼儿轮流但无奈地承担班级规定的值日生工作任务。然而,在幼儿园一日生活中,原本存在大量幼儿参与劳动的机会,却因教师未意识到,而被替代、限制甚至禁止。

同时,在某些场景下,教师会主观地为幼儿设定一些不合适的劳动任务。比如,不顾幼儿意愿,安排拔草、拖地、清洁公共环境等任务。幼儿虽参与其中,却不明白为何要做,也缺乏技能指导。在这一过程中,教师更不关注和尊重幼儿的劳动体验,导致幼儿非但无法体会参与劳动的期待、愉悦和成就感,反而形成"不想劳动"的观念。

《指导纲要》明确提出,"关注学生劳动过程中的体验和感悟,引导学生感受劳动的艰辛和收获的快乐"。幼儿园的劳动教育更需要保教人员克服对幼儿权利、能力和意愿的忽视,尊重幼儿作为劳动主体的地位,在劳动教育中增强儿童视角,让幼儿切实拥有参与劳动的权利和选择,引导他们形成积极的实践体验与感受,从而真正落实劳动教育的发展价值。

五、幼儿园落实和优化劳动教育的现实策略

为开展适宜、有意义且有效的劳动教育,可以从幼儿园和班级两个层面,有针对性地对保教现场进行分析和改进。

(一)在幼儿园层面,尝试三方面的探索

一是认真学习国家、地方关于开展劳动教育的重要文件精神,深入领会劳动教育的性质、内涵,并结合实践中的优秀经验以及教师自身的劳动教育实践进行辨析,切实帮助教师形成并加深对幼儿劳动教育的认识。

二是在幼儿园课程规划、实施层面,主动将劳动教育从目标、活动类型与组织、内容、具体活动设计与实施路径等方面整合到园本课程实施中。同时,让教师在日常课程实施过程中,自然而然地获得开展劳动教育的观念引导和实践指引。比如,明确幼儿在园、在家一日生活中参与劳动的典型时空和机会,探究怎样的劳动教育设计与组织更符合幼儿发展特点和需求,明晰在不同场合下开展劳动教育需要把握的关键要点,以及如何评价典型劳动教育的过程和成效。

三是结合幼儿园的研修、教研等活动,关注教师在开展劳动教育过程中遇到的问题和困惑。比如,如何在劳动过程中保障幼儿的安全保育?既然现代科

技能为生活带来便利，为何仍要让幼儿参与劳动？因此，我们要为教师提供充分的讨论、相互学习交流的机会，推动教师对日常开展劳动教育的经验和思考进行拓展与提升，促使有效方法上升为策略和价值选择。

（二）在班级层面，尝试三方面的努力

一是教师要认真梳理列出幼儿在一日生活中的劳动机会清单，仔细辨析究竟有哪些幼儿参与劳动并获得发展的机会，并让每一个幼儿都能真正参与实践和讨论。积极组织幼儿通过自我照料和管理、服务他人和集体，参与幼儿园和班级的日常事务管理、讨论、决策和实施，保障幼儿通过劳动获得发展的权利，从而获取有意义的劳动经验。孩子天生好动，对成人的劳动充满好奇且乐于参与。因此，我们要充分满足孩子的天性，在一日生活中激发他们的劳动愿望，支持他们完成劳动、表达体验，让他们享受劳动带来的荣誉感。比如，支持幼儿在户外运动中骑送水车，为各处的小朋友提供便利。此外，我们还要确保幼儿拥有完整、持续的劳动体验过程，而非片段式的“被要求劳动”，让他们感受劳动的完整意义。比如，从参与种植感兴趣的植物到将果实分享给想感谢的人，这一过程就比单纯采摘果实更完整，也更具教育意义。又如，幼儿从发现树下休息区的鸟粪影响环境和休息，并主动发起清洁活动，到最后享受干净环境带来的舒适，这一过程比单纯擦洗和学习技能更有价值。

二是教师要避免将劳动教育简化为“做事”，而应更注重过程意识，启发幼儿思考从劳动中学到了什么，以及获得了怎样的成长。比如，切实观察幼儿参与劳动的行为表现，倾听幼儿表达的情感和意愿，积极回应幼儿的各种情感和情绪，让幼儿感受到他人的欣赏、赞许和感谢。同时，主动组织幼儿讨论、分享劳动中的感受和心得，帮助幼儿深刻体会通过自身努力获得成长的快乐与满足，体验劳动的艰辛、付出的努力，以及为他人贡献力量所带来的自尊和自信。

三是教师要努力在幼儿面前树立自己主动且积极的劳动者形象，成为幼儿劳动的榜样。比如，可以学习一些常见的劳动技能，如规划和整理舒适的班级环境、照料动植物、主动思考并尝试用行动解决问题等，塑造积极向上、勤劳耐挫、手脑灵活的能干的成人形象，旨在时刻影响幼儿，培养幼儿期待自己成为主动劳动并能创造美好生活的人。

以上思路和做法同样适用于对幼儿家长的教育指导工作。

提升幼儿园课程领导力的行动与共识

上海市提升中小学(幼儿园)课程领导力行动研究已进行到第四轮,这项在上海处于领先地位、研究时长超过 15 年的市级重大项目,其研究内容备受关注。

上海的 28 所课改幼儿园全程参与了该项目的第一轮研究(2009—2013 年),当时主要聚焦于幼儿园的课程实践规划,旨在引导幼儿园编制课程实施方案。在此过程中,充分彰显了园长带领教师学习、领会国家文件精神,积极主动架构并落实课程的思考与行动,这也是四轮研究共同关注、持续推进的核心要点。2013 年出版的《幼儿园课程图景:课程实施方案编制指南》,直至今日仍是该领域极具价值的重要工具书。通过引导幼儿园编制文本,我们得以系统、有条理地呈现幼儿园对园本课程实践的现实选择,同时推动全市幼儿园共同参与其中。我们深知,如果园长不带领团队明确并阐释清楚共同的课程理念和实现路径,就无法充分发挥其角色的关键价值;如果教师不参与幼儿园课程实践和提炼反思,就难以获得对幼儿园课程的归属感和成就感。如果我依旧担任园长一职,我定会主动承担起这项任务,带领教师通过实际行动,持续探索并完善幼儿园课程实施方案。尽管这个过程可能劳心费力,但这正是幼教工作者肩负的使命,即要让课程切实服务于幼儿的发展。这并非仅仅要求园长撰写一份文本,而是推动一群人共同描绘蓝图、探寻路径、追问价值,是幼教工作者苦乐交织的修行之路。

第二轮研究于 2015 年至 2019 年展开,着重强化循证意识,提出要在真实的课程实践中发现并解决问题,依据证据对课程实践进行优化与创新,同时完善课程实施方案。我们尊重每一所幼儿园的独特性,倡导它们走出适合自身、提升课程领导力的发展道路。

2019 年出版的《幼儿园,课程领导力在生长》,不仅提出了“幼儿园课程领导力”的操作定义,还提供了基于证据优化幼儿园课程实施方案的策略,深入探寻了优化课程制度的核心在于调动所有人对课程目标的主动追寻，探索了作为课程领导者的教师开展保教工作的实务，甚至对幼儿园课程领导力发展水平的状态进行了详细描述。回顾这一历程，我们以自己的语言，生动描绘了一群人怀揣理想与追求，不断付诸行动、作出选择的过程。世界上的幼儿园各具特色，我们期望在幼儿园中能看到幼教工作者凭借自身信念和行动，努力追求教育理想的实现，以及他们在脚踏实地的同时，始终不忘仰望星空。

2019 年，项目进入第三轮研究。这一阶段，我们致力于改变课程领导力项目给人“门槛高”的印象，推动研究更贴近幼儿园的普遍需求，让同盟者不断增多，旁观者日益减少，重点聚焦于创造互动、营造回应、辐射影响。全市 16 个区的 26 所不同类型的幼儿园共同参与其中，探索跨园的专题深度研修，在共同的学习探讨中，主动尝试改变自身。通过参与项目，我们充分认识到幼儿园自身经验的价值和局限性，并努力创造出更多具有现实影响力的成果。我们将部分研究成果制作成“和幼儿园老师聊课程领导力”音频资源，在“上海教研”微信公众号上持续推送，以深入浅出的方式，让更多人能听到并理解。目前，还有更多贴近幼教实践的研究成果正在孕育中。

回顾整个项目研究历程，该项目的目标和内容极具独特性。其本质并非单纯研究幼儿园课程，而是聚焦于一个个真实的幼儿园，探究如何让理想的课程真正落地。因此，它更像是一项关于如何办学的研究，落脚点在于幼儿园能发现并解决自身存在的课程问题。这也正是关注点不同的幼儿园都能在这个平台上找到自身位置和价值的原因所在。尽管具体的研究话题有所差异，但我们都在共同探索如何提升幼儿园的课程领导力。

整个项目的运作，是上海教研发展出的一种全新的典型工作路径和方式的成果。我们主动回应了幼教事业快速发展过程中难以提前预知的问题和现实挑战。相较于原上海市教委教研室主持的其他研究，它以更为综合的视角，关注幼儿园课程实践的整体性和现实性。原上海市教委教研室主任徐淀芳表示，这个项目是我们直接与校长和园长一同开展教研工作。我们研究的是上海每所幼儿园如何追求优质的教育。具体而言，就是幼儿园的全体人员共同选择他们相信的理念，选择他们认为有价值的方式去行动，并持续反思和审视自己的选择。在项目研究中，我们针对一个个真实的幼儿园，开展关于“课程如何落地”的教研活动。我们研究园长和教师的思维方式与工作方法，研究课程在幼儿园中的具体实施过程。通过对话式的指导，树立幼儿园的课程意识，培育园长和教师的主体性，激发他们的创造性，推动他们成为幼儿园课程的领导者。这是一个“凝心聚力筑峰，精耕细作落地”的过程。

从最初与提升幼儿园课程领导力这一话题结缘，到深度参与，再到带领研究，我在这个过程中充分享受着倾听项目专家对问题的争论和指导，品味和欣赏着幼儿园充满“烟火气”的实践，更深深迷上了与园长和教师深入对话时，他们眼中闪烁的光芒和充满热情的话语，这些都成为我工作幸福感的重要来源。我有幸与一群有理想、勤实践、善思考的追求者并肩同行。我们共同书写的研究成果，旨在表达以下基本观点：其一，幼儿园课程领导力归根结底是园长和教师的课程领导力，体现为园长和教师共同追求幼儿发展目标（即课程目标）的合力；其二，园长的课程领导力主要通过教师的课程实践活力和发展主动性得以体现，教师的课程领导力则主要通过幼儿在课程中的活力和发展机会得以体现；其三，不存在脱离幼儿园课程实践的课程领导力，课程领导力蕴含在每个人的课程观念、实践行动和反思对话中；其四，每个人都能通过学习、参与行动，以及改变自身思考和做事的方式，成为幼儿园的课程领导者。课程领导者并非仅仅是一个头衔，更是一种主动的选择。

在研究步入第三轮尾声之际，如果有人询问：这个项目能为我们带来什么？我会这样回答：它带来了一些认识和实践行动方面的变化；这些变化看似简单、朴素，实则具有确定性和根本性。

首先，让一切回归幼儿发展这一核心。课程目标即为幼儿发展，我们要关注每一个“熟悉而具体”的幼儿。可以简化做事标准，以幼儿是否获得发展作为判断所有事情的依据。优化课程和实践，旨在为幼儿发展提供更好的条件、环境和资源；书写课程实施方案，系统梳理选择的价值和实践；研究课程资源的合理配置，以满足幼儿的发展需求；研究课程制度，激发每一名教师实践课程的主动性和幸福感，最终都是为了造福幼儿。通过观察和了解幼儿，明确自己作为教育者的角色和课程选择；基于幼儿的行为表现进行反思，以及在反思之上再反思，都是为了触及真实和本质，帮助我们作出判断。尤其当我们陷入困境时，一旦摒弃那些繁文缛节，将目光回归到幼儿发展上，往往就能重新获得轻松前行的勇气。

其次，让注意力聚焦于教育者。幼儿园课程领导力本质上是实践课程的人的领导力，幼儿教师是推动幼儿教育高质量发展的根本动力。我们应理智地摒弃对所谓“规范”的过度执着，转而关注从事这项事业的每一个鲜活个体，激发他们的创造性。他们拥有自身的教育经验和认识，我们要做的并非消除他们的差异，而是在尊重和感知差异的基础上，与他们每个人积极互动，在帮助他们认清自己的同时，也让我们更清晰地认识到自己的选择。我们越注重与教师的交流对话，就越能发现他们自身的价值。我们或许需要投入更多的时间和精力，去研究教育领域中能激发、维护、展现人的主动性、创造性的做法和策略，探究那些“能并且愿意”实践和思考的人曾经的经历，了解他们的主动性、参与感、话语权。其中，也包括反思我们自身的行为，思考我们做了什么导致那些原本有进步潜力的人停滞不前。

最后，转变立场才能协同他人。在提升幼儿园课程领导力的行动中，我们倡导聚焦幼儿发展，达成共识，形成合力。其中，达成共识和形成合力的关键在于转变立场。这并非按照我们自己的意愿，向他人传递我们的想法和做法，督促并推动他人去做符合我们要求的事。重要的是，在任何场景中，尤其是在需要克服惯性和现实困难的教育改革中，我们要先深入我们期望达成目标所依靠的那一群人中间，站在他们的立场，设想和设计相关事宜。我们要尝试作出新的角色选择，即从站在教师的对立面转变为与教师站在一起，与他们同向看待和分析问题，设身处地地为他们着想，进而提出相应的目标和方向，并帮助他们建立意愿，从而作出新的选择。这意味着，我们要重新设定自己发挥影响的方式。这样的协同并非单向的推动，而是让教师切实感受到获得支持，从而主动发挥自身的力量。

第二节　坚守幼儿立场,拓展成长经历的丰富性

历经多年的实践探索,上海学前教育培育出一大批具备出色实践能力的教师。在这一良好基础上,如何助力教师实现专业的质的飞跃成为关键问题。为此,上海学前教育秉持“幼儿发展优先”的理念,在一日生活的实施过程中,推动园所深入把握四类活动的发展指向和各自特质,灵活处理四类活动的边界,为每个幼儿创造健康快乐成长的丰富环境和多样机会。将幼儿在自然经历中遭遇的挑战、困难以及建立的关系视为其学习与发展的宝贵契机,将理解幼儿、尊重其独特学习方式作为行动的首要依据,开展有针对性的教育,确保课程能更好地承载和回应幼儿生命成长的活力与诉求,从而实现每个幼儿的每日发展。此外,从激发创新实践出发,注重环境和材料的开发,满足每个幼儿对不同活动方式的需求,并将“走进绿色生态,传承红色基因,感受传统文化,体验现代科技”融入课程,进一步丰富幼儿的成长经历。全市园所在课程内容和实施的丰富性方面展开了多样化的探索。

基于幼儿特点,提升活动设计水平

近年来,社会和家庭对幼儿阅读的重视程度与日俱增,幼儿园图书的种类和来源也愈发多样。众多幼儿园开展了形式多样的阅读活动。比如,为培养幼儿对阅读活动的兴趣以及阅读理解能力,教师精心设计了一系列班级活动,期望让幼儿有更多机会接触广泛的阅读内容,获得更为丰富的阅读体验。

教师在班级组织了“图书分享日”活动,每周邀请幼儿自带图书以及为同伴讲述相关内容,并在午餐后的自由活动时段安排了自主阅读时间,期望幼儿能

自发交换图书、交流故事、安静阅读、爱护图书。

教师的出发点固然良好，但事情的发展却不尽如人意。比如，出现孩子阅读专注时间短、不爱护图书、在自主阅读时间玩游戏且屡教不改等状况，这让教师深感无力，对培养幼儿阅读习惯和纠正不良习惯苦恼不已。教师投入精力组织安排活动，在一日生活中增加阅读活动时间，利用家庭资源，并且尊重孩子的选择，但未对阅读内容和进度作统一要求。然而，从实际效果看，孩子们并未展现出良好的阅读习惯，教师与孩子因阅读规则产生“隔阂”；教师“提高嗓门”以“制止”，孩子们变得“小心翼翼”。这些显然并非教师期望的结果。

作为幼儿教师，我们不仅要认识到阅读对幼儿发展的价值，还要设法让幼儿真正投入阅读，在阅读活动中获得愉悦体验，爱上书籍，养成良好的阅读习惯。围绕这一目标，我们可以共同分析可采取的行动及方法。

一、以“图书分享日”为例的活动设计与优化

通常，教师每周安排一次“图书分享日”，主要有以下两项举措：一是个别幼儿提前申请并获得许可后，介绍从家中带来的图书及其故事；二是安排幼儿在午餐后的休息时间自发交换、自主阅读。这两项举措旨在帮助幼儿分享交流阅读的书籍和积累的经验。从中可以看出，教师确实花了心思，调动了幼儿园日常活动的过渡时间段资源，以及幼儿家庭中各具特色的图书资源。或许在其他幼儿园，许多教师在班级建立图书分享制度，仅仅是为了满足幼儿园对阅读活动的要求和完成阅读任务，甚至只是因为班级需要定期开展阅读活动。但要发挥阅读活动本身的价值，怎样的设计才更为合理呢？

我们认为，教师应通过精心设计与组织，使活动的目的、内容、实施方式相互匹配，创造性地赋予活动价值，让活动对幼儿成长更具意义。当前的“图书分享日”活动，在既定制度下，成人或许能凭借意志力完成，但对幼儿而言挑战较大。幼儿刚升入中班，在同伴关系建立、阅读经验和能力形成方面尚显不足，同时，玩耍也是他们的天性。那么，教师能否指望幼儿通过随意浏览、翻阅达成教育目标呢？是否应通过师幼共同阅读等更切实的方式，借助教师的带动参与、亲身示范影响幼儿，让幼儿从教师身上感受到阅读的魅力，进而向往并主动参与阅读呢？

教师不妨尝试以下做法：邀请有意愿的幼儿主动带来想分享的图书，由教师讲给其他幼儿听，让大家了解这是一本怎样的书。如果有幼儿想阅读这本书，可轮流带回家，在父母的陪伴下深入、反复阅读。教师可为家长提供幼儿喜爱的阅读方式指导，提升家长陪伴阅读的质量，并留意倾听幼儿和家长的反馈，逐步在班级营造分享图书、传递友好和快乐的氛围。这种方式不仅在多个方面契合教育目标，还合理设定了利用家庭资源、发挥教师价值的途径，更能体现教师的儿童发展意识、课程意识以及创造性地设计活动的专业水平。在此过程中，或许无须强调、批评、制止，这是在真正尊重幼儿和现实条件的基础上作出的合理选择。

二、让阅读在幼儿园发生

许多教师期望幼儿爱阅读、愿分享、有习惯，并在阅读时间和材料上给予保障，但阅读并非有了安排就能自然发生。固定时间段和必备物质资源只是基本条件。阅读与幼儿自发游戏不同，自发游戏只要给予时间和空间就能自然开展，而阅读能力和习惯需要在阅读活动中逐步培养。

这里所说的阅读活动并非教师设计主导的集体教学活动，而是更强调在幼儿园和班级中建立阅读场，关注是否有大量书籍，是否有时间让幼儿静下心来享受阅读乐趣，是否对幼儿随时随地阅读给予欣赏和支持，是否有机会让幼儿在阅读中进行心灵交流，收获感动与成长。这些因素决定了幼儿“愿不愿”和“能不能”参与阅读活动。

首先，幼儿“愿不愿”参与？他们喜欢用何种方式与同伴分享阅读经验和内容？愿不愿意倾听他人讲述书中的故事？如果不愿意，他们需要教师提供怎样的帮助？教师可采取哪些措施激发和提升幼儿的阅读兴趣，让他们迫切地想听教师和同伴讲故事？

其次，幼儿“能不能”参与？他们是被动地以规定的方式参与阅读，还是能自主、自信地胜任阅读，从中获得成就感，进而拥有更深刻、愉悦的体验，形成更强的阅读动力和意愿？

“能不能”与“愿不愿”往往互为因果。教师可通过欣赏幼儿安静倾听时的专注神情，用心倾听幼儿讲述他们理解的画面，举着书给幼儿反复念诵他们喜欢的故事，一有空就接过幼儿递来的书并声情并茂地讲故事，与幼儿一起为故事中的情节欢笑、悲伤、感动等方式，帮助幼儿“愿阅读、能阅读”。除了时间和书本外，正是热爱阅读的教师以及这些能融入班级任何时空的软性制度，让阅读在幼儿园真正发生。

三、根据幼儿的发展特点，赋予幼儿选择的权利

教师也对自己安排的活动价值和实效产生怀疑，并开始初步审视。比如，发现幼儿有“卷书来玩”等行为时，表示不满，反复提醒；也曾尝试“不制止，观察他们到底在玩什么”，但并未观察到更多，最终仍选择制止幼儿的游戏。同时，教师察觉到“幼儿已无法专注阅读，情绪低落，与同伴交流变得小心翼翼……”。教师担心这种阻止幼儿游戏的生硬处理方式会伤害师幼关系，却似乎无计可施。

教师观察到自己提出的阅读要求无法让幼儿抑制当下想玩的愿望，且幼儿之间会相互影响和模仿。但这难道是需要教师纠正的幼儿问题和缺点吗？这不正是该年龄段幼儿的发展特点吗？为何不尝试理解幼儿呢？顺应幼儿的兴趣，让吃完饭的幼儿至少有选择的机会，愿意看书、分享的幼儿可以继续，愿意玩的幼儿就让他们去玩。幼儿的阅读习惯并非靠压制和驯服养成，教师应在他们愿意阅读时给予支持和鼓励，实现正面强化。顺应幼儿的特点、兴趣和天性，给予接纳、信任和包容，这一做法是教师成功吸引和引导幼儿的关键。

当然，部分幼儿与同龄幼儿相比，自控力确实有待增强，这可能与幼儿的生理成熟水平、认知水平等因素有关。但教师要明白，这是幼儿的特点，他们可能是“做不到”自控而非“不愿意”自控。他们需要的或许是理解以及其他合理选择，而非被强制要求做教师期望的事。

我们要理性看待幼儿的行为表现，切勿错怪幼儿，认为他们是“故意捣乱”，这种错误理解和解读会破坏师幼关系。我们更需要反思：午饭后的自由时间是否适合安排中班幼儿自主阅读？我们对幼儿的自主阅读究竟抱有怎样的期望？

如果教师想要达成教育目标，就必须真正关注幼儿、理解幼儿，并基于幼儿的特点，设计切实推动幼儿发展且可持续的活动。在此过程中，教师要紧紧围绕幼儿发展目标，明确自身教师角色的价值，主动作出实践选择，并依据幼儿在

活动中的真实表现审视自己的选择和行动是否恰当，以不断提升课程领导力。

在师幼互动中勇敢面对现实

幼儿园活动区活动是幼儿自选内容、自主开展的教育活动，区别于教师主导的集体教育活动，由幼儿发起或自主选择进行，主要用于满足幼儿自主、自发的游戏和学习等需求。通常，幼儿园的各类游戏，如角色游戏、结构游戏、表演游戏、益智和科学游戏、艺术创作与表现等，都会在活动区同时呈现。

在活动区活动中，幼儿享有较大自由，能自主选择空间和内容，并把控活动节奏和过程，这为幼儿充分展示个性和能力提供了机会。相较于集体活动，幼儿在活动区活动中对周围环境、材料及活动内容更具掌控感，因此活动区活动深受幼儿喜爱。

在长期实践过程中，教师逐渐认识到活动区活动对幼儿发展的价值，对这类活动的开展也形成了基本认知。观念上，教师明白开展此类活动时，要尊重幼儿的兴趣、意愿和能力，提供丰富、适宜且可供选择的活动材料，支持并指导幼儿主动选择、开展活动，以促进幼儿获得主动且富有个性的发展机会。在操作层面，教师也形成了较为稳定的运行方式，如常规性地安排和组织活动区活动，购置或自制适合幼儿的玩具和材料，在活动过程中观察幼儿，并与幼儿进行个别或小组互动。当然，为确保活动顺利进行，教师也会为活动区活动设定一些规则和要求。

此外，教师对自己设定的规则也产生了“纠结”。比如，教师在活动开展前进行了诸多考量，包括设计多个活动区域和内容，建立“平均分配幼儿人数”“先到先选”的活动运行制度，还引导每个幼儿制作属于自己的“进区小棒”，方便幼儿可视化地选择内容，确保每个区角都有幼儿参与，避免幼儿因选择内容而产生拥挤和冲突。这一切的出发点都是为了保障活动区活动的顺利开展，让每个幼儿都有参与活动的机会。

然而，活动中的一个小故事引发了教师的思考：为何孩子不能遵守规则？

自己的“破例”虽满足了幼儿参与游戏的愿望，但是否会让幼儿误解和忽视规则？规则是否公平？教师权衡着“为与不为”“这样做和那样做”对幼儿发展可能产生的影响。这种看似平常的纠结，体现了教师对活动本身的反思。教师没有忽视这个“疙瘩”，而是提出来与大家讨论，这种做法值得称赞。

一、角色游戏的规则是什么

教师常为班级角色游戏“小医院”设定每次参与人数，但显然，能担任医院游戏中“医生”“护士”等典型角色的机会有限。教师无意间允许“小病人”加入游戏后，参与医院游戏的幼儿增多，这说明该游戏深受幼儿喜爱。C幼儿总是晚到，“抢不到”在游戏中做医生的机会，才换下别人的小棒去当医生，被教师教育后不情愿离开却仍念念不忘，后来因教师特许才获得一定满足感。总之，医院游戏存在供不应求的情况。

那么，游戏机会为何会供不应求呢？角色游戏本是幼儿自发、自主、自由的活动，幼儿可根据自身意愿主动发起活动，决定与谁一起玩，以及如何发展活动情节和内容，包括确定角色数量及角色的行为。换言之，设置人数限制的医院游戏在一定程度上限定了角色构成，如规定了“医生”“护士”的人数，只有“小病人”的人数未事先设定，这才给了教师“网开一面”的机会。从支持幼儿自主性游戏活动的角度看，限定人数和规定角色可能会限制幼儿在游戏中的创造性。

如果角色游戏有规则，首先应是幼儿为开展游戏而共同商议达成的。只要不违反班级基本规则，幼儿不会轻易被排除在游戏之外。而且，为了让游戏持续进行，幼儿能随时创造和改变游戏规则。其中，参与游戏的人数通常是不受限制的。一名幼儿可以独自玩得投入，一组幼儿能构建出想象中的“娃娃家”“医院”“游泳馆”，更多幼儿参与则能让游戏更加畅快、复杂且富有深度。

在没有人数限制的游戏中，幼儿可根据自己对医院活动的理解和经验，决定角色的人数、诊治病症及具体行为，幼儿间还会商量谁先当医生、谁来扮演护士。甚至在没有病人时，护士也能主动扮演病人。只要参与游戏的幼儿没有异议，任何情节都可能发生。参与角色游戏的人数、性别、行为及相互关系，都不应由教师设定，因此不存在真正意义上的“编外角色”。比如，在医院游戏中，有救护车驾驶员、生病的宝宝、宝宝的父母或外婆，还有幼儿扮演“刚刚出生的婴儿”，以及“救治肚子疼的恐龙”“出诊医治摔断腿的宇航员”等情节。从中可以看出，这些角色和行为的产生，是幼儿在充分体验游戏世界中的相互联系的体现。

角色游戏并非完全按照现实情况开展，而应充分考虑幼儿的经验和表达需求，让愿意参与游戏的幼儿都能融入游戏场景以及充分体验。并且，游戏参与人数越多、人际关系越复杂、互动越多元，对幼儿发展的挑战越大，越能体现幼儿的发展水平和状态，游戏的价值也就越高。事先设定参与活动的幼儿人数和角色，实际上限制了幼儿创造性的发挥。允许和支持幼儿在游戏中充分发展关系、表现关系和经验，就是在拓展游戏活动的价值。

幼儿园确实会出现场地、材料等资源有限的情况，此时要尊重幼儿的意愿，看他们是愿意制定规则以保证游戏继续进行，还是选择放弃游戏。我们常常发现，引发幼儿角色游戏的并非特定的场所、环境、材料和服饰等。游戏情节和内容源于幼儿对经验的相互沟通与互动，在成人眼中难以解决的问题，在孩子看来可能都不是事儿。场地、材料等并非游戏发生的必要条件，保障游戏时间、欣赏游戏精神才是对游戏的切实支持。

有时还会出现相反情况，如教师预设的“好玩”游戏内容无人问津时，则会通过设定人数“分配”幼儿参与。这显然不是支持游戏开展的方式，而是教师管理和控制幼儿的手段，这种规则的存在更值得反思。

二、规则在维护什么

接下来讨论的第二个方面是，不预设游戏活动人数，无限制地满足幼儿，是否就意味着没有规则呢？

从理论上讲，规则是为保障活动顺利进行而产生和优化的。如果规则妨碍了活动本身价值的发挥，就必须审视其必要性和合理性。教师隐约意识到“设定人数，先到先选”的规则未能促进幼儿充分参与游戏，反而与幼儿的游戏意愿产生矛盾，阻碍了幼儿游戏。如果要顺应幼儿的游戏意愿，就必须打破这些所谓的规则。既然规则无法服务于幼儿的游戏需求，那它为何存在呢？显然，这些规则是为了维护其他东西。

这些规则到底在维护什么呢？实际上，它们维护的是教师对游戏活动的错误理解，以及教师对“游戏应该如何开展”的预设。这在一定程度上反映出教师从自身经验出发，对医院游戏的开展存在一种预设。这种预设至少包含以下几种情况：其一，医院里的医生和护士是必须配备的，而病人可有可无（这体现了教师对医院的刻板认知，未考虑给幼儿预留创造空间）；其二，医院里的人数不能过多，要与其他区域人数相近，或不能过于拥挤，以确保其他区域有幼儿参与（这其实是担心其他内容无人选择，显示出教师提供的内容或材料不受幼儿欢迎、不适宜）；其三，因为医院游戏受欢迎，所以幼儿会争抢角色或发生拥挤（这反映出教师认为幼儿可能不具备协商、解决问题、轮流和等待的能力）；其四，利用幼儿先来后到的自然顺序，可以有效控制争抢行为（这种方式实际上并不公平，类似“缺席审判”，只是压制了幼儿的争抢行为，无法从根本上解决问题）；其五，不规定人数，幼儿就不会去其他有价值的区域，自己的努力就白费了（这表明教师坚信自己预设的活动内容合理、有价值，不容置疑）；其六，教师不作出规定，幼儿就会遇到各种问题，给自己带来麻烦（这体现出教师认为“麻烦”需要自己花费精力处理，且缺乏将“麻烦”转化为幼儿学习机会的能力）。

由此可见，这些规则大多是在维护教师的“猜想”和“对幼儿的不信任”，是为了应对“幼儿真正的自选活动”可能给自己带来的焦虑、烦恼、担心，害怕和防止出现自己无法把控的局面，它们并非支持活动以符合幼儿身心发展需要的方式顺利开展。

三、在行动中提升面对现实的能力

实际上，当上述每一种预设被呈现出来后，我们很容易发现它们存在问题，经不起仔细推敲。那么，教师的这些想法究竟从何而来呢？

上述种种预设反映出以下矛盾：教师一方面声称认可游戏活动的价值和性质，要为幼儿提供充分的游戏机会，满足他们的兴趣和需求；另一方面却在行动上控制幼儿，限制他们获得太多机会。教师一方面表示在活动区活动中要相信幼儿有意愿、有能力选择适合自己的活动；另一方面又在防止幼儿运用自身能力作出选择。

归根结底，这是因为教师对活动区活动带给幼儿的发展价值的理解不够深入，对幼儿作为主动学习者的身份也缺乏足够信任。理智告诉教师：你必须在班级里开展这类活动，所以你必须建立一套秩序，让一切都在自己的掌控之中。原有的理解和经验也在提醒教师：如果你让孩子自选，就会遇到很多麻烦，你很难应对。你是打算陷入麻烦之中，还是选择相信孩子，接受他们活动带来的挑战？这些念头转化为焦虑，让教师不知所措。他们虽然明白应该相信幼儿，给予幼儿选择的权利，但在行动上却选择了固守原来的认知和秩序，并控制幼儿。

要化解这一困局，首先，教师要直面自己的心理预设，审视这些念头是否符合"以幼儿发展为本"的初心；其次，教师要勇敢地采取行动，尝试打破原有的框架，在活动区直面幼儿自选活动、自主控制活动节奏时出现的各种情况，这将促使教师作出下一步的选择和行动。相信自己，给予幼儿选择的机会，观察幼儿的活动表现，据此分析、判断可能的原因和影响因素。教师这种勇敢面对现实的行为，必定会推动自己形成新的认知和切实可行的教育策略。

选择适宜的方式，助推幼儿获得经验

四月，微信朋友圈满是春的气息。有人晒出自家阳台精心种植的多肉，展现"小肉肉"的蓬勃生机；有人记录街头巷尾冒出的嫩芽，宣告万物复苏的春天已然来临；有人背着相机奔赴各大公园，将镜头聚焦于含苞待放的花骨朵；有人携家带口，趁着明媚阳光投身于春日活动，钓鱼、登高、采草莓，不亦乐乎；老年同志计划组队前往黄河壶口瀑布，观赏冰雪消融、水势浩大的景象；巧手主妇晒出一道道春日时令菜肴，令人垂涎，引得我忍不住去周边店家大快朵颐。

春天，真真切切地来了！看着亲朋好友以各自独特的方式欣赏、融入、记录春天，我的脑海不禁翻腾起来：孩子们是否也感受到了春天的脚步？我们该如何与孩子们一同走进春天呢？

想必很多教师都会回应：早已准备就绪！他们在教室里精心创设了春天的环境，设计了相关集体教学活动，制作了"认识春天"的个别化学习活动材料，还打算带领幼儿在春日的幼儿园里漫步。

然而，此时我的脑海中却浮现出多年前的一幕。

2016 年 12 月，我因参与单位“幼小衔接”跨学段研讨活动，有幸参加了上海市宝山区顾村中心校的一次自然触碰活动。刚踏入教学大楼，一个四年级男孩主动上前迎接，要带我参观学校。起初，我以为他会像往常一样，背诵一套准备好的解说词。可事实并非如此。

男孩领我来到操场，指着一棵香樟树说：“这是我们的校树。”接着，他捡起一片凋零的树叶，用力撕开，把撕开的叶片凑到我鼻前，说道：“你闻闻，是不是有樟木箱的味道?”这一举动令我大为惊讶。我不禁发问：“你怎么知道会有这味道?”他回答：“因为我撕过好多枯叶，每一片都有这种好闻的味道啊!”

随后，男孩带我来到学校的蔬菜种植角。那里种着黄瓜、丝瓜、葫芦、蚕豆、秋葵等。他向我讲解“自动喷水器的时间设定原则”，为我解答“同样的蚕豆，为何有的高有的矮”的疑惑。当我指着干枯的秋葵询问：“既然已经不能吃了，为什么不剪掉呢?”男孩一脸认真地告诉我：“这是小鸟最喜欢的过冬食物呀！我亲眼看到过小鸟来吃秋葵的果实。”

男孩兴致勃勃地继续当向导。在他面前，我倒像个小学生，因为他认识的植物远比我多。不一会儿，他找来几颗小红豆让我品尝。我表示不敢吃，他立刻示范：“没有毒的。你瞧，我吃给你看!”见他吃得津津有味，我也拿起一颗品尝，果真很甜。“我们学校有很多植物果实能吃。下课的时候，我们有时就会到这里找果实吃。”他的话让我想起小学课文里的“闰土”。

男孩还拔了一小段薄荷对我说：“夏天的时候，我用这个薄荷叶泡水，喝下去清凉解暑。那天，我把这一小段薄荷带回家，插进花盆里。它在我家存活了大半年，长得最茂盛的时候，能有 30 厘米高。”

时隔多年，我已记不起男孩的名字，只知道他并非班干部，可他对学校的几十种植物了若指掌。他对学校科学老师的崇拜以及对自然课的热爱，令我印象深刻。男孩不经意间说出的“不是所有果实都能吃，只有确定安全的才能品尝，不然会有危险”“校园里有野花、杂草不是坏事，说明这里的环境适合它们生长”等话语，让我心生敬意。

与男孩道别时，我思索着：究竟是怎样的过程，让这孩子对植物如此痴迷?很快，我便找到了答案，是“我撕过”“我闻过”“我看过”“我吃过”“我喝过”……

没错，孩子就是通过感官和肢体去感知未知世界的。

如果教师只是埋头翻看教材，绞尽脑汁地围绕一个个知识点设计、组织活动，让孩子坐在教室里认识春天，又怎能断言孩子接收到的春天信息就是他们眼中、心中的春天呢？

要是教师认为，仅在教室墙面布置有柳条、燕子、冰雪融化、绿油油草地及复苏的小动物等元素的主题环境，就是在传递春的信息，但这不过是教师自认为有价值的环境。如果墙面上展示的是幼儿记录的大量春天的经历与感受，是幼儿用各种材料呈现的春天模样，这样的春天才会深深烙印在他们的记忆中。

要是教师把孩子带入大自然，哪怕只是在校园内、操场上、种植园里，让孩子去寻找、观察、发现、比较和制作，让他们拥有拔过、挖过、种过、采过、切过、拍过、穿过、藏过、玩过等经历，这样的春天，才是真正属于童年的春天才是永远难以忘怀的春天。

习得，比学得更有意义

寒假结束，孩子们回到幼儿园，纷纷分享自己的出游经历。交流中，我发现“乘飞机”成了孩子们在旅游话题里最热衷讨论的内容。

案例

关于幼儿“乘飞机”的日记

3 月 11 日(俊俊 5 岁)

游戏里，娃娃家的俊俊爸爸兴高采烈地带着一家老小，准备乘飞机去海南岛。可飞机在哪儿呢？娃娃家的成员们在教室里四处寻觅，他们满心期盼着：要是教室里有一架飞机，那该多好啊！

我也这么想，教室里有架飞机确实不赖。这不仅是因为我想顺应孩子们的需求，更因为我相信支持他们追随这份兴趣，能助力他们获取许多有价值的经验。

当天交流分享时,俊俊说出了自己的遗憾。我有意追问:“一定要建造飞机吗?汽车、火车能不能替代呢?”在孩子们热烈的讨论与比较中,大家达成共识:要是去遥远的地方,飞机应该是最合适的交通工具,因为飞机能抵达一些汽车、火车到不了的地方。

这样的交流彻底点燃了众多孩子的热情,“在教室里造一架飞机”势在必行。说干就干!当听到孩子们在交流分享中彼此传递着关于飞机的原有经验时,我更加坚定了行动的决心。

在接下来的几天里,他们将愿望付诸实践,开启了飞机建造活动。几个男孩还和爸爸妈妈一起收集各种飞机的照片,确定飞机由机头、机舱、机尾、机翼组成。我则负责帮他们找来幼儿园里最大的纸箱。

说实话,参与、观察飞机建造的过程,极大地考验着我的忍耐力。很多次,看着男孩们干劲十足、满头大汗,却总是在你搭他拆中白费力气、事倍功半,我的内心十分纠结:是出手帮忙替代他们,还是继续耐心等待?这成了一个“痛苦”的抉择……好在,终于迎来了“柳暗花明”的那天。

3 月 23 日(小威 5 岁,小雨 5 岁)

历经 9 个工作日的努力,教室里的大飞机终于完工了!这一天,大家普天同庆,而孩子们的原有经验又推动了游戏情节的发展。小威和小雨,这两个有过飞行经历的孩子跃跃欲试,光荣地成为班级这架大飞机的第一位机长和第一位空姐。

看着机长、空姐忙前忙后地照顾乘客,娃娃家的一家老小、幼儿园的老师们、超市的营业员们、动物园的饲养员们都井然有序地听候安排,依次登机。我知道,此时孩子们已经不再需要我。有的孩子尽情享受着已知经验,有的则愉快地分享着同伴的经验,玩得不亦乐乎。

3 月 26 日(虎虎 5 岁,远远 5 岁)

飞机场的游戏大受欢迎。在游戏中,许多孩子总能找到各种理由去飞机场坐飞机,他们一拨又一拨地重复着“买票—登机—起飞—降落—离开”的行为,乐此不疲。好不容易,飞机场售票窗口有了片刻的安静。售票员虎虎看到我站在一旁，热情地向我发出邀请："徐老师，你也来买票乘飞机吧！"我欣然接受邀请，郑重地向虎虎说出需求："我要去北京，买一张去北京的飞机票。"没想到，话音刚落，虎虎就皱起眉头，遗憾地回答："对不起，我们不去北京，今天的飞机只去日本。"

嗯？怎么只去日本？这规定也太霸道了吧！难道来来往往的这么多乘客，目的地都只能是日本？我满心疑惑。就在这时，我看到了下面的买票过程。

娃娃家的远远爸爸领着一家人来到售票窗口。"买四张票！"爸爸把攥在手里的"钱"递给售票员虎虎。"今天的飞机只去日本！"虎虎还是这句话。"好的！售票员说去日本，那我们就去日本。"远远爸爸回头向家人解释，没想到全家人都欣然认同。转眼间，娃娃家的每个人都兴高采烈地拿到了飞往日本的飞机票。

哦！原来是这样，在孩子们的游戏里存在这样的"潜规则"：乘客飞往何处，不是由自己决定，而是由售票员说了算！

当天游戏分享交流时，我提出问题："你们乘过飞机吗？"其实，班级里乘过飞机的孩子还不到四分之一。孩子们如实回答："我和妈妈一起乘飞机去过北京。""爸爸带我乘飞机去过香港。""我们全家乘飞机去过海南岛。"

为了让孩子获得更清晰的经验，我继续追问："谁的爸爸妈妈也坐过飞机？"这下，不少孩子纷纷附和："我爸爸乘飞机去过新疆。""我妈妈乘飞机去过日本。""我爸爸乘飞机去过广州。"……

接着，我抛出关键问题："这些地方都是售票员让你们去的吗？"

抛出这个问题后，我看到了孩子们的变化，即从一开始的面面相觑到后来的恍然大悟。其实，在整个过程中，我并没有给予他们新的知识，而是借助孩子们的原有经验，帮助他们最终明白一个道理：原来，飞北京、飞香港、飞海南、飞广州……这些目的地都不是由售票员决定的，应该由乘客自己决定。

4月3日（欢欢5岁，皮皮5岁）

今天，我站在飞机场售票窗口前仔细观察，心里别提多高兴了！因为我发现乘客们都有了自己想去的地方：有的乘客买票去北京，有的去日本，有的去香港……

我感觉他们真的懂了，这让我很有成就感！可这份喜悦没持续多久，就被现实“砸得粉碎”。

只听机长一声令下：“乘客们请登机，我们的飞机马上就要起飞了！”好几位乘客兴冲冲地坐进机舱。一问才知道，同一航班中乘客的目的地竟然截然不同。欢欢告诉我：“我去北京！”皮皮则说：“我去香港！”还有去海南、日本的。更让人惊讶的是，当机长发出“我们的飞机到达目的地啦，欢迎下次再来”的指令时，所有乘客都蹦蹦跳跳、心满意足地下了飞机，他们居然都觉得自己抵达了目的地。

这一天，孩子们的游戏行为让我明白一个道理：看似懂了，并不代表真懂。

于是，我决定和孩子们展开讨论：“有没有一个地方，有的人叫它北京，有的人叫它香港，有的人叫它海南，还有的人叫它日本？”

在讨论中，孩子们发现了问题所在，也明白了飞机可以飞往不同的目的地，但一个航班通常只有一个目的地。

在之后的游戏中，我终于等到了期待的一幕。那天，我故意试探等候飞机的娃娃家爸爸：“为什么不登机？飞机上还有空位，再不上去，飞机就要起飞了！”娃娃家爸爸不为所动，淡定地回答我：“这是去美国的飞机。我们要去北京，不能上这架飞机。”

4月16日(弘弘5岁，糖糖5岁，郝郝5岁)

孩子们在游戏中提到了“机场安检”。他们不仅讨论，还在机场里搭建起了安检门。

这天，机场里传来吵闹声。

原来，从未坐过飞机的弘弘被安排担任“机场安检员”，他想当然地收缴了娃娃家的糖糖妈妈的手机，理由是：“飞机上不能使用手机，所以手机不能带上飞机！”糖糖一听，坚决不同意。

“手机是可以带上飞机的。我去香港的时候，就看见爸爸妈妈都把手机带到了香港。”她解释道。

可弘弘还是不明白，他热心地替娃娃家妈妈想了个“好”办法，凑到糖糖耳边悄悄说：“那你就把手机留下，我帮你保管，等你回来再拿，好不好？”

这叫什么主意？糖糖不依不饶，紧紧地拽着手机坐进了机舱。

面对糖糖的这般“不配合”，安检员弘弘气坏了。他气呼呼地追上去，一心要把糖糖的手机夺回来。两人的矛盾终于被机长郝郝发现了，他上前拦住弘弘，一本正经地告诉弘弘：“手机可以带上飞机，我爸爸妈妈坐飞机时也带手机。乘飞机时，只要把手机关掉就行！”

“真的吗？”听到身边两个小伙伴都这么说，弘弘满脸疑惑。这天，我给弘弘布置了一个任务，让他回家咨询五个坐过飞机的成人，第二天把结果告诉大家。第二天，全班孩子都知道了答案，弘弘也自信满满地回到了安检员岗位。

4 月 23 日（峰峰 5 岁）

这天，峰峰坐在飞机上，兴奋地探出头，向我挥手打招呼：“嗨，徐老师！我们要去巴黎啦！”我故作惊讶地叫道：“你们的飞机居然能让人伸出脑袋呀！”我的话引起了周围乘客的注意：“我坐的飞机也有窗户，但手伸不出去。”“窗户是透明的，打不开。”这时，机长也凑过来严肃地说：“不能把手伸出窗外，飞机飞得很高，开窗会很冷的。”峰峰听了伙伴们的话，乖乖地缩回脑袋，随后迅速离开飞机，跑向教室里的“物品超市”。原来，他打算用透明纸给飞机装上“玻璃”。

这主意真不错！虽然他一时间没在教室里找到所需的材料，但我一定会尽快提供，这样飞机就更安全了。

记录并呈现“飞机场”案例，不只是为了分享我作为教师见证幼儿游戏的过程，更想借此传递由案例引发的反思。

很多教师看到这个案例，可能会从中得出“成人要支持幼儿游戏，成人的支持是否到位至关重要”的结论。确实，案例如实记录了我作为教师，接纳幼儿想造飞机场的想法，为他们提供材料（找来幼儿园最大的纸板箱），组织游戏后的分享交流（讨论买机票、飞行目的地等问题），鼓励幼儿收集信息（咨询成人安检规则），适时引发一些冲突（如飞机窗户能否打开）等做法。

然而，这场游戏持续了近三个月。这几个片段展示出，作为游戏的观察者、支持者，我的互动与回应推动了游戏发展。但背后更关键的是，我为幼儿提供了充足的时间和机会，满足他们的游戏意愿，无条件支持幼儿由内而外地自主参与、自我表现表达，以及在重复游戏中巩固和练习。

回顾传统的“飞机场”教育内容，通常归属于“交通工具”主题。有的教师会展示一些飞机图片或模型，让幼儿对飞机有直观认识；有的教师会投放“交通工具比快慢”的材料，帮助幼儿了解飞机相较于其他交通工具的速度优势，掌握交通工具与人们生活的关系；有的教师会组织与飞机相关的艺术活动，鼓励幼儿通过唱跳、绘画等形式表达对飞机的认知。此外，部分园所还会充分利用家长资源、社区资源，带领幼儿参观飞机场。由此可见，教师心中的教育目标不可谓不充分，有时甚至会让人觉得，要是有教师能为幼儿的学习精心选择课程内容，真值得点赞。

只是，在习惯的自上而下的教育模式里，我们常常忽略思考：我们所做的一切是否真的是班级孩子最关心、最需要的？本次“飞机场”案例充分表明，“在游戏中自然融入学习”的过程，能让孩子们学得更轻松、更有意义！幼儿通过亲手搭建飞机，了解了飞机的基本外形；通过扮演不同角色，知晓了飞机工作人员的分工，以及工作人员与乘客之间的关系；他们不断演绎着娃娃家、医院、幼儿园里的人都能乘飞机，飞机工作人员也需要下班休息；幼儿还在一次次乘飞机的游戏中，学会了购票、安检、登机等流程，明确了飞机飞行要有目的地，以及乘飞机时需要遵守的规则；……这些林林总总的经验，都是在游戏中自然习得的。

实际上，类似这样的习得在幼儿一日生活中还有很多。比如，每次升旗仪式上唱国歌、行注目礼，能帮助幼儿理解“尊敬国旗”“歌声嘹亮”“队列整齐”的含义；每日餐点时间，倒牛奶、夹饼干、盛饭、端菜以及饭后整理餐桌等活动，不仅能提升幼儿的自理能力，还有助于他们掌握劳动技能；在运动时间，鼓励幼儿充分感受哪些活动容易出汗、哪些不易出汗，从而培养他们自我管理运动量和自我保护的意识，以及那些需要在日常生活中逐渐形成的时间概念、任务意识；……总之，教师树立“一日生活皆课程”的理念，不仅关注学习活动中幼儿的学习与发展，还切实重视并支持幼儿在生活活动、运动、游戏活动中的大量习得，幼儿园教育才会更优质、更有意义。

用足没有门槛的资源

前阵子，我阅读了一篇文章。作者提出，“不要让计算机的虚拟世界取代孩子们真实的天然之乐”，还倡导在12岁前，孩子们务必完成50件户外“玩事”。

我对这50件事满怀好奇。仔细一看，其中包括跳水沟、搭建秘密基地、生火、爬树、户外过夜、全身湿透、参与冰上活动、观察蝌蚪、摘水果、照顾动物、网鱼、寻宝、野外游泳、发现小生命、自制小船、自制弓箭、利用户外找到的东西发声、看云、坐在牛群间、在稻草堆里攀爬、埋葬死去的小动物、打赤脚、野外小便、观察幼鸟、投掷小石子、挖洞、躺在叶子堆里、闻奇异气味……这些活动确实充满了乐趣。

稍加考量便能发现，其中很多事情与当下孩子的生活相距甚远。想必有人会感慨：“要是早些年，或许还能实现，可现在基本没可能了。”也有人会嗤之以鼻：“这不就是山沟沟里野孩子干的事吗？”总之，鲜少有人会真的照着去做。

我理解这些感慨和质疑，但我始终相信，在当今和未来的世界，肯定会有一些孩子拥有这样的童年。我更愿意相信，那些支持孩子拥有如此童年的成人，必定认同“大自然永远是孩子最好的老师”这句话。

我曾前往芬兰、挪威考察幼儿园，在那里看到几乎所有幼儿园的孩子每天都处于“不是在户外，就是准备去户外”的状态。孩子们在蓝天白云下尽情嬉戏，投入各种游戏装扮，进行攀爬、跳跃、平衡等各类运动，移动或固定各种材料，对材料进行分类、排列和造型。户外空间不仅是孩子们的“运动场”，更是他们的“游戏场”。

在挪威，我们看到许多孩子背着书包前往森林，度过美好的一天。记得有一天下雨，我们这些远道而来的客人都穿上薄款羽绒服御寒，然而操场上的教师和孩子们却全然不顾雨水的阴冷，并未退到室内躲雨。一个一岁左右的娃娃就在我们面前一屁股坐在水坑里，尽管她穿着防水的户外运动服，但挂着的鼻涕和冻红的小手让我们忍不住想要伸手帮忙，尤其希望她的老师能给予帮助。可老师并没有这么做！挪威教师对自己的“不作为”解释道：“孩子有感知自然、体验天气冷暖的权利！”

从一位普通教师口中听到“权利”一词，不禁令人心生敬意。我们了解到，面对这类活动，挪威教师的工作就是提供雨鞋、防雨连衣裤，然后给孩子提供时间和机会，他们则做好陪伴。在挪威，家长和教师一致认为，“长时间的户外活动是理所当然、天经地义的事，就像人要吃饭喝水一样正常”。他们坚信，孩子能在这样的经历中感受湿冷，从而主动适应气候环境的变化。

看到这样的场景，我自然会与国内现状作比较。在我们的现实中，有些教师常常根据自己的冷暖感受，如怕晒、怕风吹，就取消或缩短孩子的户外活动时间。对此，我想对这些教师说：你删减和压缩的是孩子发展的空间。因为大量的户外活动，能让孩子在玩耍中练习新技能。比如，在摆荡、攀爬、投掷、跳跃、滚动和建构时，孩子会测试自身力量，尝试弄清楚自己的行动与新发现的身体能力之间的关系，从而促使他们明白某些条件对具体行动的必要性。大量的户外活动还有助于激发孩子对自然科学的兴趣，让他们在感受自然之美中培养审美力和艺术表现力，促进社会性发展，进而更加珍惜自然，与自然和谐共处。

实际上，绝大多数孩子都有着“不畏严寒酷暑”“只要有机会，就一定要玩到底”的精神。与孩子的热情投入相比，我们要改变“有一种冷，是教师以为你冷；有一种热，是教师以为你热”的思维方式和做法，为孩子提供并确保他们拥有更多获取直接经验的机会。

幼儿园应当思考如何最大限度地利用阳光、空气、场地这些“没有门槛的资源”，确保户外空间不被闲置。这也是切实落实教育部颁布的《幼儿园工作规程》中“幼儿户外活动时间（包括户外体育活动时间）每天不得少于 2 小时”这一要求的关键。

教师要充分利用户外时间，让孩子持续投入自己感兴趣的活动，保证他们有足够的时长和频次，且不被催促，让他们能笃定地进行“探索—试误—自发练习—获得经验”的活动，并给予他们相应的安全保障。

在没有手机、电脑和网络社群的年代，童年是“在自然里撒欢”。在如今拥有这些的时代，我们依然要让孩子与大自然亲密接触。这不仅是为了强身健体，更是为了让孩子创造快乐、孕育奇妙的点子、培养宽广的胸怀和丰富的情感。

挖掘园外教育资源，丰富幼儿成长经历

幼儿的成长过程，是从自然人逐步向社会人转变的过程。幼儿园生活、家庭生活与社会生活，皆为幼儿的学习场域，为其提供了丰富的环境与机遇。幼儿通过与周围环境的充分互动而习得经验，友好的环境对幼儿的健康成长至关重要。

2015 年，《教育部关于加强家庭教育工作的指导意见》提出，要“加快形成家庭教育社会支持网络”，并“利用各类社会资源单位开展家庭教育指导和实践活动”。2021 年 9 月，国家发展改革委等 23 部门联合印发《意见》，引入“1 米高度看城市”儿童视角，确立了“儿童友好成为城市高质量发展的重要标识，儿童友好理念成为全社会共识和全民自觉，广大儿童享有更加美好生活”的建设目标。2022 年 9 月，上海市人民政府办公厅印发《上海市儿童友好城市建设实施方案》，强调“让儿童友好成为全社会的共同理念、行动、责任和事业”。

“一日生活皆课程”通常指的是幼儿园生活，而实际上幼儿的一日生活还涵盖家庭生活与社会生活。幼儿社会实践活动常常仅作为幼儿园课程的拓展来实施，鉴于幼儿的经验是在与周围环境的互动中获得的，且经验具有连续性的特点，我们可以进一步拓展幼儿社会实践活动的范畴。充分且适宜地利用园外教育资源，通过亲近自然、走进场馆，以及多样的真实生活场域能为幼儿带来更广阔、全面的视野，为幼儿的主动学习提供丰富的直接体验机会，同时也赋予家庭亲子活动更丰富的游戏场所与学习空间。幼儿不仅能直接了解社会的多元性，满足其好动好奇的天性，解决真实情境中的不确定问题，通过亲身体验和实践操作实现全面和谐发展，良好的师幼关系与亲子关系也能得到进一步巩固。

一、园外教育资源的分类及形式

园外教育资源是指幼儿园以外，各种可用于保育教育活动和家庭亲子活动的资源。这些资源丰富多样，按资源类型可分为课程资源类、管理服务类和其他资源类；按资源来源可分为社区图书馆、科技馆、博物馆、网络资源和乡土资源；按资源性质可分为公益性资源、生产性资源和研究性资源；按存在方式可分为显性资源和隐性资源。

我们从幼儿园课程实施和家庭亲子活动开展的角度出发，依据资源特点进行分类，包括社区自然资源、历史文化资源、文化艺术资源、科学教育资源。这样的划分便于幼儿园和家庭组织开展活动，具有较强的操作性。

社区自然资源是指社区内天然存在且具有利用价值的自然物质，包括森林、山川、丘陵、植被、湖泊、江河、湿地等，能为社区居民提供赏玩和休憩的天然场地与场景。历史文化资源是人类在自身发展过程中所创造的物质和精神财富的深厚积淀。文化艺术资源包含物质形态和非物质形态两种，这里主要指物质形态的文化艺术资源，包括各类文化艺术场馆、文化艺术空间以及实体形态的文化艺术作品。这里的科学教育资源是指公益性科学教育资源，主要包括各类面向社会公众开放的动物园、自然馆、科技馆、天文馆等。

要创造条件，让幼儿有充分的时空机会与园外教育资源积极互动。例如，图书馆作为一种重要的文化艺术资源，有助于幼儿拓展获取知识经验的渠道，为幼儿提供自主学习的空间与氛围，对激发幼儿的阅读兴趣、培养良好的阅读习惯具有重要作用。又如，科技馆作为展示科学技术发展的重要场所，通过展览、实验、互动体验等多种形式，帮助幼儿更直观形象地了解科学现象，获取粗浅的科学知识，在培育幼儿的科学态度、点燃幼儿的好奇心方面有着其他资源不可替代的作用。这些资源让幼儿有机会沉浸在历史文化的氛围中，在欣赏文化艺术的同时，了解和尊重多元文化，传承红色基因，使幼儿对世界万物产生好奇心与亲近感，帮助幼儿了解自己的家乡和文化传统。同时，也可将这些资源融入幼儿园课程，体现师幼共建、因地制宜地开展课程实施，有利于实现幼儿一日生活经验的自然转化。在与大自然的亲密接触中，在感受科学艺术的文化氛围中，幼儿不仅能获得全面发展，还能享受亲子互动的乐趣。

二、园外教育资源的收集与筛选

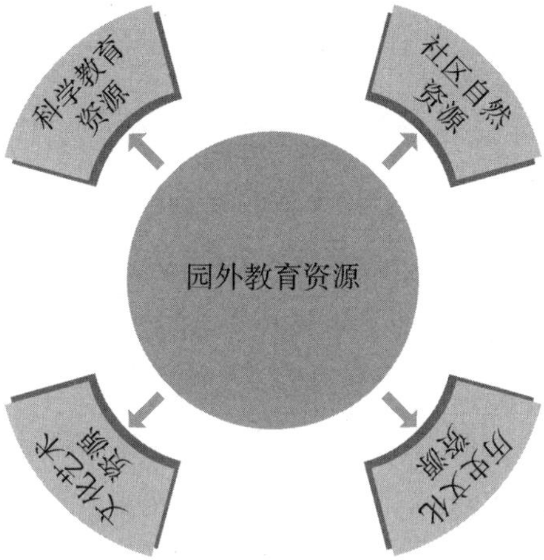

图 2－2　园外教育资源

（一）多渠道收集信息，将其汇聚到资源蓄水池

第一，网络查询。借助搜索引擎、亲子活动平台以及社交媒体等网络资源，广泛收集适合开展社会实践活动和家庭亲子活动的园外教育资源。

第二，线下咨询。了解政府部门、社会公益组织、教育机构等提供的亲子活动支持与服务，挖掘社区内的公园、场馆等公共资源。

（二）多层级筛选资源，初步形成资源目录

第一，评估资源的教育性。判断资源是否具有积极正向的教育价值，能否激发幼儿的兴趣和好奇心，支持幼儿的主动学习，是否有利于幼儿的健康成长。

第二，考察资源的安全性。确保活动场地、设施设备符合安全标准，不存在安全隐患，且管理有序。

第三，考虑资源的便捷性。选择交通便利、易于到达的资源，方便亲子出行。

第四，确保资源的公益性。优先选择政府部门提供的免费或低收费公共资源，挑选性价比高的资源。

(三) 参考幼儿和家长的评价与反馈

通过社交媒体、亲子论坛等广泛收集家长对资源的评价与反馈。

园所组织部分幼儿开展班本化活动,观察幼儿对资源的兴趣以及与资源互动的表现。

通过多渠道收集信息,将其汇聚到资源蓄水池,以及多层级筛选资源并依据资源特点进行分类,初步形成资源目录,再参考幼儿和家长的评价与反馈,进行阶段性的资源更新,使园外教育资源常用常新,充分发挥其教育功能。

社区自然资源	历史文化资源	文化艺术资源	科学教育资源
上海辰山植物园	中共一大纪念馆	上海大剧院	上海科技馆
东平国家森林公园	国旗教育展示厅	上海美术馆	上海自然博物馆
佘山国家森林公园	上海博物馆	上海图书馆	上海天文馆
万亩良田	上海中国航海博物馆	中华艺术宫	上海动物园
滨江绿地	广富林文化遗址	中国福利会儿童艺术剧院	上海儿童博物馆
……	……	……	……

图 2-3 四大资源

三、园外教育资源的利用与优化

要充分利用园外教育资源,支持幼儿全面发展,仅依靠幼儿园组织相关的社会实践活动是不够的,还需要将园外教育资源融入家庭亲子活动,让幼儿有更充分的时空机会与这些资源互动,使幼儿在园内外获得的经验能互补互促。

(一) 挖掘周边资源,拓展实践活动内容

园外教育资源为幼儿园的活动提供了丰富素材,这些自然景观、动植物、文化风俗等与幼儿的生活实际紧密相连。真实触碰、具身体验的环境更契合幼儿的学习方式,更容易引发幼儿的情感共鸣。尤其是幼儿园周边 1 公里生活圈内的社区教育资源,便于教师组织幼儿集体徒步到达,确保活动能常态化开展。通过参与各种社会实践活动,在与周围环境和其他同伴的互动中,幼儿能积累丰富的感性经验，为其后续发展奠定良好基础。

不少幼儿园做了积极的探索。例如，上海市金山区廊下幼儿园毗邻上海廊下郊野公园，公园内的万亩良田成为孩子们一年四季户外活动的好去处。春季，刚出芽的秧苗长成粗壮的稻子，叶子变为深绿色，犹如编织的浓密地毯；初夏，稻子抽穗开花，谷粒愈发饱满，稻叶变成黄绿色；秋天，第二季稻谷成熟，稻叶长得比孩子们还高，收割机忙碌作业，呈现一派繁忙的收获景象；冬日，稻田里种上蔬菜，一片绿油油。

又如，青浦区的南箐园是一座免费开放的公园，绿化覆盖率高，有河流环绕，园内设有休闲广场、儿童乐园区，还有一个湿地公园。青浦豫苗幼儿园与南箐园仅有两百多米的步行距离，每天都有不同班级的孩子来到南箐园开展户外活动，如玩沙、骑行、摄影、写生、放风筝、定向运动等。绿树成荫的场地让孩子们在户外的 2 小时不再饱受暴晒之苦；多样的自然环境为孩子们的定向运动增添了挑战与乐趣；公园里的老人和其他小朋友丰富了孩子们的交往体验。通过手环连接网络，记录孩子们定向运动的速度和正确率，既提高了活动的趣味性，也为孩子们的自我反思和集体分享提供了基本信息。

再如，上海市嘉定新城实验幼儿园的孩子们步行到车站，体验了“萝卜快跑”自动驾驶汽车。乘坐后，孩子们向工程师提出“方向盘会自己转动吗？”“后备厢会自己打开吗？”“无人驾驶能自己开窗吗？”“它能控制转速表的速度吗？”“它能自己找到便捷的路线吗？”“它是怎么感应到哪条路对或者不对？”“下雨天，车子会受到干扰吗？”等有趣问题，工程师耐心地为孩子们解答。

社会实践活动作为幼儿园课程实施的组织形式之一，要确保活动安全顺利进行且对幼儿发展有意义，需要做好以下准备工作：

第一，调整作息安排，给予时间保障。幼儿园每周或每两周安排半天的社会实践活动，除了保证点心和午餐时间外，不安排其他运动、游戏活动和学习活动，鼓励教师根据本班幼儿的兴趣和需要选择园外教育资源开展社会实践活动。合理安排作息时间，让幼儿走出幼儿园，更加从容地参与社会实践活动。

第二，提前考察现场，排除安全隐患。由于园外资源均为公共资源，环境不确定性较大，教师需要提前一天考察活动现场，从儿童视角出发，排除可能存在的安全隐患。例如，捡拾草丛中不易察觉、可能造成伤害的石块、树杈、垃圾等，通过做好安全教育、设立安全警示标识、划定活动范围等方式排除风险，人员配备和布点也要避免观察盲区，同时做好外出应急突发事件的预案。

第三，物资准备适宜，方便携带使用。物资准备包括给幼儿提供出行置物清单，包括小书包、小毛巾、湿纸巾、饮用水、太阳帽等基本装备。保教人员可根据活动需要配备儿童照相机、望远镜、小画板、记录本、折叠凳、护目镜等，还需提供保育基本装备，如生理盐水、消毒棉球、创可贴、碘伏等。

（二）研制打卡手册，提升亲子陪伴质量

《上海市儿童友好城市建设实施方案》强调，加强儿童友好城市公共空间建设，推动公共场所适儿化改造，在开展亲子活动时，应充分关注儿童的需求和兴趣。因此，开展亲子活动时，可充分利用这些公共空间，为孩子提供丰富多样的教育资源和学习机会。以亲子打卡手册为载体，旨在向家长传达科学育儿理念，使家庭教育更符合幼儿的年龄特点和发展规律，引导家长关注孩子的兴趣和发展需要，通过有趣有益的亲子活动，提升亲子陪伴质量。

1. 手册的研发流程

第一，实地考察，浸润体验。教师提前前往实地考察，向现场工作人员咨询，全面了解资源特点。

第二，观察现场，倾听童声。教师组织幼儿开展实践活动，观察幼儿在活动中的兴趣和需要，做好必要的观察记录，为手册编制提供依据。

第三，教师共研，编制手册。通过区域和园本教研活动，梳理打卡点中多数幼儿感兴趣且对幼儿发展有价值的内容，将其设计成互动性较强的小游戏，编辑成亲子打卡手册。

第四，家园对话，优化手册。通过亲子活动试用手册，收集幼儿及其家长的使用反馈，调整优化手册内容和呈现方式。

例如，上海市宝山区青苹果幼儿园结合党团活动，组织党员、团员教师参观中共一大纪念馆。在参观过程中，教师熟悉活动场地，记录下孩子可能感兴趣的场景内容以及下次带孩子参观时需注意的问题。有教师记录：在展馆中，当我想蹲下拍照时，旁边的工作人员马上提醒我“请不要蹲下”。经询问得知，我们中国人应“昂首挺胸”地观展。于是，在温馨提示中增加了“请昂首挺胸地观展”这一条，小小的仪式感背后体现的是中国人的自信。

之后，全园教师组织各年龄段幼儿参观中共一大纪念馆，两人一组（一位教师带领一名幼儿，并确保全程拍摄记录），广泛收集信息。阳阳看到满是补丁的裤子时对老师说："老师，我不想穿这样的裤子，也不想让其他人穿这样的裤子。"欣欣在查询党员互动墙时，请老师输入自己认识的人的名字，还追问："怎么才能做共产党员？"教师将孩子们观展过程中的好奇发现一一记录下来。教师收集到不同角度的信息，为打卡手册的研制提供了第一手素材。

教师反思：(1)儿童兴趣点众多，手册无法全部满足，该如何筛选？(2)儿童兴趣是否是手册制作的唯一依据？如何兼顾儿童的发展需要？(3)作为亲子打卡手册，如何满足家长的需求？于是，大家回到原点，聚焦红船展开研讨。红船的故事涉及众多人物及故事线索，对培育幼儿爱国情怀极具价值。但如何让幼儿带着兴趣主动理解呢？商讨后，教师决定提取其中一些关键数字："1"代表一艘红船；"15"代表参会的共有 15 人；"7"代表中共一大共召开七次会议，前六次在上海召开，第七次在红船上召开。同时，每个数字都配有语音二维码。幼儿看红船时，可寻找这些数字出现的位置，聆听数字代表的含义。经过数次教研，推出打卡手册《一起去一大》1.0 版。

将打卡手册《一起去一大》1.0 版发放给家长，请其在亲子活动中试用。与家长沟通后，教师对手册进行再次调整，通过"加、减、合、拆"，增加一页场馆"周边"及互动留念等多种互动形式的介绍，减去一个不具实际互动意义的项目，合并线路导览的页数，将"圆明园"故事拆分成多页呈现，使其更具互动性。

手册的研发过程，让幼儿园对园外教育资源的利用有了新认识，每位教师对基于幼儿发展和为了幼儿发展也有了新认知，教师和家长的儿童观、教育观和资源观在这个过程中得到转变与更新。

2. 手册的结构和特点

手册包含打卡点概况、好玩推介、亲子计划、互动游戏、记录新发现、下次再约六部分。打卡点概况部分重点介绍打卡点的地理位置、主要特点、收费情况、开放时间、交通方式等。好玩推介部分着重推荐打卡点内幼儿感兴趣的活动区域，为亲子制订出行计划提供线索。互动游戏部分遵循幼儿的年龄特点和发展规律，设计符合幼儿学习方式的小游戏，通过找一找、画一画、说一说、连一连、拍一拍等游戏方式支持幼儿主动学习。亲子计划和记录新发现部分采用页面留白的方式，为幼儿参与决策、用自己喜欢的方式表征提供机会。

手册需要体现以下特点：

第一，从儿童视角出发。手册研制本质上是成人与幼儿共同研究。教师追随儿童兴趣，依据幼儿在不同区域的停留时长、专注投入程度选定“好玩推介”打卡点；倾听儿童声音，与其交流，了解其感兴趣的话题和喜欢的活动方式，思考幼儿喜欢背后的原因，使游戏形式符合幼儿兴趣。

第二，有趣可互动。在活动现场，互动项目最受孩子关注。在手册中，设计能激发幼儿与环境、展品互动的小游戏，可激发幼儿的好奇心和探索欲，促使幼儿借助手册与资源频繁互动。例如，在手册呈现上，采用儿童表征，融合视频、音频二维码扫描等信息化技术，让手册便于幼儿看懂、听清。

第三，经验能持续。每个打卡点蕴含丰富教育资源，幼儿发展需通过与资源的重复互动实现。因此，打卡手册设计要依据活动场域特点，使重复多次的互动能支持幼儿持续探究，获得连续性经验。根据资源特点，既可以在一个时间段内集中多次探访打卡点，也可以在幼儿不同发展阶段重复前往，产生不同体验。

例如，佘山镇中心幼儿园位于佘山脚下，组织幼儿活动后，将兰笋、古树、上海天文博物馆、秀道者塔这四个内容作为主要打卡点。在“探秘兰笋”中，手册呈现了兰笋从第 1 天至第 28 天的成长阶段。幼儿只有在兰笋破土季节反复上山观察，才能发现其成长过程。手册的引导激发了幼儿与资源持续互动的兴趣。

对于上海天文博物馆的古老宝藏仪器，孩子们起初可能仅觉得特别。随着经验日益丰富，部分孩子未来可能会对宇宙产生浓厚兴趣，早期的寻宝经历会促使他们多次前来探访、研究。这些互动小游戏的设计，重点并非关注幼儿获取了多少具体知识经验，而是更关注幼儿对自然、科学、艺术、文化的热爱，以及对周围世界的好奇心和探索欲的萌发。

丰富的园外教育资源为幼儿成长拓展了广阔的学习体验空间，不仅丰富了幼儿的在园生活，也为家园协同共育、有效利用社会资源提供了新的模式。我们关注活动给予幼儿的参与权和体验感，关注手册对更新家长育儿理念、丰富家长亲子互动方法的支持作用。目前，对园外教育资源的探索尚处于初步实践研究阶段，仍有诸多问题有待我们通过实证研究来解决。例如，如何与园外教育资源建立长效合作机制，真正实现跨界融通？如何建立幼儿园课程与家庭亲子活动的有机联系，使幼儿经验在园内外活动及家园生活中自然衔接、持续推进？如何对课程进行统整规划，更大程度地发挥社会实践活动对幼儿成长的价值？

做实做强户外2小时活动

高质量幼儿园建设，核心在于提升保教质量。近年来，上海学前教育在推动保教质量融入每日活动的同时，大力倡导“幼儿发展优先”理念，旨在让教师深入认识和理解幼儿，将每一个幼儿都视作具有独立人格的个体。

2023年，为进一步推动园所和教师转变儿童观、课程观与质量观，市、区、园三级协同发力，紧密围绕“幼儿发展优先”理念，全力提升全市园所户外2小时活动的实施质量。促使园所和教师真正将幼儿置于主体地位，通过自我诊断、自觉反思、自主优化，成为推动学前教育高质量发展的根本动力。

户外活动对幼儿在各个领域的发展都有着不可忽视的重要价值。充足的户外活动，不仅能助力幼儿锻炼身体、增强体质，还能降低远视储备的消耗，减少眼轴过快发育的风险，有效预防近视。户外活动有利于幼儿学习自然科学知识，培养审美和艺术能力，拓宽幼儿的胸怀，推动其社会性发展。同时，还有助于培养幼儿不怕困难、团结合作的品质以及勇于创新的精神。然而，多年来，“确保每天体育活动1小时，在作息表中拼凑出2小时户外活动”成了普遍的实践状态。随着“幼儿发展优先”理念逐渐深入人心，“为孩子减去不必要的束缚”“让每一个孩子在一日课程中畅享新鲜空气、阳光，在蓝天白云下尽情玩耍”，从最初的美好愿景，正一步步变成各个园所努力打造的现实场景。

一、用足没有门槛的资源，打造幸福的童年院子

众多园所积极行动，一方面彻底改变以往作息安排中“写在计划里就等于

落实了”的不良状态，确保每日充分利用园所的户外场地，切实保障户外 2 小时活动得以有效落实；另一方面，秉持“每个空间都能让孩子走进，每处场景都能成为乐园”的理念，不断调整场地布局、增添装备，改善户外材料的存储和收纳条件，朝着“在有限空间里创造无限可能”的方向努力。部分园所还积极与社区达成共识，错峰使用园门口的场地，并充分挖掘周边各类资源，为幼儿争取到更多可供活动的空间环境。

一时间，孩子们可以玩沙水、挖泥巴、滑索、攀爬、踢球、骑车、奔跑、草地打滚、池塘网鱼、搭积木、放风筝、看蚂蚁、植物种植、玩树叶、追影子、自制小船……一个个充满童趣的游戏乐园，在老百姓家门口悄然出现。丰富多样的活动，守护着幼儿幸福的童年时光。

嘉定区以“丰富幼儿经历”为目标，支持众多园所填土造坡、开沟挖池、疏林成坪，让户外场地从单纯的“运动场”转变为充满趣味的“游戏场”。该区域还明确幼儿有“亲近自然、适应天气、感受冷暖”的权利，探索“支持幼儿户外成长经历的基本保障”，确保每个班级配备雨披、雨鞋、日历、温度计、雨量计、医用箱等装备，每名幼儿拥有自然笔记本、自然口袋、一块小画板等物品，满足幼儿在户外活动中的多样化需求，给予幼儿一个能听雨声、跳水坑、在风雨中尽情奔跑的“被允许的童年”。

上海市静安区南西幼儿园地处市中心，场地空间有限，如何在狭小空间里开展丰富活动成为园所面临的难题。如今，园所的门厅、连廊、消防通道、鹅卵石小路等都被充分利用，成为幼儿的活动场所。园所还在空间紧张的情况下，尽力为幼儿提供沙水游戏区域。特别巧妙的是，园所挖掘地沟并嵌入冲淋管道，旨在方便幼儿在每次游戏后，自主打开地沟盖板，拿取冲淋花洒清洁连体服。在园所团队看来，“游戏固然重要，但游戏后的整理环节同样是幼儿学习与发展的好机会”。

除了深度挖掘和利用园所内部场地资源，金山区还盘活“家门口三公里”范围内的资源，从“自然资源”“农业资源”“民俗文化”“红色基因”等多个角度，全面梳理出适合 2—6 岁幼儿使用的资源，为家长提供亲子“打卡地”。确保幼儿在节假日也能进行 2 小时以上的户外活动，让幼儿在亲子携手跨过田野、面向大海、穿越古镇的过程中，激发对家乡的热爱之情，深植爱国之心。

二、重构师幼关系，成就幼儿丰富的童年经历

为持续提高户外活动的实施质量，众多园所在切实保障幼儿活动时长和频次的基础上，着力重构户外活动中的师幼关系，实现从“我想教你这样玩”到“我想看你怎么玩”的观念转变。秉持“最少的干预，最多的欣赏”原则，支持幼儿持续投入自己感兴趣的活动，确保幼儿拥有“探索—试误—自发练习—获得经验”的机会，最大程度地满足幼儿通过直接感知、实际操作和亲身体验获取经验的需求。众多教师在积极践行“幼儿在前，教师在后”的过程中，深刻体会到“越放手，越能看见孩子的无限可能；越看见，越会相信孩子是积极主动、有能力的学习者；越相信，越能发现孩子的自主活动中蕴含着大量的学习与发展契机”。部分园所还开展“提升户外活动后分享交流活动实施质量”的研究，借此拓展幼儿在活动中的经验，探索教育目标的有效落实方式，巩固教师作为连接幼儿与课程纽带的作用，建立幼儿、教师、课程三者之间相互促进、共同发展的良好关系。

例如，浦东新区东港幼儿园以户外运动为切入点展开研究，发现给予幼儿相对充裕的活动时长，能提升幼儿游戏的复杂度、精细度和挑战度。园所改变以往户外运动区域一天一轮换的模式，让一个班级的幼儿能连续 1—2 周在同一个区域进行玩耍，有时还会根据幼儿的年龄特点和班级需求，灵活延长运动频次。教师亲眼见证了幼儿从“探索熟悉材料”到“反复巩固、自我练习”，再到“发挥想象创造，赋予材料不同意义”的成长过程。

又如，上海市闵行区七宝中心幼儿园、华东师范大学附属紫竹幼儿园聚焦幼儿户外活动中的身体运动、艺术创想、数学经验、自然探究等方面，梳理出幼儿在活动中实现走、跑、跳、投等肢体探索的过程；鼓励幼儿利用大量自然物进行创意表达；发现幼儿在活动中对模式排序、等量代换、图形变化等数学概念的运用；感知幼儿对植物、动物的认识，对生命的理解，对收获的体会，对自然轮回的感受，以及对浮力、重力、力的大小、力的传递、光的奥秘等科学现象的探索。

再如，上海市虹口区实验幼儿园、上海市虹口区东余杭路幼儿园在看到幼儿每天在户外操场上尽情玩耍、活动精彩纷呈的同时，也面临着一系列现实问题：那些空出来的室内空间该如何利用？为什么同样的孩子，回到教师预设的

课堂，就缺少了专注和主动性？预设活动是否依然重要？怎样提升其质量？那些精心打造的园本特色，未来该如何发展？这些问题促使园长和教师深入剖析专用活动室的定位和使用效率，深刻反思集体教学活动的来源和实施过程，认真回顾开展特色活动的成本与成效，从而倒逼园长和教师开启新的探索与突破之路。

三、做实过程自评，持续优化中捍卫童年味道

为进一步提升户外2小时活动的实施质量，促进幼儿成长，推动教师专业发展，市、区行政与教研部门协同合作。一方面，通过问卷、调研、走访、文本分析等多种方式，深入了解区域与园所在实践中的难点问题，制定相关政策，保障经费投入，提炼并推广提升质量的有效经验；另一方面，强化园所的质量自评意识，推动园所以户外活动中幼儿的学习与发展为依据，鼓励教师积极主动参与，进行集体诊断，不断反思和调整户外环境的创设与使用，扎实推进协商式家园共育，充分开发城市社区资源，持续提升质量监控和过程管理的水平。此外，上海还推动教师"站稳10分钟"，认真做好观察记录，准确辨析幼儿正在进行的有意义的学习活动。通过定期复盘、归类户外活动的视频与照片，发现幼儿在户外活动中丰富的经历和所获得的经验，从而自觉审视材料提供的适宜性、师幼互动的有效性，激发教师持续改进活动实施质量的内在动力。

例如，崇明区江帆幼儿园位于偏远农村，是一所普通的公办二级园。一位有着九年工作经验的教师，尝试连续两个月观察记录班级幼儿的活动过程。在这个过程中，教师不仅意识到"每一个孩子都值得被关注；只有关注到孩子，才能与他们产生情感共鸣"，还在实践中发现，自我评估并非遥不可及，自己也能逐步成为胜任日常评估的专业人员。更重要的是，教师发现身边的孩子都有了不起的潜力，为他们展现出的生命活力感到无比欣喜。

又如，松江区对收集到的百余篇案例进行文本分析，既看到了丰富多样的活动形式，也见证了二级园户外活动质量的逐步提升；既关注到托班幼儿获得了充足的活动机会，也发现教师观察记录的意识有了明显提高。同时，该区域在反思中明确提出，要"从短时间的观察捕捉转向长期的持续追踪""从单纯关注幼儿的游戏行为转向深入辨析幼儿正在进行的学习活动""从习惯教师的主

观猜测转向通过一对一倾听真实了解幼儿”“从急于捕捉幼儿的精彩瞬间转向接纳幼儿的失败，将挫折和困难都视为学习的良好契机”。

再如，杨浦区探索运用信息技术手段，监测分析户外 2 小时活动的时长和幼儿的活动轨迹。翔殷幼儿园为孩子配备运动手环，根据幼儿活动时的心率变化，安排不同运动量的下午活动。此外，教师还开展了基于数据的家园共育活动，引导家长在放学后、双休日为孩子提供骑车、奔跑、玩滑板车等活动机会，增加孩子的运动量。

第三章

锚定游戏是撬动保教质量提升的关键支点

第一节　确立游戏在课程中的重要地位

为切实推动“游戏是幼儿园的基本活动”这一理念落地，上海学前教育通过设置四类活动明确了游戏在课程体系中的重要地位。

不仅如此，上海还高度重视游戏对幼儿发展的独特价值，支持幼儿在游戏中展现自我、探索世界，并引导教师在实践活动中充分理解游戏对幼儿学习与发展的重要性，从而认识到游戏是幼儿最常参与、最必需、最适宜的活动形式，也是幼儿应享有的基本权利。基于此，上海学前教育致力于保障幼儿每日都能开展自主游戏活动。即便在教师主导的活动中，也力求融入丰富的游戏元素，使其富有游戏性。游戏是幼儿在人生早期实现主动学习、获得全面发展的最佳途径，因此保证幼儿每天持续游戏时间不少于 1 小时至关重要。在教育过程中，教师应敏锐地察觉到每一个幼儿自出生起便具有主动生长的力量，将幼儿视为有能力、独特、积极主动的权利主体，确保其拥有权利并顺利行使权利。同时，通过深入观察和研究发现，游戏中蕴含着大量的学习内容和学习过程。在幼儿自发、主动的学习过程中，他们所表现出的专注与坚持，以及独特的学习方式和发展节奏等，让教育者深受触动。

是孩子，都会玩

我曾经去过不少省市，和各地教师交流与幼儿游戏相关的话题。很多教师在听完我的介绍后，都会由衷羡慕：“上海是国际化大都市，那里的孩子知识面广，就是会玩。”言下之意，幼儿的游戏水平与城市经济发展息息相关。但当我来到上海，与上海的教师沟通时，却发现他们并非都如此认为。上海郊区教师常常无奈地表示:“哎,我们的孩子和中心城区的孩子不一样。”从上海教师的解读可知,幼儿游戏水平发展与城区位置存在关联。那中心城区的教师是否都觉得自己班级里的孩子会玩呢?答案居然也是否定的。他们更倾向于相信示范园的孩子会玩,觉得示范园的孩子大多家庭条件优越,认为这是影响幼儿游戏水平发展的重要因素。

看着教师缺乏自信的眼神,我在内心深处无数次追问:事实真的是这样吗?幼儿的游戏水平真的取决于经济条件、地理位置或家庭实力吗?

我的先生出生于浙江的一个海岛。据他描述,他从未上过幼儿园,在小学之前,他的童年时光都是在海滩、田间尽情玩耍中度过的。先生的描述让我仿佛穿越回过去,看到祖辈们在没有高科技设备的年代,在弄堂里无拘无束地奔跑嬉戏,仅靠简单的道具,就能尽情享受当“野蛮小鬼”的快乐。先生的描述也让我联想到乡村孩子爬树、挖泥鳅、扔稻穗时的欢快场景。事实上,无论是富裕或贫穷,还是城市或乡村,只要是孩子,他们与生俱来就会玩。

只要是孩子,他们都会玩,任何地点都能成为他们的游戏场所。

我多次在人来人往的菜场里,看到菜农的孩子相互追逐玩耍。这些孩子长期跟随父母生活在狭小的摊位旁。其父母因忙于生意而无暇顾及他们,因此他们便自得其乐。有的相互投掷菜皮,展开敌我对抗式的打闹;有的一次次爬上摩托车,再纵身跳下,比试胆量;还有的捡起菜农掉落的番茄,随手一擦便塞进嘴里,享受那份畅快。这样的游戏每天都在上演,要么在孩子精疲力竭时结束,要么在菜农的制止下草草收场。看着孩子们在摊位间旁若无人地穿梭,其尽情玩耍的模样着实让人深受感染。

只要是孩子,他们都会玩,任何时间都不放过。

放学后,教室里陆续来了接孩子回家的家长,最后只剩下宁宁、文文和依依三个女孩。

在宁宁的招呼下,文文和依依凑了过来,三个女孩挤在一起低声交谈。不到一分钟,她们便心满意足地笑了,显然是协商好了某件事。

只见依依端坐在椅子上,一动不动。宁宁和文文突然单膝跪地,齐声说道:“参见女王陛下!”原来,女孩们通过协商,确定了“女王”和“仙女”的分工。

身为“女王”的依依一脸严肃,高高抬起下巴,一字一句地说:“起来吧!现在小岛上出现了几只怪物，你俩马上去消灭它们。”两位“仙女”起身回应：“好的，女王陛下。”随后便朝着厕所方向走去。

过了一会儿，两位“仙女”从厕所方向折返，手中多了一个餐巾纸盒子。来到“女王”依依面前，她们再次单膝跪地，说道：“参见女王陛下！怪物已被消灭。这是我们从小岛上带回的一个宝盒。”……

不久，依依的家长出现在教室门口，游戏不得不终止。

这就是在“夹缝中”生成的游戏。没有成人的建议和指导，三个女孩利用有限的时间，模仿动画片中的相关情节。尽管游戏时间不长，但整个过程都是孩子们自编、自导、自演的。她们不在乎游戏是否有严密的计划，也不在乎游戏能持续多久，更不需要成人的认可和帮助，只是需要彼此配合默契、相互满足即可。

说到这里，我想所有教师都会对此感到熟悉。在我们身边，类似的场景每天、每时甚至每刻都在发生。孩子在久久无法入睡时，会自言自语地讲述自己与怪兽作战的情节。就餐时，不小心掉落的几粒米粒，也能引发他们丰富的想象。如果兴致一来，他们连吃饭都顾不上了。在洗手池边，用洗手液搓出的泡泡，就能让他们开怀大笑。

这种无孔不入、坚持不懈、不知疲倦的游戏状态，向所有成人宣告：在童年生活中，游戏是不可或缺的重要部分，它无处不在、无时不有。

没错，只要是孩子，他们都会玩。作为教师，我们不必再为孩子会不会玩而焦虑，也无须对该让孩子玩什么进行过多设计，而是应该更多地去观察孩子喜欢玩什么。或许，当我们转变视角后，就会惊喜地发现，我们的孩子真会玩。

我们都“傻”玩过

户外自由活动时，教师把孩子们带到滑梯旁。其中，有四个男孩飞奔过去。昆昆边跑边喊：“我们是铠甲勇士！”这一嗓子就像吹响了“集结号”，瞬间点燃了大家的热情。四个男孩立刻进入状态，大喊“我是黑犀侠！”“我是风鹰侠！”“我是地虎侠！”“我是炎龙侠！”。他们一边攀爬滑梯，一边挨个自报家门，彼此很有默契地分配了角色，既无重复，也没有冲突。

就在此时，只听多多大叫一声：“看，怪兽在那里！”另外三个男孩立即响应，在高呼着“抓怪兽！抓怪兽！”的同时，依次顺着“S”形滑梯飞速滑下。四个男孩一字排开，摆出一副要与怪兽决一死战的架势。他们在空中“嘿嘿哈哈”地比画了一阵后，多多再次喊出：“看，怪兽逃到山上去了！”四个男孩又重新爬上滑梯。俊俊故意东张西望，佯装发问：“在哪里？”其他男孩纷纷环顾四周。只见哲哲大叫一声：“我看见了，怪兽在那里！”于是，在多多的指挥下，男孩们兵分两路滑下滑梯，再度在滑梯一角集合，而后使出浑身力气，与怪兽展开搏斗。

活动结束后，教师询问：“你们打败怪兽了吗？”男孩们满头大汗，却个个神气十足，得意地说：“我们打败了怪兽！”“怪兽死了，最后变成了一片树叶。”……

当天，我和几名教师一同观察幼儿游戏，目光不约而同地聚焦到这四个男孩身上。看着他们尽情尽心地玩耍着，我们则悄悄地讨论：“这样的游戏过程，对幼儿成长到底有没有价值？”

一名教师斩钉截铁地回答：“当然有价值。男孩们的游戏充满想象空间，不仅有角色扮演，还能在滑梯上自发练习大动作……”

另一名教师却持有不同看法：“这和我们小时候在弄堂里玩耍差不多，感觉挺傻的。教师该如何发挥作用呢？是不是可以顺着幼儿的兴趣，设计一个体育游戏呢？”

回家路上，我反复回想这四个男孩的游戏过程。尽管他们的动作仍以走、跑、跳、钻等为主，但对他们而言，此刻的滑梯已不再只是练习攀爬、平衡的普通工具，而是被想象成了怪兽藏身的大山和战斗的战场。在这场游戏中，他们共同虚构出一个怪兽，为了实现消灭怪兽的目标，就会自然而然地结成伙伴。有人发号施令，有人听从指挥，可他们都欣然接受这样的分工，全程沉浸在寻找怪兽、与之搏斗的情节里。

操场上与教师们的热烈讨论，还在我的耳边回响。我不禁思考：这四个男孩会觉得自己玩得“傻”吗？显然不会。从他们义无反顾、全身心投入的状态就能看出，所谓的“傻”，不过是成人眼中毫无价值、浪费时间的代名词。

这让我想起自己小时候在弄堂里的嬉戏时光。那时，没有大人特意营造的游戏环境，马路边、浴室门前的煤堆成了我们的欢乐天地。大家在煤堆上爬上滑下，互相抛扔煤块，玩得不亦乐乎。最后，大家浑身沾满煤屑，回家免不了挨一顿揍。

还有一次，为了制作比别人更漂亮的毽子，我们几个小伙伴凑在一起，围堵邻居家的大公鸡，就为了拔下它尾巴上漂亮的鸡毛。结果闹得鸡飞狗跳，弄堂里一片混乱，我们只能在邻居奶奶的责骂声中灰溜溜地离开。

童年时，即便没有高档玩具，爬爬煤堆、拔根鸡毛等，只要成人不干涉，孩子们就能玩得酣畅淋漓。哪怕因玩得满头大汗、忘了时间、弄脏衣服而被打骂，下次游戏时，大家依旧会忘我投入。

小时候，我还尝试自己稀释肥皂、调制泡泡水。可总是掌握不好浓度，不是太浓吹不出泡泡，就是太稀倒吸进嘴里，苦不堪言。但经过一次次失败，我还是收获了成功的喜悦。

此外，那时的孩子们没有性别意识。比如，男孩也能跳橡皮筋、玩过家家；女孩整日和男孩混在一起，斗鸡、打弹珠、拍香烟牌等，也是样样在行。大家不挑不拣，反倒成了“复合型人才”，能文能武。

当时没有高科技材料，一根绳子、一个沙包、一根橡皮筋，就能让我们心满意足。因为玩具稀缺，一张普通的纸片都能成为被孩子们长时间把玩的宝贝，还能玩出斗青蛙、折飞机、放鞭炮、做降落伞等各种花样。在这一过程中，我们不仅将材料玩到极致，还对材料有了更深刻的认识。

如今回想起来，弄堂里那些看似“傻傻”的嬉戏，其实益处多多。在玩耍中，我们构建了自我意识、自信心等，培养了伙伴意识、语言与交往技能，提升了探究能力和想象能力，增进了对周围世界的认知。

因此，只要孩子有充足的时间沉浸在游戏里，哪怕过程看似“傻”，也终会迎来成长的飞跃时刻。

不教≠不会

几年前，在幼儿园的游戏场景——“美容院”中，常常能看到一张制作精美的价目表，醒目地张贴在显眼位置：剪发5元，美甲5元，烫发10元，染发10元，按摩10元，足浴10元……每次看到这样的价目表，我心里总是五味杂陈。一方面，为教师在制作价目表时所付出的精力感到心疼；另一方面，也为教师在教育引导上的不深究感到遗憾。只要教师稍加思索便能发现，在3—6岁幼儿中，真正体验过美甲、烫发、染发、按摩、足浴的少之又少。不妨设想，当孩子们对这些内容知之甚少，而教师又急切地希望孩子们的游戏能呈现出这类情节时，教师能做什么呢？恐怕只剩下“教”这一种途径了。

在“小医院”的游戏场景中，教师认为孩子们理应在游戏里掌握“挂号—就诊—收费—打针—配药”的看病流程，于是千方百计地引导他们获取相关经验。我曾忍不住向教师感慨：“即便不掌握这个流程，也不会对孩子的成长造成影响。”然而，不少教师却对此仍难以释怀。在他们眼中，如果不让孩子们在游戏中学到点什么，那简直就是在浪费时间。这些教师没有清晰地认识到，游戏是孩子享受已知的过程，游戏中孩子会进行大量的自发学习，并非只是完成教师设定的学习内容。

实际上，当掌握看病流程被设定为必须达成的目标时，教师必然会采取一系列行动。比如，在教室里张贴流程图，在游戏过程中不断提示，在分享交流环节反复强调。此外，教师还会明确划分出五个岗位，帮助孩子们理解先去哪里、再去哪里、接着去哪里……当孩子们对挂号、收费、配药等环节缺乏足够的原有经验时，教师便能开展有针对性的“补缺补差”，进行一场彻头彻尾的“教授”。但问题在于，这样的“教”真的有意义和价值吗？在现实生活中，一旦孩子生病了，便会被父母带到医院。此时，他们往往处于被严密保护的状态，根本没有机会去积累挂号、收费、配药等环节的相关经验。

从以上两个例子可以发现，当孩子们被迫去玩教师设计的游戏时，不仅孩子们玩得并不开心，教师也倍感压力。不断教授、深入检查、及时反馈等，成了教师“导演”一场游戏的关键环节。因此，不少教师对游戏指导深感困惑。设想一下：当教师要“导演”一场目标明确的游戏时，又怎么会真正享受游戏指导的过程呢？

回想起早些年，我也曾“导演”过类似的游戏。当时，我还以为这是教师推动和支持孩子游戏的最佳模式。如今想来，游戏教得越多，孩子们反而越不会玩。事实不正是如此吗？孩子们一旦习惯了教师的全程参与，就如同失去了主心骨。我清楚地记得，有几次我对孩子们说：“今天你们自己玩哦！”结果，不到十分钟，孩子们就此起彼伏地呼喊着“老师，你来呀！你快来呀！”。这让我深刻意识到，靠教出来的游戏，必然存在问题。

有一次，我在一所幼儿园观察孩子们玩油桶。操场上，一个个油桶竖在那里，高度几乎和孩子们的个头差不多。我绞尽脑汁，能想到的玩法屈指可数：拿油桶作支撑，搭座桥爬过去；推油桶，比力气大小；……正当我为自己缺乏创意而沮丧时，却看到孩子们把油桶一个个横卧在操场上，轻巧地一跃，像杂技演员般稳稳地站在油桶上，踩着油桶前进，甚至还有能力更强的孩子，能从一个油桶跨到另一个油桶上。

那天，我问在场观摩的教师：“谁能示范一下这个动作？”结果不出所料，无人回应。面对示范不了的情况，我更希望所有教师都能深刻反思：对于这个谁都不敢教、谁都教不了的内容，孩子们却玩得如此出色，这究竟说明了什么？

其实，在生活中，类似这种“不教，却带来意外惊喜”的案例数不胜数。比如，为人父母的我们，很少会不厌其烦地教孩子玩电脑。可不经意间，孩子们却一个个成了家里的电脑高手，轻松帮老一辈解决各种“疑难杂症”。这难道不是在向我们揭示“不教≠不会”的事实吗？

小时候，没有成人的教导，我们在弄堂里照样玩得不亦乐乎。如今，在家庭中，没有成人的刻意教授，孩子们同样会自发地与家人玩游戏。他们一会儿扮演老师，一会儿自称医生，一会儿又当上警察，玩得有模有样。

既然“不教≠不会”，那么我们为何不选择相信孩子们，把时间和机会还给他们，让他们自由、自主地开展活动呢？说不定这样一来，我们能收获更多令人惊喜的时刻，见证无数个像孩子们玩油桶那样的奇迹。

我们绝不能因为孩子们进入了幼儿园，有了专业教师的陪伴，就让他们的行为受到限制，变得不会玩了。如果真的出现这种情况，那么我们这些专业人士可就真是好心办坏事了。

游戏能帮助幼儿积累多种经验

说到角色游戏，很多人都觉得它既能满足幼儿的兴趣，也能激发幼儿的积极情绪，还能培养幼儿的社会交往能力。其实，角色游戏蕴含着大量的教育契机，能帮助幼儿获得各种经验。

在“娃娃家”区域，只有两个男孩，其中一个在摆弄锅碗瓢盆，另一个则跪在地上玩球。

这时，医生前来敲门，说道：“爸爸，等会儿带你的孩子来医院检查身体哦！”

摆弄锅碗瓢盆的男孩头也不回，回应道：“我家没孩子，我家只有我和一条‘小狗’！”

好吧，原来跪在地上的男孩扮演的是一条“小狗”。

第二天，科科不愿再当“小狗”了。他说：“做‘小狗’，总是跪在地上，一点也不好玩。我的膝盖都跪疼了。”

这便是幼儿在游戏中获得的经验。因此，游戏能给予幼儿丰富的感性体验。为了玩得更开心，幼儿会更积极地参与游戏活动。

某个星期天，家长带着孩子们一同参观上海大自然野生昆虫馆。在昆虫馆里，最吸引孩子们的当属那台会说话、能回答问题和玩游戏的多媒体电脑。

回到幼儿园后，孩子们玩起了昆虫馆里的游戏，同时想要制作一台“多媒体电脑”。于是，孩子们找来一个大大的纸板箱当作“电脑”，并在“电脑”上安装了一个大大的“显示屏”。这个“显示屏”上不仅有数字，还有红、蓝两个开关按钮。孩子们说，使用“电脑”时，必须先按红色按钮，这样机器才能正常运行；使用完后，则要按蓝色按钮关机。

怎么让这台机器“说话”呢？这可是个难题。不过，男孩们还是想出了解决办法。

看，一个孩子躲进了纸板箱。当其他孩子按对“显示屏”上的数字时，纸板箱里的孩子就模仿机器人的声音，向他们介绍这个数字对应的昆虫知识。比如，躲在纸板箱里的孩子会对按动按钮的伙伴说：“你按的是 5 号图片，这张图片介绍的是萤火虫。萤火虫的屁股后面会发光，如果晚上你不敢在黑夜里走路，就可以捉几只萤火虫，并把它们装在玻璃瓶里。这样，你就像拿着手电筒一样，亮亮的，就不害怕了。”

大卫最喜欢玩这台“电脑”。他既喜欢钻进纸板箱，模仿机器人发出缓慢、低沉的声音，也喜欢向伙伴们介绍自己知道的一些零散的昆虫知识。

这天，他又躲进了纸板箱，等待着伙伴们来玩游戏。娃娃家的大姐姐丫丫来到“电脑”前。大卫看着丫丫走近“电脑”，十分开心。他从纸板箱后面探出脑袋对丫丫说：“你按数字，我告诉你相应的昆虫知识。不过，你不要按 8 号，因为我不知道 8 号的内容。你按 9 号吧，我知道 9 号的内容。”丫丫对此并不在意，她愉快地按了 9 号按钮，心满意足地听大卫介绍蝉的知识。

终于有一次，大卫遇到了一个不依不饶的小伙伴。这个小伙伴执意要按 8 号，不然就报告老师“这台‘电脑’出故障了”。大卫没办法，伸出脑袋，嘟着嘴哀求道：“这台‘电脑’没出故障，我明天会告诉你的。”

在之后的日子里，大卫把机器上十个数字所对应的昆虫知识都研究了个遍。他终于可以趾高气扬地成为一台“本领高强”的“电脑”了。

在教师眼里，大卫非常可爱。他预先告诉伙伴“不要按 8 号”，这表明他清楚自己的“软肋”。然而，通过这样的游戏，大卫获得了新经验：与有些人合作轻松简单，即使提出一些特殊要求，对方也能“睁一只眼闭一只眼”；但与另一些人合作却不那么容易，面对不依不饶的伙伴，唯有解决问题才是关键。

分析大卫的转变可以发现，游戏成功激发了孩子的学习内驱力，敦促大卫自发地探索那些未知的领域。据说，大卫还在爸爸妈妈的支持下，新买了一本《昆虫世界》，主动学习了多种昆虫知识。他终于能游刃有余地应对所有伙伴提出的问题，成为一台备受欢迎、问不倒的“电脑”。

有人说“亲身经历，能收获直接体验”，还有人说“学自己想学的，这样的过程最有效”。其实，游戏恰恰为幼儿提供了这样的过程。在自编、自导、自演的众多情节中，幼儿既能收获成功、满足的体验，也会经历失败、沮丧的时刻。这些都是宝贵的经验。很多时候，为了让游戏玩得更尽兴，幼儿会自发地面对问题以及主动地开展学习。他们自主思考、解决问题，展现出无穷的学习潜力。

游戏是缓解分离焦虑的妙招

暑假临近尾声，两位园长在电话中与我探讨当下幼儿游戏存在的问题，并热情邀请我前往她们的幼儿园参观。我向她们提出了一个相同的请求："能否在开学初就让我到园里观察幼儿游戏?"我本以为她们会拒绝，毕竟开学伊始，孩子们大多还未适应新环境，特别是小班幼儿。因此开学初期，幼儿园通常很少对外开放观摩活动。然而，两位园长却热情回应，表示欢迎我前往，还希望我能看到幼儿园最原生态的游戏场景。于是，我记下日期，开学没过几天便欣然赴约。

9 月 6 日，开学后的第四个工作日，我走进了嘉定区某幼儿园中大班的角色游戏场地。眼前的景象令人惊叹，每一个幼儿都全身心投入游戏，仿佛活动室里根本没有多出来的几位客人老师。在大班的走廊上，一个二十多平方米的区域内，"医院""大舞台""小吃店"三个主题游戏同时展开。十几个幼儿分别扮演着不同角色，他们既没有特意为自己的游戏划定固定区域，也不在意其他人在自己的活动范围内穿梭。更重要的是，他们丝毫不受外界干扰，各自专注于自己的游戏，玩得不亦乐乎。

园长介绍说，中班幼儿是开学初才从小班部升入这个园区，大班幼儿也是开学初才开始在专用室进行游戏。也就是说，所有幼儿都面临着新环境、新材料、新挑战。但显然，新环境、新材料、新挑战并未影响幼儿自编、自导、自演角色游戏的热情。教师也告诉我，开学至今仅有三天时间，还来不及对幼儿进行过多指导。因此，幼儿的游戏呈现出最本真的状态。

中大班幼儿的游戏让我意识到，即便身处陌生环境，幼儿依然能在成人允许后尽情玩耍。之后，在杨浦区某幼儿园看到的新小班幼儿游戏，更是给了我诸多深刻感悟。

9 月 8 日，是开学后的第六个工作日。当其他园所的小班幼儿大多还在哭哭啼啼、吵着要妈妈时，这里的小班教室却呈现出截然不同的景象。在三个班级共七十多名幼儿中，仅有 6 人坐在座位上还略带抽泣，其余幼儿都忙碌于自己的事情，顾不上哭泣。

"小黑弟弟"专注地研究着汽车。他将一箩筐玩具汽车倒在面前，发现其中一辆车上的零部件可以活动，便不停地摆弄着这辆小汽车，还逐个检查其他车辆，看看是否还有类似能动的零部件。

"花裙妹妹"径直走进没有营业员的"超市"。她随心所欲地搬来许多"食物"，在"厨房"里烧了一桌子奇特的菜肴，如苹果炒鸡腿、葡萄烧鱼等。

"红汗衫弟弟"对塑料管子产生了浓厚兴趣。他把一根根塑料管子连接起来，兴奋地叫嚷着"这是宝剑"。随着管子的不断添加，他又霸气地宣称："我的火箭要发射啦！"

"花裤子弟弟"专心致志地玩着海绵球。他发现自己能撕开海绵球，便专注地用手撕，撕下一块就扔掉一块。不一会儿，脚下便堆满了海绵碎片。他全程都没察觉到一旁的教师正微笑着注视他。

"大眼睛男孩"则忙着玩一辆小推车。他不停地往小推车里堆放物品，堆满后便迅速推着车跑。即使车上的东西不时滑落，他也能快速捡起并重新装上，继续推车奔跑。

"胖弟弟"穿上白大褂、挂上听诊器，扮演起医生。但没过多久，他又想搭火车，于是一屁股坐在地上开始搭建，全然忘记了自己正扮演着医生的角色。

"大舞台"上竖起了好几个话筒，几个幼儿正模仿歌手引吭高歌。不远处的"粉红妹妹"却背对舞台，双手紧紧捂住耳朵，嫌弃地抱怨："真难听！吵死了！"

眼前小班幼儿形态各异的游戏状态，彻底打破了我原有的认知，引发了我深入的思考。我们一贯认为小班幼儿生性胆小，面对新环境会不敢参与游戏。因此，教师往往会设定一套介绍流程，让小班幼儿先从认识各个游戏区域开始。此外，因为小班幼儿缺乏经验，所以教师会坚持要先教给他们一些内容，认为这样幼儿才能顺利开展游戏。然而，事实却是大多数幼儿自出生后便在家中自由成长，积累了丰富的玩耍经验。教师只要在教室里投放种类丰富、数量充足的玩具,小班幼儿就会被这些玩具深深吸引。他们带着各种好奇,对玩具进行摆弄、玩耍,沉浸在自娱自乐中,迅速且自然地进入游戏状态。此时,他们不在乎环境是否陌生,也不在意教师和同伴是否熟悉,关键是他们能忘却焦虑和恐惧。

由此可见,在入园适应性教育过程中,如果教师仍然一味地认为只有通过组织各类预设活动,将幼儿纳入既定轨道,才能缓解幼儿的焦虑情绪和恐惧心理,那么很可能事倍功半。

第二节　走进游戏，走近幼儿

2012年，在贯彻落实《3—6岁儿童学习与发展指南》的过程中，上海重新启动了一系列与幼儿游戏相关的重要研究，涵盖“游戏材料提供”“游戏中的师幼关系”“游戏中的过程观察”“游戏后的分享交流”关键领域，旨在持续转变教师的儿童观和课程观，助力教师更好地理解幼儿游戏的本质和价值。

在实践过程中，上海着重从以下两方面发力：一方面，确保幼儿应有的机会和权利，保障幼儿参与活动的时长和频次；另一方面，通过“站稳10分钟”这一举措，提升教师的观察能力。同时，上海以两类游戏的实施质量为切入点，深入反思环境与资源创建是否合理、有效，并以幼儿的行为表现为依据，推进协商式家园共育，促使教师成为保教质量提升的根本力量。此外，上海通过对结构游戏、沙水游戏、运动游戏等的深入研究，引导教师敏锐地捕捉游戏中幼儿的学习与发展机会，并由此思考如何为教师提供支持。

上海期望未来的教师能通过分析幼儿的行为表现，深化对幼儿和课程的认知，构建幼儿、教师、课程三者互促互进的关系，强化立足幼儿需求、作出课程选择、优化保教实施的意识。

学会认同

在与教师们畅谈幼儿游戏时，我总忍不住分享在游戏中经历的趣事，那些情节常常逗得大家哄堂大笑。久而久之，就听到有教师羡慕地说：“徐老师班级的孩子真会玩，所以徐老师那么快乐。”

我的确很快乐。孩子们的奇思妙想、童言稚语，常常能让我喜不自禁。但我觉得，任何一名教师都可以拥有这样的快乐，只要你愿意走近孩子，只要你学会认同他们。

这一天，班级里的容容就把快乐带进了教室。

容容想玩“摸奖”游戏，便找来一个餐巾纸盒，剪出许多小纸片，再在纸片上画上一个个符号，最后将其统统塞进盒子。然后，她开始在教室里大声叫嚷：“快来摸奖啊！快来摸奖啊！”原来，这些小纸片就是她的奖券。

焱焱是娃娃家的妈妈，第一个被邀请来摸奖。她从盒子里摸出第一张奖券，上面画着一颗五角星。

“这是什么意思？”焱焱不解地问。

容容凑过脑袋一看，立即大声告诉她：“恭喜你！你摸到了特等奖。”

听说自己摸到特等奖，焱焱自然地追问：“特等奖？有奖品吗？”

“对啊！特等奖应该有奖品的。”容容也这么觉得。可刚才她光顾着做奖券，还没来得及考虑奖品的事。不过，容容也不会赖账。她环顾周围，终于有了妙想。

容容推给焱焱一把椅子，神秘兮兮地说：“今天特等奖的奖品是‘小推车’一辆。”焱焱低头看看椅子，没有丝毫介意就接过“小推车”，便心满意足地回家了。

强强扮演警察，他在容容这儿也摸到了特等奖，同样欣然接受，还乐呵呵地推着“小推车”游走在教室的各个角落，炫耀自己的“战利品”。

转眼间，“有摸奖”的消息迅速传开。再一看，教室里竟然有五六个孩子从容容那里换到了特等奖奖品——“小推车”。

怎么会有这么多特等奖？我满心疑惑，忍不住想去容容那儿探个究竟。

容容见我朝她走去，迫不及待地举起盒子。我伸手一摸，又是一个特等奖。

容容自豪地告诉我：“我的箱子里有好多特等奖。除了特等奖外，还有一个二等奖、一个三等奖哦！”

容容的话把我逗乐了，我喜欢她的世界。在容容的盒子里，摸到特等奖可比摸到二等奖、三等奖容易多了。我真想在这个有趣的世界里多停留一会儿。最终，我也抽到了特等奖。容容则一视同仁地给我搬来一张椅子，真诚地恭喜我获得了一辆“小推车”。

故事讲到这儿，我相信绝大多数教师都会喜爱容容的纯真无邪，感叹孩子的世界没有丝毫功利之心。然而,面对这样纯真的童心世界,有些教师却有一种想要纠正的冲动。

这天,有参观教师兴致勃勃地参与容容的摸奖游戏。容容别提多开心了,满心期待着给参观教师颁发特等奖奖品。果然,参观教师摸到的还是特等奖。容容毕恭毕敬地推出椅子说:"恭喜恭喜! 这是你的'小推车'。"

可拿到奖品的参观教师并没有像容容期待的那样高兴,她冷静地提出疑问:"这是小推车吗? 小推车怎么没有轮子呢?"

瞬间,容容的快乐像被冻结了一般,她低下头看着眼前的小椅子,尴尬地说:"这不是小推车,这是小椅子。"

参观教师继续引导:"你能帮我的小推车装上四个轮子吗?"容容答应了。

在游戏的后半段,容容开始着手整改。她找遍了教室,也没找到想要的乒乓球,便只能退而求其次,找到四个一模一样的药瓶,以及胶水、玻璃胶、双面胶、剪刀、绳子、糨糊等各种工具。她打算在椅脚上安装轮子,这样就能让椅子滚动起来。

其他孩子看着这么多人都抽到了特等奖,心里好奇极了。他们焦急地在一旁等着,还不停地催促容容:"你先让我们摸奖,我们不需要轮子。"

直到游戏结束,容容都在忙着想办法制作一辆有轮子的小推车,抽奖游戏因此中断。

第二天,容容放弃了摸奖游戏,无奈地说道:"制作一辆有轮子的小推车太难了!"

看着容容远去的背影,看着她毫无芥蒂地投入新游戏,我的心里却很不是滋味。其实,孩子的快乐很简单。能用小椅子替代小推车来实现摸特等奖的创意,本就是一件值得开心的事。对其他孩子来说,他们都知道椅子的实际用途,但在游戏中却默契地认同了这一替代物,因为能模仿大人玩摸奖游戏,说不定还能收获一份好运,这多有趣呀!

孩子的快乐就是如此简单。只是这份简单需要成人悉心呵护,往往教师在不经意间表示不认同,就会让这份快乐戛然而止。游戏中的参观教师以角色身份提出疑问,认为小椅子不像小推车,目的是引导孩子按真实模样改装。这对孩子来说是一个远超其能力水平的挑战。之后,不仅终止了原本的游戏情节,还让孩子的活动转向“改装车子”的结构游戏。

在现实生活中，类似这样的质疑屡见不鲜。当我们的“挑战”一次次让原本顺畅快乐的游戏变味时，真该反思：我们是不是与孩子的距离太远了？

没错！与孩子一起做游戏，学会认同孩子才是关键。认同并非要求孩子踮起脚尖迎合教师；认同是秉持将心比心的原则，是教师蹲下身子，从孩子的视角看世界；认同需要教师向大多数孩子学习，多一些照单全收，多一些心领神会，多一些理解支持。其实，正是这种认同，最终让教师变得简单纯粹，收获越来越多的快乐。

有冲突，未必是坏事

孩子从家庭步入幼儿园，最大的变化莫过于开始真正的集体生活，身边有了许多同伴。在与同伴相处的过程中，难免磕磕碰碰，产生各种冲突。这就要求孩子主动面对和解决诸多问题与矛盾。

很多时候，教师担心孩子无力应对冲突，就有意识地采取各种方式避免矛盾发生。比如，教师担心玩伴太多会引发争抢，就在活动区入口处贴上一对对脚印以限制人数；但又担心人太少，游戏无法顺利进行，于是又煞费苦心地“诱导”孩子参与。当教师不遗余力地将冲突扼杀在摇篮里，或许能换来孩子间表面的和谐共处。但教师也需要思考：在这份“拳拳爱心”的背后，是不是错失了许多鼓励孩子解决问题的契机呢？

一天，在游戏现场，“银行”里那台孩子们自制的“取款机”格外引人注目。浩浩和林林兴致勃勃地冲过来，都想管理这台新机器。浩浩拼命地挤着林林，嘴里还不断念叨：“是我先来的。今天我要当管理员。”林林也不甘示弱，用身体挡住新机器，振振有词地说道：“我昨天就打算今天来管这台机器了。”林林提及的时间比浩浩更早。

这样的争执持续了五六分钟。浩浩发现自己怎么也挤不到新机器前，终于还是没忍住，眼泪唰唰地流下来。林林见浩浩哭了，有些紧张，担心惹哭同伴会遭到其他小朋友和教师的责怪。只见林林迅速转身面对浩浩，一边快速地帮浩浩抹眼泪，一边信誓旦旦地说："我们商量商量。"

听到有商量的余地，浩浩的情绪明显稳定了一点。可林林会出什么主意呢？

"要不今天你让我管，明天我让你管。"林林说出了第一个想法。

"不行！"浩浩可不傻，一听就觉得不妥。要是他同意这个主意，那他今天就彻底出局了。

浩浩再次噘起嘴。林林见状，意识到这个主意实在不怎么样，便连忙用手捂住浩浩的嘴巴，着急地说："你别哭！要不你上早班，我上晚班。"

浩浩停止了哭泣，觉得这个主意对自己有利。

在接下来的游戏中，浩浩心满意足地站到机器前。尽管林林在一旁不停地指手画脚，仅仅才玩了 10 分钟，林林就大声宣布"时间到，该换班了"，但迫于约定，浩浩还是依依不舍地把玩具让给林林。

听到这个故事，很多教师都会有熟悉的感觉，因为这样的矛盾在幼儿园的一日生活中极为常见。但在这次冲突中，我们欣喜地看到林林通过两次尝试，最终成功化解矛盾，也能推断出未来浩浩不仅会关注早晚班的分工，还会进一步协商早晚班的工作时间。

实际上，教师在确保安全的前提下，把矛盾留给孩子，往往能看到孩子的智慧谋略。当然，也有教师会疑惑：要是孩子解决不了矛盾，向老师求助，该怎么办呢？有经验的教师会说，要为孩子营造和谐友爱的环境，提供相互合作的机会，传授解决问题的方法，借此引导孩子培养坚强、勇敢、宽容等心理品质。这些理念和举措固然正确，但对教师来说，关键是要掌握冲突现场的处理方法。

曾听一位教授说，有位国外教育专家统计过，当小 A 和小 B 两个孩子发生冲突，小 A 向教师告状时，教师常见的回应方式有以下几种："谁都不许玩，都到我身边坐着。""小 A，你是好孩子，可以让着点小 B。""小 A，我再给你一个，别再找小 B 了。""小 B，你又惹事，今天不许玩了。""小 A，你怎么老是来告状？""别吵了，我们定个规则，小 A 先玩，小 B 后玩。"……毋庸置疑，在教师这样的干预下，冲突会很快平息。但这种处理方式似乎缺乏专业水准，会在不经意间让孩子认为教师是敷衍、专断的。

这显然不是我们想要的结果。我们期望展现的是公平公正对待冲突的态度、有礼有节的处置方法,以及让双方都心悦诚服的结果共识。因此,我们需要心平气和地倾听事情原委,基于孩子发展进行价值判断,更要有睿智的回应。

当所有教师不再刻意防患于未然,当我们有足够的胸怀,不再将孩子间的冲突视为坏事,当我们能敏锐捕捉幼儿间的冲突,并以专业的态度给予恰当的教育时,孩子的处事能力和教师的专业水平都将得到切实发展与提升。

在游戏中“坚守岗位”

游戏,本应是儿童按照自身意愿尽情展开的过程。然而,在过去相当长的时间里,孩子们真正自发、自主、自由开展的游戏鲜少看见,因为教师设置的各种“无形束缚”制约着儿童游戏的自然发展。

记得有一天,我走进一所幼儿园的小班教室,孩子们正在做游戏。只见四个小医生安静地坐在“医院”里,各自坚守着“挂号”“看病”“打针”“配药”的岗位。

过了许久,都没有病人前来就诊。小医生们也都无精打采地等待着。其中一个小男孩吸引了我的目光,他直直地盯着地板,两条又浓又长的鼻涕挂下来。我忍不住走上前,一边用餐巾纸帮他擦拭,一边温和地提议:“宝贝,现在没有病人,你先去玩会儿,我帮你守着。要是有人来看病,我就叫你回来,好不好?”我的本意很简单,希望能让孩子们摆脱这种消极等待的状态,给他们更多自由玩耍的机会。可没想到,小男孩却用坚定的语气拒绝了我:“不可以,我要坚守岗位!”

当“坚守岗位”这四个字从一个入园仅三个月的小班男孩口中说出时,我的心情颇为沉重。我深知,这样的观念不太可能源自家庭,也明白教师本意或许是维护游戏秩序和培养孩子的责任心。但当我们在孩子这张“白纸”上留下这样一笔时,难道我们内心不该有一丝遗憾和忧虑吗?

这时,教师热情地上前询问:“小医生们,今天有人来看病吗?”他们纷纷摇头。于是，教师接着说："大家想一想，有没有办法让人来看病呢？"说完，便留下这个惯用的"启发"转身离开了。

四个孩子面面相觑。终于，流鼻涕的小男孩说道："我有办法了，叫娃娃家的人来看病。"说完，他便对着教室另一头的娃娃家大声呼喊："来看病呀，医院开张啦！"受小男孩启发，负责"打针"的医生也积极响应，还特意强调："欢迎大家来看病，打一针送一针哦！"

听到这样的"广告"，我真是哭笑不得。我并不想责怪孩子们，毕竟孩子们的认知水平决定了他们常常会创造出与成人常规认知不符的情节。孩子们基于自身的认知经验，将超市买一送一、理发店洗一送一的促销经验不假思索地套用到看病打针上，却并未意识到"打一针送一针"的说法违背了公序良俗。

实际上，作为教师，我们需要深入思考：出现这种状况的根源究竟何在？本质上，其根源正是教师所制定的那些看似能保障秩序、培养孩子责任心的游戏规则。

在游戏中，类似坚守岗位的现象屡见不鲜。无论是理发店、小吃店，还是银行、美容院、超市等场所，每个地方都设定了相应的角色。一旦缺少顾客，许多主题活动便陷入等待的僵局。如果此时教师一味强调坚守岗位，那么绝大多数幼儿在游戏时间里，就只能在各自的岗位上无奈地自娱自乐。

我时常回忆起童年时的弄堂游戏。那时，我们会依据参与人数来共同商定玩什么游戏；在玩的过程中，如果觉得无趣了，便会商量换个玩法。整个过程没有成人的指导，完全由孩子自己做主。如今，有了成人参与的游戏，却似乎失去了原本应有的乐趣。满心期待投入游戏的孩子，往往如同碰运气一般，无法确定游戏中是否会有同伴与自己互动。也许幸运的话，当天游戏高潮不断；但也可能运气不佳，自始至终都是冷清场面。甚至，孩子们可能连关店或离开的决定权都没有，因为一旦进入游戏场景，就得满足教师的期望，坚持到游戏结束。被这样限制之后，孩子们似乎只能通过宣传广告、画广告纸、招揽顾客、打折促销等方式，让自己看起来有事可做。我不禁琢磨，如果一个孩子周一选择在理发店，周二去了医院，周三又在银行，但每次都遭遇了"生意冷淡"，那么他岂不是要日复一日地重复这些招揽顾客的行为？

我特别欣赏上海市静安区南西幼儿园郑弘老师与孩子们一起玩游戏的方

式。她常常告诉孩子们:“游戏,就是要想办法让自己玩得开心。因为游戏时间有限,所以千万别傻等着。有人来的时候,想想自己该做什么;没人来的时候,更要想想还能做些什么……”在她的引导下,孩子们积累了丰富的经验,能灵活应对游戏中出现的各种状况,时常呈现出精彩纷呈的游戏过程。

对此,我感慨万千:究竟是为了便于管理,规定孩子不许离开,期望借此培养孩子的责任心,还是教会孩子依据不同情境,学会合理安排自己的时间,哪种方式更有价值呢?不同的教育行为反映出的是教师截然不同的游戏观和儿童观,这着实值得我们深入思考。

做好游戏观察,开启走近幼儿的旅程

有一次,我从一个被观摩者的角度发现,前来观摩公开教学活动的教师更专注于游戏结束后我组织的分享交流以及我的集体教学活动,而对我和孩子们的游戏过程却不那么感兴趣。我试图寻找这一现象背后的原因。比如:游戏内容源于孩子昨日的经验,观摩教师未必知晓;同时,在今日的游戏现场,孩子们沉浸于情节的不断变化,没有关注到周围的人。如果没有持续观察,仅靠走进教室的短短几分钟时间,确实会有“丈二和尚摸不着头脑”的感觉。

一批批前来学习的园长和教师拿着越来越先进的电子设备进入园所,在继续热切关注集体教学活动的同时,逐渐将目光转移至教室里的个别化学习材料:“这个怎么玩?”“这个‘搬’回去挺方便的。”这让我的内心产生一丝忧虑:同行们出来观摩学习、参与研讨,究竟该学些什么呢?如果忽视孩子与材料的互动过程,仅仅把一套套材料“拍回去”,或许能暂时解决他们“有米下锅”的燃眉之急,但这样收获的“鱼”,又怎能转化为“渔”,实现真正的可持续发展呢?

我曾经和我的基地学员讨论过这个话题。学员们既理解教师外出观摩时渴望多收集信息的迫切心情,又一针见血地指出,“很多拍回去的内容未见得好用,因为不同的孩子往往有着截然不同的学习过程和结果”。由此,一个极有价值的问题浮现出来:我们究竟是要做简单的搬运工,还是成为真正的观察者和思考者?

于是,在那几年开展名师基地活动时,我们在走访不同园所、观摩不同学员执教活动的过程中,自发形成了一个观察规则:在40分钟的区角活动现场,实施“30+10”的分段观察。前30分钟,用于满足观摩者捕捉所有信息的需求;后10分钟,用于鼓励观摩者选择一个点,站稳脚跟,不说话、不行动,仅仅专注观察。

10分钟,时间虽不长,但对习惯走马观花的观摩者来说,静下心来用10分钟仔细观察一个点,还是能看到许多现象的。

在教室里,有个大班男孩无法按照教师提供的步骤图完成折纸作品。10分钟内,他找了三个不同的步骤图,拿了三张纸,最后只能请同伴帮忙折成一个作品,这才松了口气。从男孩如释重负的表情可以大致推断,“完成一个作品”是班级教师规定的任务。然而,教师既没发现男孩找人代做作业,也没意识到看懂步骤图、折出作品对这个男孩而言是一个暂时无法完成的任务。

有个中班男孩蹲在大树下,用彩泥制作乌龟和小鱼,还搓了许多长条当作池塘里的水纹。他一边搓一边哼着小曲,偶尔还会督促周围的同伴:“你快点画呀!”观察许久的教师忍不住问男孩:“这是你做的‘春天的幼儿园’吗?”男孩干脆地回答:“不是,这是我家小区里的池塘。”

在大型滑梯上,小班的旭旭突然发现一只蜘蛛,便迫不及待地告诉老师,还大声呼喊伙伴们一起来看。虽然他的呼喊没引来太多伙伴关注,但在这10分钟里,他不断在滑梯的各个角落寻找蜘蛛,教师也跟着他在各种洞口、楼梯角落里找。最后,他回到最初发现蜘蛛的地方,和蜘蛛说起了悄悄话。

10分钟,不说话、不行动,仅仅专注观察,学员们的体会十分深刻。

有学员说:“如果只看1分钟,我的关注点肯定在材料及其玩法上。但当我可以观察10分钟时,孩子与材料如何互动、孩子具备哪些经验、还缺什么等,这些情境都映入我的眼帘。”

还有学员说:“那个男孩在为妈妈编织围巾,前8分钟,我对材料的设计与提供、孩子的兴趣以及玩的过程都很赞赏。可到了8分钟左右,男孩求饶说:‘老师,我可不可以不编了。’这句话让我意识到,我的坚守有了特别的意义。我掌握了这个孩子对这份材料的坚持程度,进而反思材料提供应因人而异。”

学员们的有感而发，让我看到了希望，也看到了倡导教师在观摩现场“站稳10分钟”的可行性和重要意义。

关于“站稳10分钟”，我和学员们达成以下共识：10分钟并非一个固定不变的时间概念，其实质在于强调教师要养成定点观察的习惯；10分钟里不说话、不行动，仅仅专注观察，并非让教师不作为，而是倡导教师通过专业的眼光发现孩子在活动中展现出的不同兴趣和水平，从而反思材料设计与投放中存在的问题，作出真正有效的回应和调整。

事实上，如果每名教师每天能多几次“站稳10分钟”，便能看到每个幼儿在活动过程中的生动表现，并在持续观察中与幼儿同频共情。

每名教师每天多几次“站稳10分钟”，本质上是一种真正意义上的“因上努力”。教师在扎实做好班级观察的过程中，会不断复盘、追溯背景、审视自我，并基于观察到的证据展开有意义的反思和调整。

每名教师每天多几次“站稳10分钟”，能切实促使教师从幼儿视角出发，用幼儿的思维解读幼儿，用幼儿的逻辑回应幼儿，助力教师思考如何在幼儿生成与教师预设之间建立联系，为未来课程设置提供有益参考。

长久以来，我们习惯了蜻蜓点水式的观察和走马观花式的学习，总是匆匆从孩子身边走过，却忽略了静下心来、慢下来观察孩子的真实模样。因此，未来每名教师在每天的游戏现场或一日生活的诸多环节中，都应多几次“站稳10分钟”。

游戏后的“画语解读”

近些年来，随着对幼儿园自主性游戏的深入研究与实践，游戏已然成为幼儿在园生活中最喜爱的一类活动。然而，游戏后的分享交流环节，其整体实施质量却不尽如人意。

2016年底，我们对全市18所优质园（包括市一级园和市示范园）、20所二级园中的1178名教师进行调研，旨在了解幼儿教师在角色游戏后的分享交流环节的具体做法和想法。

调研结果显示，近60%的教师认为游戏后的分享交流应以幼儿表达为主，但只有20%的教师认为应给予每个幼儿表达游戏中最想分享之事的机会。由此可知，在角色游戏后的分享交流环节，班级中只有不到20%的幼儿有机会分享自己的游戏故事。此外，25%的教师除了组织集体谈话外，还会采用自由记录、个别交流等方式进行分享；37%的教师认为当前很多分享交流活动质量欠佳，原因在于幼儿只对自己分享的内容感兴趣，不愿倾听别人分享的内容；27%的教师认为分享交流活动质量欠佳的原因是教师不了解幼儿的游戏兴趣，因此常围绕自认为应该聊的话题展开讨论。

从教师普遍反映的困惑看，在游戏后的分享交流环节，最难把握的是选择何种话题与幼儿交流、何时切入话题、如何进行交流等。但其实，导致游戏后的分享交流环节整体质量不高的原因主要是广大教师未能充分认识到该环节是游戏的重要组成部分，并且许多教师在游戏过程中缺乏细致观察与识别能力，无法与幼儿产生共情，因此难以挑选出幼儿真正感兴趣的话题和问题。

基于上述问题，我们开始思考：是否可以围绕幼儿园游戏活动的分享环节进行新的尝试？有没有可能突破传统的分享交流形式，让幼儿把自己在游戏中的体验和想法画下来，从而为大多数幼儿提供表达感兴趣内容的机会，改变“只有3—4名幼儿讲述，大部分幼儿没机会表达”“一段时间后，班级里的讲述机会往往集中在少数幼儿身上，多数幼儿长期充当听众”的状况？

我们也深刻反思：教师所选择的交流内容真的是幼儿最想表达的吗？如何改善教师随意选择和空谈的现状？采用何种方式能让教师关注到那些几乎没有机会站到台前的幼儿，并不断反思自己发起的话题与幼儿需求的契合度？

为此，我们开展了以“幼儿游戏故事之‘画语解读’的探索与实践”为主题的研究，致力于为更多幼儿提供表达内心世界的机会。经过一年多时间的实践探索，这一研究是否真的有助于教师更进一步地走近幼儿？这一研究对教师了解幼儿的所思所想是否具有积极意义？为此，我们组织参与研究的青年教师畅聊他们的实践体验。

我们发现，教师们总体认可这一过程。

L教师说：“我所理解的‘画语解读’，就是在游戏结束后，教师鼓励幼儿把自己在游戏中最想跟大家分享的事用绘画的形式记录下来，而教师负责倾听、记录幼儿在游戏过程中的所思所想。”

N教师说：“这是集体分享交流之外的另一种形式。对教师来说，它可以弥补集体分享的不足，为教师提供一种更实用的倾听和了解幼儿的渠道。”

T教师则认为：“与传统的集体分享相比，教师借助一张纸、一支笔，让班级里更多的幼儿每周至少有1至2次机会讲述自己的故事。其实，这种形式操作简便。”

我们发现，在新操作、新探索中，幼儿普遍呈现出“乐于参与、积极表达”的状态。

N教师说：“我对班级孩子做过一次调查，询问他们更喜欢传统的集体谈话，还是画一画、说一说的方式。当天的24个幼儿中有23个表示更喜欢后者。”

Y教师说：“在传统的分享交流中，往往只有3至4个幼儿讲述游戏故事，而现在通过一张纸和一支笔，更多孩子获得了自我表达的机会。那些平时几乎不上台的孩子，原来也有特别想要告诉大家的事。”

T教师认为：“大部分孩子并不在意自己画得像不像、好不好，因此只要教师不以美术标准评判，而是借此了解、读懂孩子的想法，孩子在记录时就基本没有心理负担。”

J教师着重介绍了她的经历：“在一场游戏中，我重点观察了2个幼儿的游戏，并倾听了他们记录的游戏故事。很有意思的是，他们都画了当日游戏中失败的过程，还讲述了原因。因此，我觉得对游戏故事进行记录，有助于幼儿们思考、评估自己的游戏行为，或许还能激发他们对次日游戏的期待。”

L教师说：“我常常在班级游戏中重点跟踪一个主题，观察幼儿的游戏过程。游戏结束后，我会有意识地查看这个主题中所有幼儿记录的游戏故事。我发现，大班幼儿的记录与游戏过程基本相符，其中最大的差异在于每个幼儿关注的内容不同。比如，有的幼儿满足于自己扮演的角色，有的幼儿喜欢与某个小朋友一起玩，有的幼儿则对自己研究的机器感兴趣……幼儿们呈现出的这些差异，为教师提供了分析个体差异的重要信息。”

我们发现，新操作、新探索对教师了解个体幼儿的所思所想及其情感体验具有积极意义。

J教师说："幼儿通过纸和笔向我讲述着他们的经历。比如，游戏结束后，昕昕拿着红色蜡笔在纸上画了一圈又一圈的线条。我起初以为他在乱画，便特意与他交流。结果，他指着线条的一端说：'我是警察，从这里出发，一边走一边找坏人，看看有没有小偷。我在娃娃家的外面巡逻，还会到小吃店和公共汽车里面寻找，找了一圈又一圈。'他边说边用手在纸上画圈。那一刻，我很庆幸自己倾听了他的介绍。"

T教师说："我曾经看到这样一幅画作，画面是两个小班孩子的轮廓，轮廓的四周是以粗犷折线呈现的涂鸦笔触。直觉告诉我，记录者表达的并非愉快的事情。于是，我与画作的主人小博进行了个别交流。我了解到，原来小博和同伴曾在水果大卖场争抢一个纸箱，最终小博放弃箱子，选择去大剧院看演出。对于这个游戏中的小矛盾，作为教师的我并未及时察觉。但小博的记录让我反思，在日常游戏观察中，我们常看到孩子的外显行为，却不了解孩子的内心感受。尤其是一些性格内向的孩子，其谦让行为背后或许有许多难以释怀的情绪。通过'画语解读'，我了解到孩子的经历。这促使我更多地关注此类问题。"

当然，在新操作、新探索中，不少教师也存在困惑。同时，这些困惑也能激发他们进行思考和探索。

N教师感慨："我发现，有的孩子画的内容与玩的内容完全不匹配。比如，有个孩子一直在建构区搭积木，哪儿也没去，但他的游戏记录里却有大海、房子，还有很多小人。此外，他还说：'我今天既去了医院，也去了娃娃家，还去了超市，买了很多东西……'"

Y教师解释道："这个孩子只是沉浸在自己的想象中，不必纠结。退一步说，即便真的出现孩子玩的、画的、讲的内容不匹配的情况，这本身也是一种信息，能让我们发现孩子的特点和发展水平，因此也称得上是一件好事。"

N教师还说："我认为，孩子脑海里的游戏尚未结束。如果记录游戏故事能让孩子继续沉浸在游戏中，那么这种记录一定会深受孩子喜爱，并且更具生命力。"

在访谈中，部分教师提出的问题引发了热烈讨论。

S教师感慨："我常常惊讶于我和孩子的想法相差甚远。我看到了孩子们精彩的游戏过程，认为有些内容非常值得分享，但孩子们的记录却与我的预期不匹配。作为教师，该不该主动揭示那个精彩且值得分享的内容呢？”

L教师回应道：“孩子们的兴趣与教师认为有价值的内容不一致，这是常有的事，不必纠结。”

Y教师说：“其实，在孩子记录之前，我一直觉得自己很了解孩子，但现在我常常发出‘好吧，原来你和我想的不一样’的惊叹。”

L教师继续说：“过去，我们常组织幼儿讨论我们认为重要的事。如今，看到这种差异，未必是坏事，至少能提醒我们发起讨论话题时要谨慎。”

N教师补充：“在孩子们记录游戏故事以及教师进行‘画语解读’后，我们意识到师生之间在价值判断上存在诸多差异。当我们想追随孩子们真正的兴趣热点时，则要斟酌到底应该选择何种话题。”

另外，在研究过程中，教师们还面临时间分配的挑战。

T教师说：“我大致统计过，如果要倾听、记录全班30个孩子的游戏故事，那么至少需要40至60分钟，远远超过传统意义上的现场集体交流的时间。”

J教师说：“我并不强求自己每次倾听、记录全班所有孩子的游戏故事，而是会重点关注一些主题和个别孩子。当然，我也会给自己设定目标，在一段时间内确保倾听到所有孩子的表达。”

N教师说：“我尝试让搭班教师一起利用自由活动、离园活动等环节继续倾听和记录。此外，我们幼儿园的有些班级还邀请有兴趣的家长参与，或者运用电子设备保留孩子的画面和记录孩子的语音等。”

在这一话题的讨论中，教师们感受最深的是，几乎每天都有很多孩子记录完游戏故事后，积极跑到教师身边，急切地想要与教师分享。

纵观整个研究，这是一场基于实际问题展开的探索，历经“寻找问题—提出假设—实验验证—梳理经验”的过程。对教师而言，新样式探索易于上手，但幼儿“画语”的过程并非一蹴而就。因此，很多教师会面临“真的一定要画吗”“有的幼儿绘画能力较差怎么办”“有的幼儿不喜欢且不愿意画怎么办”“小班幼儿能否适应”等问题的挑战。面对这些问题，我们要牢记初心，保持良好心态，坚信方法总比问题多。

此外，整个研究最大的突破在于为更多幼儿提供了表达所思所想的机会。

我们通过分析幼儿“画语”过程对其学习与发展的价值，意识到幼儿“画语”过程有助于其熟练使用纸笔，发展手腕灵活性和手指力量。同时，幼儿在一次次“画语”中积累记录故事的经验，有助于其更清晰地记录自己的经历，包括时间、地点、玩伴、游戏内容、遇到的问题、解决方法、情绪感受等。本质上，这是幼儿撰写记叙文、习得前书写能力的过程。如果教师能在游戏过程中更直观地看到游戏行为和情节展开，那么或许就能从“画语”中读到更多幼儿的情感和社会性发展。这一过程实则也是幼儿表达情绪情感的过程。

需要特别指出的是，这一探索并不取代原有的游戏后的分享交流环节，可同时使用。期望两种方式能相互促进，实现补充增效。另外，为幼儿提供记录游戏故事的机会，应被视为游戏的组成部分，旨在继续彰显幼儿园游戏活动自发、自主、自由的特质。在实施过程中，教师应充分尊重幼儿的记录意愿，切忌提出“人人必须画”“既要画得好，也要画得完整”等要求；也不能给幼儿布置额外任务，如让幼儿记录教师认为精彩、有意义的内容，以免异化自主性游戏的定位。

绝大多数幼儿期望与教师分享自己的游戏故事。事实上，当教师倾听幼儿讲述时，便拥有了与幼儿单独交流的机会。因此，教师应珍惜这种个别互动的机会。这不仅是了解幼儿、转变儿童观、提升师幼互动质量的良好渠道，还为提升教师发起话题的有效性提供了可能。

未来，教师还可以对幼儿的游戏故事进行归类与梳理，整理幼儿的共性问题、个体需求以及教师忽略的内容、意外生成的内容等数据，甚至可以据此设计游戏外的课程活动，以回应和支持幼儿的发展。

听幼儿聊游戏中的那些事儿

每次游戏结束，幼儿们的状态各异。比如，有的幼儿心满意足，有的幼儿略带遗憾，有的幼儿尽情尽兴，有的幼儿意犹未尽。于是，教师便组织幼儿围坐在一起，分享交流各自在游戏中的经历和体会。

或许由于这是经常在做的事甚至是每天都在做的事，“如何组织一场高质量的分享交流活动”便成为园长和教师关注的焦点。

几年前，我曾专门撰文，提炼出教师在组织游戏后的分享交流活动时的几个关键要点，如在内容选择上应捕捉闪光点、聚焦矛盾点和诠释未知点。然而，这样的建议真的有效吗？那些所谓的关键要点是否依然是教师想抓而又常常抓不到的难点呢？

很多时候，我依然会看到教师将自己在游戏中看到和经历的过程作为组织幼儿分享交流的主要内容。这让我不禁为那些在整场游戏中都未受到教师关注的幼儿感到担忧。他们在游戏过程中快乐吗？又有怎样的体验和想法呢？

很多时候，我看到教师紧抓着某个幼儿在游戏中的一个瞬间或片段，不停地提示和启发其他幼儿，迫不及待地组织全班幼儿进行模仿和学习，仿佛生怕幼儿错过任何一个学习机会。可这种做法总让人感觉有些不妥。我明白教师的本意是推动幼儿游戏的发展，想将幼儿在游戏中的经验传递给大家，认为只要讲过了、议过了、模仿过了，在日后的游戏中，大家就可以广泛运用。事实上，捕捉闪光点体现了教师的责任担当，但我们更需要思考：这些闪光点究竟是教师眼中的闪光点，还是幼儿眼中的闪光点？毕竟游戏是一个自主、自愿、自由的过程，教师如此辛苦施教，又如何确保明日的游戏现场一定会再现这样的场景呢？

而且，在游戏后的分享交流环节，我们常常能明显感受到大量成人思维的充斥。大家给出的理由很直接，作为教育者，有责任让每一个教学环节都富有意义。于是，这个环节被很多教师用来梳理问题、提升经验，并作为拓展课程的平台。甚至有些教师会在这一环节评价幼儿是否动脑筋、是否有礼貌、是否扮演得逼真、是否遵守规则等。如此一来，教师瞬间就能让分享交流环节的氛围变得紧张起来。幼儿们正襟危坐，忐忑不安地接受同伴和教师对自己游戏行为的好坏评判。

在实践工作中，我们还经常听到教师头头是道地分析幼儿的游戏经历，振振有词地阐述当天开展分享交流活动的必要性。但我更关注分享交流的实际效果，好奇教师是否会去验证今天分享交流的内容对后续游戏产生了怎样的影响，以及是否会在幼儿之后的游戏行为中反思分享交流的成效。

其实，我的脑海中时常浮现小时候的场景：每天和小伙伴们在弄堂里尽情玩耍，直到天黑，听到爸爸妈妈喊“回家了”，游戏才结束。满头大汗的我们一边往家走，一边还兴致勃勃地和同伴说：“今天我赢了三次，你才赢了两次。”“今天你耍赖了，我当木头人的时候你偷看了。”“我的沙包有点破了，能不能让你妈妈帮我补一下？”“明天我们叫上×××一起玩，好不好？”……

我突然意识到，这不就是幼儿间自然而然产生的分享交流吗？幼儿们所聊的话题或许并不高大上，但分享交流的内容清晰且实用，明确指向今日游戏和明日游戏，既是对今日游戏的回忆和评价，也是对明日游戏的期望和规划。

由此可见，将游戏后分享交流的话语权还给孩子，鼓励他们聊一聊自己想聊的话题，至关重要。只要有机会，幼儿之间就会自然而然地进行分享交流。这些发自内心的话语，都是幼儿想说且能表达的。因此，多鼓励幼儿表达，引导幼儿学会说自己的事，对低龄幼儿具有积极意义。

有一天，我看到一名教师为了激发小班幼儿开口表达的勇气，巧妙地运用儿歌的形式与幼儿一起畅谈游戏中的事情。

教师领诵：“嘿嘿，我的飞机就要飞了。”

全体幼儿齐声问：“飞到哪里去呢？”

教师回答：“飞到×××那里去。”

全体幼儿又一起问：“×××，今天你是谁？”

×××回答：“我是小演员。”

全体幼儿再次齐声发问：“小演员，今天你在忙什么？”

×××回答：“今天我在……”

就是这样一个简单的问答过程，我看到幼儿们跟着教师兴致勃勃地沉浸其中，说得绘声绘色、津津有味。我由衷地欣赏这名教师的精心设计。她采用了小班幼儿喜闻乐见的方式，通过不断重复且富有韵律的儿歌诵读，吸引幼儿参与其中。这既有助于强化小班幼儿的角色意识，又充分激发了幼儿表达的意愿，支持幼儿大胆讲述游戏故事。

值得一提的是，在组织全班幼儿进行分享交流时，我们发现单位时间内能上台讲述游戏故事的幼儿数量有限，而且很多教师会不由自主地只关注台上的演说者，而忽略了台下众多小伙伴的兴趣。这样的互动即便精彩，也无法实现集体交流应有的价值。因此,如何在集体分享交流过程中,让原本各自独立游戏的幼儿聚焦于同一话题,并激发所有幼儿的参与兴趣,成为所有教师需要面对的一大挑战。

我曾看到一些教师在游戏过程中通过视频或照片记录幼儿的游戏情况。等到分享交流时,这些资料瞬间吸引了所有幼儿的注意力,让他们仿佛身临其境,以及感同身受。我想,这或许是引发共鸣的必要条件。

我还留意到一名经验丰富的教师在组织幼儿交流时,仿佛拥有"眼观六路,耳听八方"的能力。她时不时抛出诸如"你想说什么?""听明白了吗?""他是什么意思?""他说了几件事? 谁还记得第二件事?""这样做到底对不对?""你为什么不同意?""大家有不同意见吗?""有要补充的吗?""他有没有说服你? 为什么?""能不能让我重复一下你的话?"等问题。仔细分析可知,这名教师并没有给出多么高深的总结,只是在过程中发挥了话语调度的作用。但长此以往,班级里的幼儿养成了良好的倾听习惯。不仅如此,她还巧妙地发动群众,通过"还有什么更好的办法吗?""谁能让它变得更精彩?"等问题,激发全体幼儿积极讨论,碰撞出智慧的火花。这与教师的教育机智密切相关。

另外,在组织游戏后的分享交流活动时,教师常常会遭遇防不胜防的尴尬局面。因为参与分享交流的幼儿都纷纷举手,踊跃表达自己感受最深的事情。然而,幼儿并不清楚自己的游戏行为中哪些内容适合在集体中分享交流,他们要么全盘托出,要么就说自己最想说的。这就使得分享交流的内容具有极大的不确定性,可能如教师所愿,也可能与教师的期望大相径庭。

记得有一次,我在组织一场游戏后的分享交流活动时,一个男孩兴高采烈地介绍道:"今天我是小记者,本来想好了三个问题,要去采访娃娃家的妈妈。可她一直在忙,我敲了两次门,她都不开。后来,我就一脚踢开了娃娃家的房门。她没办法,就只好接受了我的采访。……"对于男孩这始料未及的"踢门闯家"情节,我着实吃了一惊,但还算机智地和全班幼儿一起梳理了小记者应该采取哪些方法才会受欢迎,以及采取哪些方法会影响别人。那天,分享交流结束后,我由衷地感慨:"还好有这个分享交流环节,不然都不知道孩子们还有这样的游戏情节。"

可见,幼儿本身并不在乎自己的介绍是否精彩到位,也不会去衡量自己的讲述对他人是否有借鉴意义。他们兴奋的是能充分表达自认为开心的事情，满足于有机会与人分享。对幼儿来说，所谓的高兴之事，涵盖内容十分广泛，如在游戏中构思新情节、学会使用某些材料、制作简单道具、选择合适的替代物、搭建心仪的作品、解决难题、制定新的游戏规则，甚至是从某人手中得到了玩具。这些都可以成为幼儿炫耀与分享的资本。

当我们以包容的心态接纳幼儿的表达并认真倾听他们的讲述时，就一定能从他们讲述的情节、遇到的困难、表现出的情绪以及各种矛盾中找到教育契机。事实不正是如此吗？比如，有个幼儿在分享交流中提及的“小学里的三位老师都上美术课”“我都能看到视力表中1.5的内容了，可医生还要给我看0.3、0.1的内容”“他每天做主持人，就是不让我做”等现象，在游戏中较为常见。捕捉幼儿呈现的这些纷争，并将其作为分享交流的内容进行讨论，有助于幼儿积累面对矛盾时调节情绪的经验，获得解决问题的方法。

又如，游戏中还会出现许多因无知而闹出的笑话。很多教师在忍俊不禁之余，会和幼儿共同聚焦于这些问题并展开讨论：“娃娃家的孩子自己报名参加旅行团，行不行？”“如果遇到紧急情况，消防车能送人去医院吗？”“如果我的好朋友来乘公共汽车，可以不买票吗？”“为什么我的多米诺骨牌倒不下来？”“为什么小球总是停下来？”……这些问题的探讨，聚焦于幼儿游戏中的真实问题，挑战着幼儿的认知，但又是这个阶段大多数幼儿能理解和掌握的经验。这样捕捉契机、讨论问题，既能充分发挥集体交流的价值，吸引幼儿参与，又能为明天的游戏作准备。

深入实践游戏和户外活动的追问

这些年来，游戏作为撬动保教质量整体提升的支点，不仅释放了幼儿和教师的潜能，为上海的幼儿园课程实践注入了活力，还促进了园长和教师对自身实践进行反思，推动了课程领导力的提升。

我们看到诸多积极变化：园所在户外场地为幼儿安装了透明顶棚、可伸缩雨棚、移动遮阳伞等；配备了便于清洁消毒的食品级餐桌，安装了洗手池以支持幼儿户外点心区，甚至解决了幼儿户外活动的如厕问题；越来越多的幼儿园带领幼儿真正走出园所，让一块田、一亩地、一片树林，以及博物馆、图书馆、文化广场、街心花园等，都成为幼儿全方位主动发展的广阔天地；一些条件相对薄弱的幼儿园，不纠结于园舍条件和教师水平的暂时落后，而是引导教师关注幼儿，聚焦对幼儿发展的研究，使教师从中获得对成长的全新理解，找到工作的意义，并开启对自身角色的反思；一些教师尝试将 5 分钟的“画语”记录置于游戏后的交流分享环节的起始，以便迅速捕捉“宝藏”话题，并在剩下的 15 分钟里营造轻松、自然的氛围，从而摆脱发怵和焦虑；还有教师将目光聚焦幼儿，面对幼儿在不同活动中的迥异表现，不再是习惯性地问一句“你们怎么了？出了什么问题?”，而是将视角转向自身，发现精心准备的活动中预设的提问过多，导致幼儿独立思考、自主学习的时间太少，进而找到让幼儿在阅读中成为学习的主人的方法。然而，要想实现全市幼儿园保教质量整体提升，我们就要在现有丰富且深入的实践基础上，静下心来思考并尝试回答以下问题：

问题一：是满足幼儿的愿望，还是满足幼儿的成长需求？

在倡导倾听幼儿、以儿童视角允许幼儿自主设计和开展活动的实践中，我们常以“孩子们喜欢、有兴趣，他们想要这么做”为由满足幼儿，让其快乐成长。

满足幼儿的某个具体愿望与满足其成长需求之间有区别吗？有什么区别？幼儿的愿望可能是无限的，难以全部满足。教师应剖析这些愿望背后的成长需求，从根本上积极回应和支持幼儿成长。比如，越来越多的幼儿园让幼儿参与设计、组织毕业典礼，不是单纯地满足其愿望，而是尊重幼儿渴望独立、展现主动成长的需求，给予他们充分参与、贡献与展现的机会。

问题二：完整、自然、统一的教师在哪里？

我们时常发现，教师在游戏和户外活动中能充分尊重、相信、欣赏幼儿的各种表现，但是在一日生活的其他环节，尤其是在集体教育活动中，会切换到“不够相信、不能欣赏”的模式，总要对幼儿进行指导，甚至说话的态度和语气都与游戏时截然不同。这是为何？为何教师在不同时段和活动类型中表现得割裂、非自然、有区别，而非观念和行动上的完整、自然、统一？这些问题值得我们深思。

问题三：如何看待那些空出来的室内活动空间？

有园长和教师反映，保障2小时户外活动和游戏活动后，原本精心创设的室内活动空间却无暇使用。我们需要思考以下问题：应如何看待和分析这种现象？幼儿园是否对此进行过研讨，总结了哪些具体做法？为何会出现这种现象？原来的室内活动空间和活动内容的目的是什么？在新观念下，这些活动是否仍有必要按原方式开展？幼儿的哪些需求被我们忽视了？对于走廊里、楼梯下那些仅作装饰却与幼儿缺乏实际互动的环境，又该如何处理？

问题四：预设活动重要吗？如何提升其质量？

有教师提出，幼儿自主、自发、自由的活动中蕴含着主动学习的过程和潜在机会；由于幼儿经验丰富多样，原有的课程似乎不再需要。那么，教师是如何应对的？是真的放弃研课，还是因幼儿表现而主动调整课程？如何找到幼儿原有经验、兴趣与教师预设活动的关联？怎样预设才能连接、提升、整合原有经验，且能让幼儿主动参与有意义的集体教学活动？如何使这些活动的设计满足班级每个幼儿的发展需求？

问题五：如何看待原来的特色活动？

部分在艺术教育、早期阅读等方面有深入研究的园长和教师感到困惑：在充分保障户外活动和游戏后，开展原来的特色活动的时间就不够了。那么，是否要放弃这些研究和积累呢？实际上，这是反思的良好契机。我们不应简单否定原有教育的价值，而是要摒弃以往模式化地开展特色教育的方式，回归对幼儿需求和幼儿园课程实践合理性的探讨。比如，将图书裁剪拼贴并组织幼儿谈话的做法，能否培养爱阅读、会阅读的幼儿？我们并非要减少幼儿的在园阅读时间，而是要深入思考，创造更多的机会，让幼儿主动、有意义的阅读真正发生。

问题六：如何在一日生活中自然了解和支持幼儿成长？

我们已习惯在游戏和户外活动中认真观察记录幼儿发展，但在一日生活的其他环节却有所忽视。一日生活是幼儿发展的真实场域。全面了解幼儿在其中的发展,有助于我们更全面、客观地认识每一个具体的幼儿。在与幼儿相处的每时每刻,仔细观察、了解并解读他们的发展,不应该是自然发生的吗?教师了解幼儿的视野何时才能扩展到关注一日生活中的丰富细节呢?

这些追问源自与园长和教师的研讨,也反映出他们在行动中的深入思考。提问和回答的过程同样重要,这正是上海培育具有课程领导力的反思性实践者应有的态度。

身为园长,在带领教师全面建设高质量幼儿园的行动中,至少应承担以下三种角色:

首先是精神领袖。园长要革新观念,敢于质疑,与教师共同面对疑惑,并通过实践探索,努力提升洞察力,并走在教师前面,做教师反思性实践的引领者。

其次是陪伴者。园长要坚持实事求是的原则,走进现场,深入倾听、观察、感知教师的经历,诊断他们的需求,为其开展实践排除障碍,并主动融入教师群体,做教师课程实践有力的陪伴者。

最后是欣赏者。园长要身体力行,虚心向教师学习,不局限于指导和要求,积极引导教师感受幼儿发展带来的成就感和专业提升的幸福感,并站在教师身后,做教师专业成长的欣赏者。

当前,全面建设高质量幼儿园的行动正如火如荼地开展,让我们携手共进,共同推动学前教育事业迈向新高度。

当孩子玩出这样的情节时

案例

你们那里着火了吗?

几个中班孩子自制了一辆"消防车",并在活动室里开心地开着,仿佛自己就是真正的消防员。

有一天，突然有孩子大喊："娃娃家着火了。"消防员闻讯迅速赶来救火。在游戏结束后的交流环节，我和孩子们回顾了整个过程，大家都对消防员的表现赞不绝口，也深刻认识到救火是消防员的神圣职责。

然而，从那以后，班级里几乎每天都会出现一两次"火灾"。消防员甚至会主动询问其他小朋友："你们那里着火了吗?"孩子们也跟着大呼小叫，沉浸在"灭火"游戏中。

在一次游戏结束后的分享交流活动中，孩子们正说着开心的事，这时有个孩子突然喊道："娃娃家着火啦。"我立刻追问："着火是让人开心的事吗?"孩子们纷纷摇头。确实，火灾会造成财产损失和人员伤亡。在现实生活中，谁会愿意遭遇火灾呢？这怎么能是开心的事呢？经过一番讨论，我引导孩子们达成共识，娃娃家、医院、超市、菜场等场所都要严格防范火灾。

可这时，有个孩子提出疑惑："要是再也没有地方着火了，那么消防员和消防车还有什么用呢?"面对这个问题，我陷入了困惑，不知道该如何是好。

随着"幼儿园以游戏为基本活动"的理念逐渐深入人心，大量理论研究和实践案例表明，游戏与幼儿的发展紧密相连。于是，我们看到越来越多的幼儿园在课程实施中重视游戏，坚持不懈地开展各类游戏活动；也看到越来越多的教师积极参与幼儿游戏，学习观察幼儿的游戏行为，分析其行为背后所反映的发展水平，并尝试作出有效的回应。

正是在这样的大背景下，我才读到了"你们那里着火了吗?"这个案例。看到案例中的教师不再对孩子进行手把手的指导，而是让孩子想自己所想，做自己所做，我感到由衷地高兴。但当读到教师陷入困惑时，我不禁回想起自己也曾有过类似的经历。我愿意将自己逐步清晰的思路和解决办法分享给大家，希望能给你们提供一些借鉴。

要想明确问题的本质，先得知道什么是游戏。实际上，广大教师对游戏的本质并不陌生，潜意识里都认为游戏是自愿、自由、自主而快乐的活动。然而，要将这份自愿、自由、自主真正落实到幼儿园的游戏实践中，却困难重重。究其原因，只有一个，即游戏自由带来太多意想不到的情况，这让教师担忧自己无法驾驭。

“你们那里着火了吗?”这个案例,将一个两难问题摆在教师面前。教师苦苦思索:如果顺应孩子的意愿,他们就会天天玩“灭火”游戏,乐此不疲,这实在不符合常理;但要是出手阻止他们热衷的这一情节,那么消防员就真的无事可做了,而且好不容易搭建的消防车也只能闲置在一旁。

分析教师的束手无策,我们不得不承认:当教师不再指挥,开始尊重幼儿的兴趣,允许幼儿在游戏中自主表达和表现时,游戏自由不仅带来了诸多意想不到的结果,还对教师的专业能力提出了挑战。

那么,到底该如何应对呢?我认为,放手、辨析、回应是推进游戏的关键。

第一,放手,让孩子成为游戏的主人,让教师接受更大的挑战。

每个人都有快乐的童年。当成年后的我们围坐在一起,回忆童年的深刻记忆时,常常会滔滔不绝地讲述小时候尽情玩耍的片段。比如,跳皮筋时创造的高度、玩弹珠时打下的距离、斗鸡、丢沙包等。正因为我们曾经也疯狂玩耍过,所以不必担心幼儿的游戏不够复杂、高级。我们要相信,哪怕是看似不起眼的内容,只要是孩子想玩的,并且他们积极投入其中,我们就应该尊重他们,把他们的游戏当作大事看待。

看到“你们那里着火了吗?”这个案例时,我乐了。因为我看到游戏真正实现了孩子的各种愿望。比如,几个中班孩子根据自己的兴趣制作出一辆“消防车”,并开心地驾驶着消防车在活动室里穿梭。在游戏中,还有孩子配合地叫喊:“娃娃家着火了。”于是,消防员迅速驾驶消防车赶到现场。我既能想象到消防员驾驶自制的消防车时那勇猛威武的样子,也能想象到消防员高举水枪认真救火的专注神情,还能想象到消防员离开火场时,周围孩子流露出羡慕崇拜的眼神。因此,我为孩子们的投入和快乐而感到开心。

事实上,这就是我们所追求的放手。当孩子们全身心投入游戏时,游戏就成为他们喜闻乐见的内容,成为他们尽情表达自我的方式。只有当教师把游戏还给幼儿时,才会发现,幼儿做自己的游戏比做教师的游戏更加精彩。在孩子自己的游戏中,他们的需求和兴趣不再难以捉摸,其真实水平也能自然地展现出来。

放手,也会带来诸多不确定性。当我们鼓励孩子想怎么玩就怎么玩时,我们所面临的专业挑战可想而知。不过,我们能否以一种轻松的心态接受这些不确定性呢？或许，我们应该感谢孩子们，是他们为我们呈现了如此意外又精彩的片段，不仅让我们反思教育方式，还促使我们捕捉到许多教育契机。这又何尝不是一件好事呢？

第二，辨析，即从行为中衡量孩子的原有水平，从行为中寻找孩子的最近发展区。

在阅读“你们那里着火了吗？”这个案例时，我反复分析孩子们的兴趣和水平。显然，孩子们对消防员有一些粗浅的认知经验。但仅凭这些经验，他们就能顺利开展游戏吗？

因为孩子们觉得“能”，所以他们每天开着消防车出去“灭火”，而且还能得到同龄同伴的配合，重复演绎着“灭火”的场景。

然而，教师觉得“不能”。教师鼓励孩子们不断丰富消防车的装备，倡导他们展现出消防员的勇敢和尽职。但教师无法接受游戏中频繁“着火”的情节，也不能接受消防员没完没了地“灭火”。教师希望孩子们能自如地扮演好消防员的角色，即有火情时英勇出击，没有火情时也清楚自己该做什么。

其实，在游戏中，类似孩子觉得“能”而教师觉得“不能”的情况还有很多。比如，孩子们看到理发店在招揽生意以及小吃店在大声叫卖，于是小医生们也效仿，通过大做广告来解决没人就诊的问题。那一声声“谁要来看病？看病很合算，欢迎来看病啊……”，让教师感到十分意外。

又如，我们给孩子们丰富了“警察抓坏人”的相关知识。此外，电视里的《东方110》《案件聚焦》等栏目也经常讲述警察为民除害的故事。但与此同时，我们并没有提醒孩子，游戏中谁都不愿意当坏人、谁也不想被抓。结果，我们却反复听到“你是坏人”“我不是坏人”的争辩。最后，连小警察都不知所措：“谁都不肯做坏人，那我到底抓谁呢？”

这里的症结究竟在哪里？显然不在孩子。因为孩子们是本色出演，他们兴高采烈地扮演着消防员、医生、警察等，真实地运用已有的认知经验，在反复练习中模仿这些职业特有的动作。然而，他们没想到，自己符合职业特征的举动，做一次便是英雄行为，可一旦重复演绎，却成了“大忌”。孩子们不明白，现实中人们只有在危难时刻才期待英雄出现，更多时候是希望远离消防员、医生、警察，因为大家都由衷期盼能过上平安、幸福的生活。

显然，这反映了孩子的认知水平与我们传统观念之间存在一定差距。这种差距不在孩子的脑海中，却深深烙印在教师的心中，因此容易引发教师的焦虑。此时，教师更要关注孩子的最近发展区。比如，不仅要帮助孩子更全面地了解消防员，知道消防员在没有火警时会进行大量的训练活动，还要引导孩子观察日常生活中人们以预防火灾为主的行为。

说到这里，教师紧绷的神经应该能有所放松，一度纠结的问题似乎也得到了解决。没错，有效的辨析能帮教师找到问题的症结，让教师的焦虑降到最低。

第三，回应，教师仅是"年长一点的玩伴"，要以尊重和满足孩子的意愿为前提。

和孩子一起做游戏时，教师不再是策划者和指挥者，而要牢记自己只是那个"年长一点的玩伴"。所谓"年长一点的玩伴"，是指教师以玩伴的身份参与游戏，了解孩子的想法。因为教师年长一些，所以可以在情感、能力、方法、认知等方面给予孩子适时适度的回应。这种长者的回应包括：有时认同孩子的游戏，让其自由发展；有时找来现成物品，给予孩子物质支持；有时诱发新的游戏情节，拯救低迷的主题；有时组织讨论，帮助孩子整理原有经验；有时传授一些新经验……

在"你们那里着火了吗？"这个案例中，我看到教师在幼儿游戏过程中发挥了"年长一点的玩伴"的作用。比如，及时捕捉游戏中的瞬间，引导孩子们关注消防员的工作，让孩子们认识到救火是消防员的天职；关注分享交流中孩子们的表达，及时追问"着火是让人开心的事吗？"，引导孩子们了解火灾的危害，认识到生活中的很多场所都要严防火灾……我为教师的敏锐和适时介入感到欣慰。

曾经有教师以"你们那里着火了吗？"这个案例为例进行提问："如果我在游戏中发现问题，运用各种有效手段帮助孩子建立新经验，可孩子却依旧乐此不疲地演绎'起火''灭火'的情节，我该怎么办？"

这个问题让我想起自己的童年。小时候，明知道冬天玩水会弄湿衣服、冻坏身子，但只要有机会，我们还是会忍不住泼水、打水枪，在弄堂里嬉笑玩耍，把家长的责骂抛在脑后；明知道下棋时要遵守落子无悔的规则，可有时为了赢，还是会想方设法钻空子，甚至对耍赖后获得的胜利沾沾自喜……由此可见，有时候，"故意使坏"也能让游戏充满乐趣。

当教师发现孩子们已经有了一定的认知水平，却不愿意接受成人的意见或建议，完全沉浸于“故意使坏”带来的满足感时，教师除了要反思自己的建议是否合适外，还能做以下两件事：一是向孩子们学习，仔细研究孩子们的行为，看看是什么样的行动如此吸引他们，以至于对教师的建议置之不理；二是静静地等待，等待他们对这种玩法的热情逐渐消退。或许，这也算是一种长者的回应。

事实上，相较于事先预设目标和过程落实目标，相信更多教师会乐意接受这种长者的回应。这种方式尊重了“幼儿在前，教师在后”的关系，体现了教师的教育机智，让孩子和教师在游戏中实现双赢。

幼儿的快乐很简单，但这份快乐更需要成人的细心呵护，因为它常常会在教师的一个疏忽或稍稍的“不认可”中突然消失。因此，教师应学会观察游戏，从孩子的行为分析其原有水平和最近发展区；明确自己只是“年长一点的玩伴”，支持并回应孩子的游戏；保证游戏的趣味性，带着一颗永远的童心，让孩子体会游戏的乐趣和分享游戏的快乐。最重要的是，教师应不折不扣地赋予幼儿游戏自由，尽管“玩什么，孩子说了算”从本质上对教师的专业能力提出了挑战。

从游戏中的“扫码支付”谈起

案例

由“扫码支付”引发的风波

在超市游戏里，孩子们玩出了对着墙壁扫码支付的新奇情节。这一玩法迅速吸引了众多孩子纷纷效仿。

张老师原本以为新出现的扫码支付会和一直以来使用的钱币支付方式并存，可现实却让她始料未及，几乎所有顾客都对扫码支付青睐有加。这让张老师陷入了纠结：在以往游戏中，孩子们辨认钱币面值、比较钱币面值大小、兑换不同面值钱币等学习过程，如今都因扫码支付而消失了。那么，是否还应继续支持孩子们在游戏中的扫码行为呢?

在游戏分享会上,张老师抛出了心中的疑问。同事们各抒己见:有的认为扫码支付对大班孩子来说太过简单,更适合放在小班和中班游戏中;有的认为游戏应让孩子体验不同职业赚钱、存钱、取钱的流程,借此认识钱币,进行简单加减运算,培养初步的金钱观念和消费理财意识;还有的担心孩子们根本不了解爸爸妈妈手机里的钱从何而来,以及购物时钱是如何流转的,因此手机支付方式可能会让孩子们误以为钱是取之不尽的,只要扫一扫手机,就能买到任何想要的东西,从而导致他们对金钱和交易概念模糊不清。

张老师觉得同事们的担忧不无道理。于是,她想出了一个自认为两全其美的办法:在游戏过程中,不阻止孩子们扫码支付,但在游戏结束后,要求孩子们计算自己在游戏里总共花了多少钱;对于扮演收银员的孩子,则要求他们记录每一笔消费,并算出一共赚了多少钱。然而,这个方法在实施过程中遇到了现实难题,如统计的金额常常超出孩子们的计算能力范围。

张老师再度陷入困惑:究竟该如何在儿童兴趣、经验以及教育目标之间作出取舍呢?

前阵子,有幸看到郦老师分享的这个关于游戏中幼儿生成"扫码支付"的案例。对于游戏里个别幼儿创造出用手机扫一扫的情节,相信很多教师都不会感到意外;当其他孩子看到这一有趣举动,纷纷跟风模仿时,这种涟漪效应也似曾相识。在游戏中,类似的模仿行为屡见不鲜。张老师在这一情节刚出现时,给予孩子们充分的理解和支持,并尽量满足孩子们的需求,这一点让人欣慰。同时,我也理解张老师在观察孩子们一段时间后内心所产生的纠结:这样的游戏只有对价格数字的认知,却缺失了辨认钱币面值、比较钱币面值大小、兑换不同面值钱币等学习过程。

实际上,教研组的其他教师也同样难以释怀。在许多教师眼中,"扫码支付"这个连小班幼儿都能轻松完成的动作,对大班幼儿而言过于简单,缺乏挑战性。大家都希望看到幼儿在买卖过程中进行简单的加减运算,进而建立起初步的金钱观念和消费理财意识。甚至还有教师担心,便捷的手机支付方式可能会让孩子们误以为钱是取之不尽的,只要扫一扫手机,就能满足所有的购物需求,最终导致他们对金钱和交易概念一知半解，无法深切体会父母挣钱的艰辛。为此，张老师采取了相应的回应措施。比如，她鼓励孩子们在每次扫码后，将花费的金额记录在小本子上，并计算出总共的收支情况。但最终，张老师还是在孩子们难以精准计算的现实面前败下阵来。

围绕上述案例，不禁让人想起华东师范大学朱家雄教授曾说过的话："游戏就是上天赐予孩子的礼物。"近年来，随着教育改革的持续深入，国内外关于幼儿游戏理论的书籍不断涌现，不少省区市还专门出台了幼儿游戏的教师指导用书。尽管有如此丰富的研究基础，也有越来越多的专家呼吁"相信孩子天生就会游戏"，但在实际教学中，众多教师依然面临各种实践困惑。基于此，本书将从以下三方面展开讨论：

一、游戏是原有经验的反映，悦纳幼儿的重复行为能折射出教师对游戏的认知

毋庸置疑，游戏是幼儿毫无保留地展现自身兴趣、反映已有认知的过程。当一个孩子从未听闻、见过或体验过飞机，那么他的游戏里肯定不会出现与飞机相关的情节；当一个孩子频繁乘坐地铁，并且认真观察、深切体验过，那么一旦某天的游戏涉及地铁，他便会自然而然地表达出自己对地铁的认知经验，其中他最感兴趣的部分往往会高频出现。案例中的收银员康康是第一个想到"扫码支付"的孩子，而且是在顾客现金不足的情况下，提出了这个解决办法。显然，他应该是跟随家人经历过类似场景。独特的经历和经验让他在游戏中顺理成章地想出了这种崭新的支付方式，成功化解了游戏中的突发矛盾。

从围绕康康的创意吸引了众多追随者这一现象看，我们有理由相信"扫码支付"对多数幼儿来说并不陌生，它是当今幼儿日常生活中的常见场景，绝大多数幼儿都积累了相关经验。关键在于，"扫码支付"之所以能引发众多幼儿的跟进模仿，本身就表明幼儿对"扫一扫"这一动作以及背后的神奇现象充满好奇。尽管幼儿可能并不理解买卖双方实际存在的扣款或收款记录，但他们切实遵守着买东西要付钱、卖东西要收钱的基本规则，并且在连续几天的游戏中，乐此不疲地重复着这一过程。

实际上，案例的关键转折点在于，张老师能欣赏收银员康康解决问题时的聪明才智，却无法坦然面对幼儿连续几天乐此不疲的行为。张老师没有意识到，反复扫码的背后是幼儿对新型支付方式的强烈好奇，是他们对购物规则的理解。甚至在教师内心深处，认定这并非一个“智慧”“高级”的过程。殊不知，对幼儿而言，游戏本就不带有任何社会功利目的，他们自发产生大量重复行为，通过自我练习，从中获得心理和情绪上的满足，有时甚至能在重复中掌握新技能。关键在于，幼儿从不轻视自己的游戏过程，也从不吝啬在游戏中投入的美好时光，他们的快乐很简单。但这份简单的快乐需要成人的悉心呵护，常常会因教师稍有“不认同”便戛然而止。尤其是在游戏中，当教师过度操心，一心想要推进幼儿发展时，教师预设的目标很可能会一次又一次地让原本顺畅又快乐的游戏变了味儿。

因此，我们需要清醒地思考：孩子真的会永远沉迷于“扫码支付”吗？其实，与幼儿一起做游戏，不是让幼儿踮起脚尖迎合教师的期待，而是教师要向大多数幼儿学习，学习他们全身心投入的热情，学习他们之间的心领神会和相互接纳。这应当是教师支持幼儿游戏时必备的胸怀，也是教师认识游戏、理解游戏的起点。

二、游戏应顺应幼儿的意愿，巧妙实现目标软着陆，彰显教师的教育智慧

“在游戏中学习，在游戏中发展”这一理念强调的是，游戏过程不仅能让幼儿收获乐趣，还伴随着大量的探索、思考、解决问题、语言表达等。这正是游戏本身的优势，能帮助幼儿学会批判和接纳，进行应用型学习和关联性学习，进而影响和发展大脑的神经系统，促进幼儿充满活力地成长。

因此，我们更期望看到教师以包容的心态接纳游戏过程，摒弃“教师本位”的固有观念，扎实做好观察与分析，主动辨析幼儿正在进行的学习，而不是由教师设定目标，强迫幼儿在游戏中掌握特定内容。重点不应纠结于幼儿应该如何开展游戏，而是满怀好奇地探究幼儿如何在游戏中实现学习与发展，并基于幼儿的兴趣和需求，给予他们支持。比如，教师完整记录幼儿斜坡滚球的过程，见

证幼儿反复探索的过程后，便可以自然而然地和幼儿一起围绕视频探讨影响小球滚落的原因。又如，针对两个幼儿因争抢玩具闹得不愉快这一现象，教师可以极其自然地引导幼儿倾听对方想要玩具的理由，鼓励他们在表达和倾听中阐述自己的观点，了解同伴的需求，从而学会解决矛盾、团结协作的方法。再如，上海大学附属实验幼儿园的教师系统记录了一学年与幼儿在积木区分享交流的内容，发现利用游戏后的分享交流，可以实现"数概念""模式/排序""集合/分类""测量""量的比较""集合图形"等目标的软着陆。

特别值得一提的是，上海市静安区威海路幼儿园贾老师的班级孩子也玩起了"扫码支付"。贾老师以看热闹的旁观者身份提出"什么是扫码支付?""为什么要扫一扫?""怎么扫码?"等问题，组织班级孩子对手机扫码的经验进行分享交流。贾老师鼓励幼儿用语言表达各自的认知或疑问，在分享交流中拓展和提升经验。随着参与"扫码支付"的幼儿越来越多，教师看到幼儿在游戏中模仿成人行为的积极愿望；理解幼儿因"大家都要扫码，手机不够"而运用磁力片、蜡笔盒，甚至直接用手掌扫码等诸多替代行为；欣赏幼儿主动为医院绘制一张像迷宫一样的二维码。教师的顺势引导不仅让她看到了幼儿解决"手机紧缺""没有二维码"等问题的过程，还能助力幼儿在多个领域实现学习与发展。对比这两个"扫码支付"案例，有助于教师更加清醒地认识到，当幼儿被要求玩教师期望的游戏时，幼儿不快乐，教师也不轻松。当教师沉浸于"导演"一场游戏时，又怎能真正爱上游戏，从而展现出润物无声的教育智慧呢?

三、选择更符合幼儿年龄特点的内容与方式，推进学习与发展，体现教师专业水平

幼儿园的教育内容丰富多样，涵盖认识自我、了解周围生活、感知花草树木、探索大千世界等方面，可谓包罗万象。关键在于，教师要充分尊重和保护幼儿的好奇心和探索欲，相信每个幼儿都是积极主动、有能力的学习者，最大限度地支持和满足幼儿通过直接感知、实际操作和亲身体验获取经验的需求。

然而，在现实工作中，很多教师在选择教学内容和实施方式时，缺乏深入、自觉的思考，往往事倍功半，甚至产生无效、负效的结果。比如，当幼儿在日常

生活中缺乏充分使用钱币的经历与经验时，就不该让游戏承担起认识钱币、辨认钱币面值、比较钱币面值大小、兑换不同面值钱币、利用钱币进行简单的加减运算、建立初步的金钱观念和消费理财意识、理解父母（成人）挣钱不易等诸多目标的重任，而应遵循幼儿发展规律，给予幼儿游戏自主权。此外，教师还要甄别和判断上述众多目标中，哪些是真正适合且有意义的目标，可以通过幼儿园的其他活动推动幼儿的学习与发展。比如：在亲子活动中，鼓励幼儿在生活中认识钱币、辨认币值、观察钱币的使用；在类似大富翁的游戏中，为幼儿提供兑换不同面值钱币的机会；在参观、采访等活动中，让幼儿体验工作的辛苦，感受父母（成人）挣钱的不易。当然，教师也可以提供一些模拟币作为游戏材料，以可遇不可求的心态，重点关注是否有幼儿使用钱币以及如何使用钱币等信息，据此设计回应幼儿学习与发展的行动。

“游戏是幼儿园的基本活动”这一纲要精神能否在幼儿园课程中真正落地，游戏能否成为幼儿自己的游戏，幼儿能否在游戏中获得安全、愉悦、自由的情绪体验，并不取决于幼儿自身，而是取决于教师是否相信和认同幼儿比成人更会玩，以及教师是否愿意尊重幼儿的年龄特点，是否能看到并接纳游戏过程中大量的学习与发展契机，是否能发现幼儿经验和能力的差异，是否能捕捉到生成教育的契机。归根结底，其取决于教师的儿童观和课程观，以及需要不断提升的教师专业素养。

理解孩子，突破自我

案例

为什么孩子们不喜欢这样玩水？

教师注意到刚接手的中班孩子常常在盥洗室玩水，有时甚至会弄湿衣袖。教师认为，爱玩水是孩子的天性。孩子们对玩水如此着迷，应该是对探究水的特性很感兴趣。作为教师，应当创设合适的环境以满足孩子们的愿望；而且，教师相信，只要满足了孩子们的愿望，他们就不会在盥洗时间玩水了。

于是，教师在班级活动室里靠近盥洗室的位置开辟了一个玩水区，不仅准备了脸盆，投放了PVC管、杯子、水轮、气球、海绵、石头等材料，还准备了几件防水衣。教师期望孩子们能在这里开展运水、引水、转水轮、充水气球等游戏，观察物体在水中的沉浮，以此探究和感知水的特性。

刚开始的几天，孩子们确实很兴奋。教师一边观察他们游戏，一边和保育员及时清理溅洒在地面上的水，防止孩子们滑倒。然而，没过多久，教师发现去玩水区玩的孩子变少了；同时，班级里那几个男孩子一到盥洗时间，还是像以前一样在盥洗室偷偷玩水。

教师在教研活动中提及这个情况。有同事建议，可以将玩水区直接设置在盥洗室，这样孩子就能有更多机会以自己喜欢的方式进行探究。但也有同事对此持保留意见，认为如果孩子一直在盥洗室开着水龙头玩水，会浪费水资源。还有同事表示，与其“堵”住他们玩水，不如找机会彻底满足他们。也许，孩子们在得到满足后，就不会在洗手时一直玩水了。

听了同事们的建议，教师心里仍然有很多困惑：去沙水区玩水吧，全园有作息安排，在每周一次的时间段里，孩子们往往以玩沙为主；在班级活动室里玩水吧，到底要创设怎样的环境，投放怎样的材料，才能满足孩子对水的探究兴趣呢？关键是，总有孩子喜欢在洗手时玩水。这不仅会影响后续活动，还会弄湿衣服，导致着凉生病，并且浪费水资源。

你是如何看待这个问题的？如果你是这个班级的教师，会如何应对呢？

玩水似乎是所有孩子都热爱的活动。在这个案例中，教师提供了一个真实且鲜活的例子，毫无保留地呈现了孩子的喜好和自己的应对措施，引发了我们的思考。从案例描述看，教师有尊重幼儿的意识，也努力满足班级幼儿的兴趣，但仍然感到困惑。比如，她不明白为什么自己的努力没有让孩子们对班级玩水区“情有独钟”。让教师不解的是，玩水区有很多材料可以支持孩子开展各种游戏和探究活动，自己在游戏组织上也足够理解孩子，可玩水区还是不能长久地吸引孩子。同时，教师也不理解，为什么有了沙水游戏，孩子对玩水的渴望依旧得不到满足。实际上，教师内心还存在一种源于职业本能的担忧，即担心孩子在盥洗室玩水会引发健康、安全、班级常规管理、环保理念培养等方面的问题。在现实生活中，类似的纠结非常多。因此，我们不禁思考：如何帮助教师跨越心中的障碍？如何和教师一起探讨并找出问题的关键所在，从而逐步培养教师的思辨能力，让教师能举一反三？

一、水是大自然赠予孩子最好的玩具

这是一个发生在中班上学期刚开学时的案例。教师发现，班里有几个孩子每次去盥洗室都会逗留很长时间。走近一看，发现这几个孩子在开着水龙头玩水。这段简单的描述让我们清楚地看到，水对孩子来说是一种神奇又有趣的事物，孩子们经常会自发地玩水。比如，有的孩子喜欢用手接水，看着水从指缝间流走；有的孩子试着用手堵住水龙头，完全不在意水喷出来会溅到身上。

说真的，这样的场景熟悉又温暖，让人想起自己的童年。记得小时候，我和小伙伴也经常玩水，父母好像也总是反对，但我们依旧乐此不疲。那时，冷不丁地把满手的水甩到别人脸上，就能让我们笑得前仰后合；接一脸盆水，用手指在水中画出波纹、捣出旋涡，或者不停地摇晃脸盆，溅起水花，我们也能玩得很开心；只要有一根水管、几个瓶瓶罐罐或者一把水枪，就能在小伙伴之间引发一场畅快淋漓的打水仗……因为玩水会弄湿袖口、衣服等，这是每个孩子成长过程中都必定会经历的。

心理学家认为，孩子喜欢玩水是因为这种游戏能让他们感到快乐。此外，我们甚至会看到这样的观点：可能是因为人的生命最初是在羊水中度过的，所以孩子生来就喜欢水，水能让孩子感到舒适和快乐。

站在孩子的立场，我们会发现，孩子对符合自己心智发展水平、富有变化且具有动感的玩具更感兴趣。大自然中的沙和水就具备这样的特点，它们适合不同心智状态的孩子。对孩子来说，水这个玩具很特别。水看得见、摸得着，却没有形状、抓不住；水可以被随意拨弄，这让孩子觉得自由，而且无论怎么拨弄，不一会儿水又会恢复原样，就像有一种神奇的魔力。最重要的是，玩水的方式千变万化，每个孩子都可以根据自己的喜好来玩。因此，水是大自然赠予孩子最好的玩具。

二、支持孩子玩自己的游戏而不是教师以为的游戏

在案例中，教师看到孩子在盥洗室玩水表现出的兴趣，便设计了一系列自认为能激发孩子的探索兴趣的玩水区。一开始，孩子们确实对玩水区非常感兴趣。然而，没过几天，去玩水区的孩子就少了很多。尤其是之前那些常在盥洗室玩水的孩子，玩了几次之后就不再去了，一到盥洗时间，他们还是在盥洗室玩水，还说在水龙头下用手接水更好玩。这就让教师感到困惑："我都没有责怪你们在盥洗室玩水，还专门为你们创设了玩水区来回应和支持你们的探索兴趣，为什么却'费力不讨好'呢？"

在我看来，此时教师应该深入思考以下两个问题：

第一，当教师注意到孩子的某种兴趣并尝试回应时，出于职业习惯，教师往往会下意识地构建一整套与之相关的支持体系，以促进孩子的全面发展。教师对玩水蕴含的知识非常清楚，因此可以借此引导孩子感知水的温度和压力，了解水的流动和变形，观察各种材料在水中的沉浮现象。教师知道这些活动包含丰富的科学知识，而设计和开展这样的活动有利于培养孩子的科学精神和探究能力，引发孩子对自然现象的观察和思考，还能培养孩子保护生态环境的意识。除此之外，很多教师还会想到利用水来组织开展其他领域的活动。比如，鼓励小班幼儿反复将水从一个碗倒入另一个碗，教师认为这样的活动能锻炼他们的手眼协调能力。又如，让孩子给玩具娃娃洗澡，教师希望借此培养孩子的生活自理能力和良好的生活习惯。再如，将水泼洒在地上，引导大班幼儿观察形成的图案，借形想象"这是石头""这是城堡""这是小乌龟"，进而鼓励他们创编故事，以发展他们的观察力和想象力。

在这里，我并不是要否定教师内心深处的目标意识，也不反对教师有意识地储备大量有意义的活动，因为这些都是教师的看家本领。我只是在反思：作为教师，我们的初衷不就是要回应孩子的兴趣吗？那么，我们到底是应该真正满足孩子对事物的好奇心，支持孩子探究自己感兴趣的问题，还是应该借此机会，把自己想教的、可以教的内容一股脑儿地塞给孩子呢？再退一步想，如果在中班上学期刚开学时，教师发现孩子的玩水兴趣后，没有强行把自己的种种教育意图融入孩子的游戏，那么在后面的两年时间里，教师是否还有实现这些目

标的机会呢？答案是显而易见的。因此，教师以后可能需要经常审视自己的回应力度是不是太大了，以免陷入“有一种教，是教师以为你要学”的误区。

第二，教师是班级一日生活的设计者和组织者，而具有足够课程领导力的教师会梳理一日活动的不同环节，明白不同环节有不同的定位，其结构化程度也不一样。尽管我们现在一直强调要在一日生活中“相信幼儿是有能力的学习者”，倡导给予幼儿更多的时间和机会，让他们在感知和探索中构建自己的经验，但本质上，一日生活的不同环节能为幼儿提供的自主空间是有差异的。有些活动能充分体现“幼儿在前，教师在后”，孩子也是活动的主人，每个孩子都能在活动过程中自由自主地实现自己的想法；有些活动比较强调师幼协商、相互合作；有些活动则更多地体现教师的预设和期望。

无论教师有没有告诉孩子们在各个环节中谁是真正的活动发起者，孩子们在幼儿园的生活经历已经让他们积累了足够的经验。他们知道，早上入园后自己应该做什么，有哪些选择权；户外运动时哪些可移动的器械可以自由搬动和使用，哪个地方的游戏更好玩，在今天这个场合能不能尽情玩耍；每日用餐、午睡等生活环节中有很多“能”与“不能”；在游戏过程中，自己在哪些方面真正拥有自由，可以尽情玩什么；沙水游戏主要是玩沙，水是用来调节沙子的湿度，方便将沙子塑形；区域活动中每套材料都有各自的主要用途和教师期望的玩法。因此，当教师把玩水区设置在活动室里，把玩水安排在区域活动中，即使教师没有阻止孩子把材料拿到盥洗室去玩，只是“在看到水溅到地上时和保育员一起及时清理，以免他们滑倒”，还是无法让孩子对这种游戏保持兴趣。其根本原因是孩子心里很清楚，当下玩的是教师的游戏，而不是自己的游戏。

三、保护自己和节约用水都是需要长期渗透的教育内容

在案例中，教师参加教研组研讨后，仍然有很多无法解决的困惑。比如，教师担心如果满足孩子的玩水兴趣，不仅可能会导致盥洗室地面湿滑，产生安全隐患，还会让自己面临如何确保孩子不弄湿衣服、不着凉的问题。站在教师的立场，我完全能理解这种纠结的来源。但教师要明白，教育不是非此即彼，不是实现某些价值就必须牺牲其他价值。实际上，像“小心路滑”“洗完手要甩干水滴，保证地面干爽”“洗手时把长袖变成短袖，保护自己的袖口和衣服不被弄湿”

这些能提高孩子自我保护意识和能力的教育方法，过去我们一直在强调，现在也在切实落实，未来也会持续关注。

教师提出疑问：如果满足孩子的玩水兴趣，会不会与长期倡导的节约用水理念相冲突？对于这个问题，我认为教师需要用辩证的思维方式进行价值判断。在条件允许的情况下，为孩子提供玩水的机会，不是鼓励孩子浪费水资源，而是顺应他们的天性，满足他们好奇探究的兴趣，从而进一步激发孩子亲近水资源并感受水的特性，进而认识到“水是生命的源泉，有水的地方就有生命；水也是人类生存和发展不可或缺的物质资源之一”。因此，从小增强孩子保护水资源的意识，让孩子自觉成为日常生活中的护水小卫士，是我们需要始终坚持、长期渗透的教育内容。

教师面临的另一个挑战是，突然有一天或者有一段时间，几个孩子在盥洗室“创造”了玩水游戏，教师对此感到左右为难。如果满足这几个孩子的玩水兴趣，计划好的后续活动可能会受到影响，其他孩子也可能会效仿。这与已经建立的班级常规相冲突，该怎么办呢？其实，教师完全可以让孩子成为班级真正的主人，和他们一起讨论“盥洗室玩水的利与弊”“小朋友可不可以痛痛快快地玩水”等问题，听听孩子们的判断和想法。这样才能真正让规则内化为孩子自觉遵守的行为。我也了解到有班级出现过类似情况，最后教师不是独自管理班级，而是和孩子一起讨论。师生之间既约定了在盥洗室节约用水的规则，也约定了趁着天气还没凉，让爸爸妈妈带他们去水上乐园玩一次，还约定了某一天全班孩子带上雨衣、雨鞋和自己喜欢的玩水工具，痛痛快快地玩一次水。

玩水是孩子的天性。呵护这种天性，需要教师忘记自己的年龄，由衷地享受和孩子一起嬉闹的快乐时光；呵护这种天性，需要教师寻找合适的方式以支持孩子，让孩子能有一次或几次真正的满足。最终，孩子们也会由衷地喜欢老师这样的大伙伴。

四、孩子好似镜子，有助于我们不断反思和调整教育行为

案例中的教师关注孩子的实际状态，并由此引发一系列思考，给我留下了深刻印象。教师能有意识地在一日生活中观察与分析孩子，这值得称赞；更难能可贵的是，教师能通过孩子的行为表现不断反思自己的保教行为，这是教师

突破舒适区的典型表现。

“孩子好似镜子”这句话一点也不假。比如，案例中的教师提到，自己一进盥洗室，原本在玩水的几个孩子就会马上关掉水龙头。由此，教师可以察觉到，孩子可能已经意识到在盥洗时间玩水是不被认可的行为。但在“趁老师没发现赶紧玩一会儿”的想法驱使下，孩子们才有了类似“顶风作案”的反复尝试。教师也可以借此反思，班级里日常的师幼关系是否可以更宽松一些，师幼之间能不能建立起“我想把我的快乐告诉你”“我很乐意听你分享”这样的伙伴情谊，从而改变师幼之间“管”与“被管”的对立关系。此外，教师还提到，玩水区刚设立时，孩子们很兴奋；可是没过多久，去玩水区的孩子就少了很多。其实，从孩子的言行中，教师完全可以意识到，自己给予孩子的回应和支持并不是孩子最需要的。

这名教师对自身教育行为的反思，让我们有理由相信，当“基于儿童实际状态的反思”成为一种习惯，带给教师的最大变化是，教师会在一日生活的各种活动中观察和评估孩子，并从中收集大量信息。对教师来说，无论是参与专业交流和对话，还是开展家园互动，都需要有凭有据。从日常观察和评估中获得的大量信息，能帮助教师突破凭感觉作判断的局限。因此，教师可以将观察到的孩子的进步与这个年龄段预期达到的水平进行比较，从而设计出能引导孩子持续发展的活动，并且在新的活动中进行后续的观察和分析，调整并形成更合适的方案以支持孩子的发展。如此循环往复，这就是教师“观察—识别—支持”的专业表现，也是帮助教师成为“拥有一定专业话语权的教师”的必经之路。

在接纳的基础上促进幼儿有个性地发展

案例

是“领袖”还是“投机分子”？

大班户外自主游戏时间，孩子们满心欢喜地来到建构区。没过多久，他们依据自身意愿分成了若干小组，兴致勃勃地玩了起来。这时，然然走到场地中央，大声呼喊："粮食丰收了，我要建个大大的粮仓。谁来建粮仓？"一些还没确定搭建内容的孩子闻声赶来参与。然然接着说："搭建粮仓先要垒墙，要围起来。你们赶紧去搬长板。"于是，同伴们纷纷去搬长板。在垒墙过程中，然然不停地指挥同伴们该怎么做，自己却几乎没动手。等围合完成后，他又下令："粮仓很坚固了。咱们要马上囤粮，粮食就是正方体积木。"同伴们又陆续搬来正方体积木，并按照然然的指示，将积木整齐地平铺在粮仓里。此时，建构材料已所剩不多。囤好粮食后，然然打发同伴们："我负责看粮，你们可以去巡逻了。"随后，他便悠然自得地坐在那里看管粮仓。

大约过了十分钟，然然又吆喝起来："卖粮食喽！卖粮食喽！"只见他拿起一块正方体积木，叫嚷着："来买巧克力味粮食喽！"听到吆喝声，旁边的孩子们纷纷围过来购买。一方面，他们对巧克力味粮食充满好奇；另一方面，他们正好也需要正方体积木。孩子们伸手，然然与他们击掌，就算完成收款，交易成功。过了一会儿，然然又想出新花样："买一送一喽！买个巧克力味的再送个蓝莓味的！"在然然的大力推销下，没多久，他囤的粮食就卖光了，最后甚至连建粮仓的长板积木也被拿出来卖，而且很快也卖完了。游戏结束收拾材料时，同伴们都在整理积木，然然却在树荫下悠闲地休息。

纵观整个活动，然然无疑是领导者，他创设了一系列游戏情境，小伙伴们在他的指挥下忙得不亦乐乎。但同时，教师也察觉到他似乎有点"耍小聪明"，懂得"坐享其成"。教师不禁思考：如果任由其发展而不加以干预，会不会对他的健康成长产生影响呢？

自主性游戏是幼儿自发、自主、自由的活动。幼儿钟情于这类游戏，享受游戏带来的愉悦感受。在游戏中，幼儿会真实地展现自身已有的知识、经验以及对周围世界的理解，体现出多方面的发展水平。因此，观察幼儿的自主性游戏，是教师了解和评估幼儿真实发展水平的有效途径。

从上述案例可以发现，教师能有意识地持续观察幼儿在游戏中的表现，并对幼儿的表现描述得细致入微。通过教师的描述，我们看到了一个鲜活具体的幼儿形象。幼儿能在游戏中有如此自然、自主的表现，这与教师平时营造的自由宽松的游戏环境以及对幼儿自主学习的支持密不可分。

同时，教师也通过观察，尝试去了解幼儿。从教师对然然活动的描述可知，她站在教育者的角度，对然然形成了自己的认识，同时产生了疑惑和纠结，即是否需要对然然进行教育干预。这正是我们期望看到的教师行为，也就是在游戏中认真观察幼儿，在增进对幼儿了解的基础上，思考自身的教育行为。

此外，教师在观察幼儿并作出初步判断后，隐约觉得自己不应简单、直接地干预幼儿游戏。或许是受“尊重幼儿”等观念影响，她在犹豫是让然然自然发展，还是在游戏后对其进行教育干预，因此才会提出“如果任由其发展而不加以干预，会不会对他的健康成长产生影响呢?”这一疑问。教师能如此有意识地观察和分析幼儿行为，并愿意提出疑问与大家探讨，值得肯定。

但与此同时，我们也从案例描述中发现了一些值得深入思考的问题。

首先，作为教师，我们应该站在什么角度观察幼儿？我们观察到了什么？

从案例中对然然的描述可以看出，然然在游戏中展现出主人翁的态度和行为。他积极主动，通过想象和创造不断丰富、延展游戏情节，让游戏开展得精彩纷呈。游戏情节的每次发展变化，几乎都由然然提议或主导引发。其他幼儿在然然的启发下，也有了丰富的游戏行为，获得诸多游戏机会，体验到了快乐；同时，他们愿意参与然然发起的活动，“心甘情愿”受他“指挥”。因此，然然俨然成为整个游戏的掌控者和领导者。

我们还能看出，然然自我意识较强，社会性情感发展水平较高，其在活动过程中表现出的注意分配水平也明显高于其他幼儿。他不仅关注自身游戏体验，还能留意整个游戏的进程和节奏，并结合自身游戏经验，观察和了解同伴的活动状况；同时，他能洞察同伴需求，知晓什么话题和情节能吸引同伴参与，并在合适时机，通过新的游戏情节满足同伴需求。他不断吸收周围有意义的信息，使之与自己的活动建立联系，并对他人产生影响。这可以说是领导力的萌芽，但这种能力在3—6岁幼儿身上并不常见。从多元智能角度看，然然在人际关系智力方面具有较大潜能，即在与人相处和交往时，能觉察并体验他人的情绪、情感和意图，并据此作出适宜反应。

教师在观察幼儿时，往往容易“只盯着一个孩子看”，这种解读和判断可能存在片面性。因此，教师需要将幼儿置于各种具体关系中进行观察和分析。建立关系是幼儿参与活动的动力，无论是与活动材料建立关系，还是与人建立关系。教师若想真正深入了解幼儿，必须将自己带入幼儿所处的关系情境，去体会幼儿的体验、感受和可能的想法。唯有如此，才能发现幼儿是如何主动对世界作出反应和回馈的，从而更真切、深刻地体会到幼儿是主动的学习者。

其次，作为教师，我们应在怎样的框架下观察和解读幼儿的行为表现？

很多时候，即便我们认真观察，却仍感觉未能获取有用信息，或者别人能发现的，自己却视而不见。因此，我们往往只能看到自己想看到的。在案例中，教师对然然活动状态的记录，明显带有主观判断，如“要小聪明”“坐享其成”，其生动、具体的描述也是为了印证已形成的判断。如果读者不能跳出撰写者的观察角度看待然然的行为表现，也容易受其影响而作出论断。可见，教师在观察和记录幼儿行为表现时，容易戴着“有色眼镜”，却常常不自知。

教师作为具有一定社会经验的成人，在成长过程中会逐渐形成自己的价值观和道德标准，在分析判断他人行为时，往往会“以己度人”。然而，用成人世界的标准去评价发展中的幼儿是极不合适的。可以说，教师在观察幼儿时，对“坐标系”的选择出现偏差，导致对幼儿的误读。如果因这种误读而对然然进行干预，则极有可能阻碍然然的发展。如果教师从评判者角度出发，始终坚持自己心中理想、完美的幼儿标准，就容易将幼儿的某些特点视为缺点，给幼儿“贴标签”，从而无法发现幼儿的真实模样。如果教师带着这种偏见与幼儿互动，则必然会苛责幼儿，让幼儿难以承受甚至受到伤害。如果教师带着这种偏见与幼儿家长互动，也同样会给家长带来消极影响。

最后，作为教师，我们如何避免对幼儿的误读？

当教师无意识地带着主观判断观察幼儿时，便树立起了作为评价标准把握者的权威形象，难以做到客观评价幼儿。此时，教师要努力反思自己观察和评价幼儿的参照系和标准。此外，教师还要加深对幼儿发展规律的认识，通过深入学习和理解《3—6 岁儿童学习与发展指南》，不断摒弃可能影响观察和评价客观性的个人经验与观念。

幼儿是有个性且不断成长的个体，每名教师也都有自身的经验和知识体系。尽管教师主观上希望科学评价幼儿的发展水平，但有时“误读”似乎难以避免。事实上，幼儿教师观察和解读幼儿的能力亟待提升。在一项上海市幼儿教师评优比赛中,将"幼儿活动案例解读"作为重要考查内容。然而,即便高学历、有多年实践经验、反思能力强的教师,在解读幼儿能力上总体表现欠佳,且教师之间差异较大。或许,我们可以通过共读的方式,引导教师共同观察和分析幼儿的行为表现,表达各自对幼儿行为表现的理解,找出不同观点并进行辨析,以打破教师的自我中心。这样的辨析既能帮助教师正确认识幼儿的行为表现,也能促使教师明确自己认识幼儿的角度及背后的"脚本",引发教师对自我认知体系进行反思,并引导教师有意识地弥补自身的知识短板。

第四章

激活自我评估，赋能持续改进

第一节 让自我观察评估成为幼儿园工作常态

能有效运用观察、谈话、家园共育、作品分析等方法，客观、全面地了解和评价幼儿，这是每一名幼儿教师必备的专业能力。

但在实际工作中，我们面临着一系列亟待解决的问题：如何激发教师的内在动力，让他们乐于深入研究幼儿，主动通过文字记录、照片和视频拍摄、无感采集等形式，广泛收集幼儿的活动信息，逐步养成观察记录幼儿的习惯？如何促进教师基于观察，评估班级幼儿在真实生活和学习情境中的表现及发展水平，进而依据评估结果，判断后续活动的设计方向，以及找准师幼互动的时机和方法？如何有力推动班级保教人员合理分工，各自承担起观察任务，并定期开展交流活动，共同分析与评估班级幼儿的整体发展状况？如何引导家长关注幼儿的成长过程，能在一段时间内持续观察幼儿，根据幼儿的不同兴趣、能力和需要，形成对每一个幼儿的完整理解，并由此开展协商式家园共育？上海着重强化教师做实观察记录的意识，引导教师定期整理视频和照片，并深入开展"文件夹研究"。通过从不同维度对文件夹进行归类，教师能更清晰地感受到幼儿之间的个体差异，并复盘幼儿的生活和学习经历。这些经过整理和分析的资料，成为教师进一步认识幼儿、反思实践、设计活动、进行师幼互动、开展家园沟通的重要依据。在此基础上，教师能更好地推动幼儿的主动学习，同时给予他们必要的引导和支持，从而确保幼儿经验与课程目标紧密相连。

以观察评估促进教师专业成长

为了进一步提升各级各类幼儿园办园质量，促进全市学前教育事业科学发展，上海市教育委员会立足幼儿成长、教师发展、幼儿园办园质量提升的目标，明确倡导各区教育行政部门树立正确价值取向，大力推动幼儿园强化质量提升意识，构建“自评为主，他评为辅”的办园质量评价机制；同时，指导幼儿园保教人员关注教育活动全过程，不断优化活动方案的设计和组织，开展教育教学、幼儿发展规律等方面的科学研究。此外，各级各类幼儿园还要引导保教人员和幼儿家长运用观察记录、调研访谈、作品分析、资料阅读等方式，了解幼儿的发展特点、发展状态和发展规律，加强与幼儿的互动，优化教育实践，促进家园共育，提高保教质量。

为此，市级教研部门建议教师在日常工作中做好以下几方面：

一、从观察入手，努力成为研究幼儿的专业工作者

“观察与倾听”已成为近年来学前教育领域的热门话题，很多专家强调这是教师专业能力持续提升的关键要素。当前，越来越多的教师开始在一日生活中，通过观察与倾听，深入了解幼儿，拉近与幼儿的距离。

在盥洗、餐点活动中，幼儿的自理能力、节约意识、自主安排能力、文明习惯、精细动作发展、整理能力等都会自然展现出来。

在区域自主运动中，教师不仅要关注幼儿的动作发展，还要借此了解幼儿是否具备“完成指定任务，乐意参加一些有挑战的活动，不怕困难和失败”的任务意识，以及“自主安排活动内容，积极参与每日运动场地的摆放与整理活动”的能力和自我保护能力。在集体教学活动中，教师则可以观察幼儿的倾听习惯、表达表现、自我控制以及积极思考的习惯和能力等。

比如，在大班游戏中，几个男孩从各自行动到在一人提议下开始尝试合并成“双人坦克”。在此过程中，教师可以仔细观察男孩们的兴趣、对武器的不同认知经验、语言表达与艺术表征能力、分工协商水平、游戏的目的性与坚持性、计划能力与反思评价能力、解决问题的意识与能力、对材料的熟悉程度与操控能力，甚至是国家意识和民族自豪感。

又如，在来离园、自主游戏、区角学习活动以及运动等时段，教师还可以关注幼儿是如何整理物品的，从而了解幼儿的整理意识与能力、动作协调性以及在整个过程中的目的性和坚持性等。

事实上，观察与倾听并非教师不作为，而是教师充满好奇地研究幼儿，探秘幼儿的世界，并以专业的视角，对幼儿在不同活动中的典型表现，如情绪状态、语言、动作等，进行准确、全面的分析。从本质上讲，观察与倾听也是教师面向每一个幼儿的开始。

二、将幼儿放在心中，从不同角度观察幼儿

多年前，某位资深教师在带班时所撰写的个案记录，生动展现了教师是如何从不同角度观察幼儿的行为与发展的。在那个时代，“儿童成长档案”的概念尚未普及，但园长及其身边的专家团队积极鼓励教师在日常工作中学会看见幼儿，并在深入理解幼儿的基础上，采取更为贴切和有效的教育措施。

案例

儿童成长档案

9月1日

来园第一天，我让他介绍自己时，他的声音轻得几乎听不见。我在一旁引导后，他才勉强开口。于是，我说一句，他跟着复述一句。当搭班教师请他回答问题时，他回答不上来，就自己跑到门口玩起了班级的出勤牌。无论搭班教师怎么叫他，他都不听。不过，在观看“山羊剧团”教师合演的剧目时，他满眼好奇，眼睛睁得大大的，笑起来时眼睛眯成一条缝。此外，他中午吃饭、睡觉时都很乖。

总结：他是新转入我们班级的幼儿，虽然在新环境中有点陌生，但整体情绪还不错。

9月4日

他对幼儿园的各项活动表现出浓厚的兴致，显得很好奇。在角色游戏中，当看到其他小朋友玩得开心时，他也跟着高兴。到了医院，戴上医生的白帽子后，他却不知道要干什么。随后，他被同伴分配去做配药医生。负责管理药瓶的工作，让他看起来还挺满足。

9月6日

在今天的角色游戏中，他扮演工人叔叔，但似乎不太清楚该做什么，于是在场地里跑进跑出。他把拿来的积木硬塞给其他小朋友，如果别人不需要，他就再去换一块；如果有人接受了，他便乐呵呵地继续去拿积木。等到游戏结束后，在整理积木的过程中，别的小朋友直接把积木放回箱子，可他却还拿着积木到处送人。这次，没有人愿意再接受他的积木。于是，他捧着两块积木在教室里跑来跑去，不知该放哪儿。直到我叫住他并告诉他放置地点，他才知道要把积木放进箱子。

9月11日

今天，班级里开展了中秋主题活动。孩子们自由组队，协商各自扮演的角色，并共同分享月饼。他和另外两个小伙伴组成了一家三口，并在这个家庭中扮演爸爸。结果，爸爸妈妈各吃了四分之一块月饼，孩子吃了半块月饼。我发现他们这组没把月饼三等分，便询问原因。他认真地说："孩子小，应该多吃；爸爸妈妈都是大人，少吃点没关系。"

在活动结束后的交流环节，他把脚跷得高高的。于是，我提醒他："爸爸可不能这样哦！"没想到，他一下子生气了，扭头不理我。对此，我和搭班教师也假装不理他。之后，搭班教师带着小朋友去对面教室吃午饭，我则留在教室忙自己的事情。此时，他一个人待在原地，显得有些尴尬。据他妈妈说，在以前的幼儿园，他会和教师对着干。不过，在今天这种情况下，他却没有大闹。没过几分钟，见我走近，他便哭了，并拉着我的手说："徐老师，对不起！"

总结：这是他进班后第一次发脾气。与过去相比，已有明显不同。在这十天里，我们有意识地和他培养感情，建立良好的师生关系。与此同时，他也喜欢我们，想当个好孩子。

9月14日

早上一入园，他就跑来抱住我。我故意问他："你是不是两天没见我，想我啦？"他有些难为情地点点头。这一天，他特别听话，眼睛总是跟着老师转。

9 月 18 日

午睡醒来，他大声讲话，影响了其他小朋友。被点名批评后，他也改正了。等到叫全班幼儿起床时，他却笔直地躺着，用眼睛盯着我。于是，我问他："为什么不起床？是不是之前被批评了，就会罚睡？"他点了点头。我笑着请他起床，告诉他："改了就好！"他这才安心。这两天，我还发现，每当他遇到事情时，总是不肯主动跟老师说。今天下午，他的鞋带打结了，自己弄了好久也没解开。直到我发现后，才帮他一起解开。我告诉他："以后碰到解决不了的事情，就找老师帮忙。"他认真地点了点头。

总结：看得出来，他很喜欢老师，却又担心找老师帮忙会被责怪。其实，老师不会因为孩子有问题就责备他们。

9 月 22 日

之前，我跟他说过，遇到解决不了的问题时，就找老师帮忙。今天下午起床后，他来找我，说："徐老师，可以帮我把领子翻一翻吗？"我笑着鼓励他："这件事你自己就能做好。那边有镜子，你照着镜子就能翻好衣领哦。"他走到镜子前，发现镜子悬挂的位置对他来说有点高。于是，他就贴着墙，使劲踮起脚，想从镜子里看到自己的领子。我忍不住笑了，便帮他调整了一下镜子的角度，并让他往后退一步。这下，他看清了自己，不好意思地笑了。

总结：我们虽然鼓励孩子碰到难题时可以找老师帮忙，但也会引导他们尝试自己解决力所能及的问题。

9 月 28 日

今天下午，我们给孩子们提供了一种新饮品——可可麦乳精速溶饮品。对于这个新饮品，小朋友们展开了热烈讨论。给他倒的时候，他盯着杯子，严肃地大喊："今天喝的是板蓝根。"我忍不住笑了，问他为什么。他一本正经地回答："我在家喝过，就是这个颜色！"于是，我让他尝一口试试。尝过之后，他才明白，原来这个新饮品不是板蓝根。

10月6日

最近这段时间，他的情绪比较稳定，和老师的感情也越来越好。每周我们带孩子们去公园散步、游玩时，他总会跑来蒙住我的眼睛，让我猜猜他是谁。此外，他还会爬到我身上，或者扑进我怀里，同时会把自己带的零食分享给我。昨天，我们带孩子们去看了马戏表演。当我带其他孩子去厕所而路过他的座位时，他却用双脚勾住了我，不让我走，还塞给我一块巧克力。

10月10日

在过去的一个多月时间里，他特别喜欢玩角色扮演游戏，也积累了一些经验。只是有时在商量角色的过程中，还不太会表达自己的想法，要么完全听别人的，要么不参与商量，直接开始游戏。

今天游戏开始时，我竟然听到他一边跑一边喊："我要做大列车长！"难得这次他有这么明确的角色意识，我便想鼓励一下他。不料，另一个小朋友也说要做大列车长。于是，他俩你一言我一语地争论起来。为了帮助他们学会商量，我提议："我们三个一起玩，怎么样？"本想通过我的加入，打破他们的僵持状态。结果没想到，听说我要参与游戏，他马上就放弃了自己的想法，说："那你做大列车长，我就做中列车长吧！"我连忙说："不不不，我从没做过列车长，所以还不会呀！"他提议："那我们比高矮吧！"话一出口，他就意识到这个做法对自己不利，因为他是最矮的，于是马上改口："不不不，我们比胖瘦吧！"可这个做法同样对他不利，因为他是最瘦的。两次提议失败后，他脸都红了，显得有些无奈。我继续鼓励他："还有没有别的办法可以选出大列车长呢？"这时，另一个孩子提议："我们来猜拳吧。"我问他："你同意这种方式吗？"他点了点头。最后，他通过猜拳赢得了做大列车长的机会。我们也商定，由另一个小朋友做中列车长，我做小列车长。看着他心满意足地笑了，我感到很欣慰。

总结：在我看来，从一开始不参与商量、不会表达，到现在不仅能主动表达意愿和努力想办法解决问题，还能遵守约定规则，这些都体现了他的进步。虽然他想的办法不太巧妙，没能一开始就达成心愿，但相信他会在一次次的经历中不断成长。

10月14日

早上，孩子们都在练跳绳，可他却在旁边闲逛，不肯跳。我知道他不会跳绳，便鼓励他试试。他拿起绳子，躲到远处去了。当其他小朋友展示跳绳时，他倔强地不肯参与。我悄悄问他："你为什么不跳?"他嘟着嘴说："我不喜欢跳绳。"我又问："除了不喜欢外，还有别的原因吗？我们是好朋友，你可以跟我说实话。"于是，他转过身，摸着我的手说："我不太会跳绳，弟弟妹妹们会笑我的。"我明白他是因为怕在大家面前出丑，所以宁可不跳。我接着鼓励他："你不想让弟弟妹妹们为你鼓掌吗?"他连忙说："想!"我便提议："那我们找个没人的地方，老师陪你一起练，好不好?"他开心地点了点头。于是，我和他拿着绳子，在角落里认真地练习跳绳。

总结：作为老师，既要理解孩子们的自尊心，也要看到他们有时对自己缺乏信心，担心被批评指责。只要我们多给他们一点耐心、包容和支持，他们就会很开心。

10月15日

他和老师的感情愈发深厚，一有机会，就会从远处冲过来抱住老师。今天，我抱起他，问："你是不是每天都想和老师亲近亲近?"他开心地笑了，并点头表示肯定。我接着说："从今天起，我们每天都抱一抱，好吗?"于是，他立即紧紧地抱住了我，像是得到了最珍贵的礼物。

总结：孩子除了渴望从父母那里得到关爱外，还非常希望在老师这里感受到温暖和肯定。他从别的幼儿园转来，这种需求就更加强烈。作为老师，每天花几分钟和他互动交流，能让他更有安全感。

10月16日

我刚宣布可以去玩区角游戏，他就立刻冲过来抱住我。我以为他想去音乐角，可他摇了摇头，说："不是，我明天去玩。"我这才明白，他是记住了我昨天说的"我们每天都抱一抱"这句话，而且认认真真地当作一件事来做。我蹲下身子问他："你是不是现在就想抱一抱我?"他使劲点了点头。于是，我也紧紧地抱住他。我们拥抱完后，他心满意足地去别的角落做泥工了。

总结：孩子对老师的爱如此珍视，让我十分感动。作为老师，当然不应吝惜自己对孩子的爱意。

……

阶段小结：这个孩子性格内向、胆子较小，时常对自己缺乏信心。但与此同时，他特别想成为老师眼中的好孩子，也格外在意老师的关爱和鼓励。于是，我们从培养感情入手，让他充分感受到老师和同伴的关爱，并在此基础上加以积极引导。一段时间后，他的情绪逐渐稳定，不再乱发脾气。得益于宽松的游戏环境，他取得了明显的进步，不仅更喜爱老师、同伴和游戏，其学习兴趣也得到了充分激发。在游戏中，他会主动与同伴交流；遇到困难时，他也懂得自己想办法解决问题。

当下再看这份观察记录，尽管部分分析还很粗浅，但令人欣喜的是，那时教师已经意识到要在早来园、体锻、午睡、午点、游戏、自由活动、远足等活动中观察幼儿。尤其是面对插班生时，教师能有意识地从培养感情、建立良好的师幼关系入手，助力幼儿融入新环境，以及适应新的人际关系。

细细想来，教育的最大成效在于尊重并认可每一个幼儿，依据他们的实际水平，促进他们的学习与发展。在此过程中，"看见幼儿"尤为重要。因为教师"看见幼儿"，就如同医生直面病人。只有通过真实的"望闻问切"，才能实现期望的"对症下药""药到病除"，给予幼儿恰当的教育引导。

三、分析幼儿发展行为，为改进活动、提升质量提供依据

分析幼儿在一日生活各环节中的行为表现，不仅能挖掘幼儿全面发展的信息，还能折射出教师一贯秉持的课程理念和保教行为。很多学前教育专家指出，教师应时常将幼儿的实然状态与同龄段群体预期达到的水平范围作比较，并养成基于幼儿发展开展反思性实践的习惯。这有助于教师判断保教行为是有效、低效、无效还是负效，并据此设计和调整能引导幼儿持续向前发展的活动。

比如，一名小班教师在教室里创设了"小鸡捉虫"活动区，准备了用扭扭棒制作的红、黄、绿、蓝四色小虫子和一大片草地，贴有颜色和数量两种信息提示

卡的若干篮子，以及镊子、食品夹、勺子、刺毛手套、筷子等夹取工具。教师期望幼儿在活动中能“喜欢扮演小鸡，并展现小鸡的动作”“知道小鸡会捉虫”“运用不同工具捉虫，并发展手部肌肉”“根据提示卡捉虫”。

尽管精心创设了环境与材料，也制定了详尽的目标，但预期效果是否能达成呢？教师开展了为期一周的观察，默默关注 10 个幼儿的活动现场。最终，她得出以下结论：其一，幼儿整体情绪愉悦、兴趣浓厚；其二，教师提供的材料吸引了大部分幼儿的注意力；其三，幼儿乐意尝试用不同工具捉虫，其中使用频率较高的工具依次为食品夹、勺子、筷子、刺毛手套等；其四，幼儿之间会相互模仿，学习同伴使用工具；其五，大部分幼儿捉虫时不关注颜色，少部分幼儿依据自身喜好捉一种或两种颜色的虫子；其六，没有幼儿留意到篮子上的提示。

正是通过观察幼儿与材料互动的真实过程，教师意识到，幼儿更热衷于捉虫本身，对扮演小鸡这一任务缺乏意识，并忽视了篮子上的提示；同时，所提供工具的难易程度，会直接影响幼儿的游戏时长。基于此，教师开始反思并作出调整：首先，不再着重强调“小鸡”这一角色扮演；其次，暂缓提供提示卡；再次，增加工具的数量，支持幼儿开展平行游戏；最后，适当增加大小不一的虫子，并持续观察幼儿是否关注虫子的大小和颜色。

从上述例子可以看出，在各类活动的实施过程中，关注幼儿的行为表现极为重要。但最为关键的是，教师要形成反思性实践的工作方式，养成分析幼儿活动兴趣、参与程度、情绪情感、学习经验的习惯，对目标达成度、活动内容的挑战性、师幼互动质量、家教指导的有效性等进行反思和调整，如此才能真正实现教育的针对性和有效性。

四、与家长分享观察到的事件或信息，携手共商教育行动路径

近年来，家园共育成为学前教育领域的热词。我们也清晰地看到，幼儿的成长过程需要家园共育，家园共育是幼儿园教育工作不可或缺的重要部分。高质量的家园共育，不仅能促进幼儿全面发展，还能提升教育教学质量。但是，幼儿园如何以平等、合作、尊重为原则，获得家长的支持和主动参与，提升家长的教育能力，构建真正意义上的共育格局，一直是值得教师思考与探索的问题。

当前，越来越多的园所鼓励教师在一日生活中观察记录幼儿的点点滴滴。

事实上，当教师参与或独立开展常态化、过程性的观察记录时，必然会积累大量真实可靠的实证信息与数据。班级中的两名教师若能将所有观察记录进行整理与归档，或许就能收获丰富的证据和完整的证据链。这些翔实的资料对教师开展有针对性的家园互动极为关键，有助于教师摆脱“不深入、凭感觉”的状态，在与家长的互动中拥有更多话语权。

更为关键的是，家长面对这些实证信息与数据，能直观地洞察幼儿的个体差异和学习特点，从而形成对幼儿的合理期望。因为基于这些实证信息与证据展开的对话交流，有助于家园双方客观分析和思考幼儿的发展状况，共同商议并制定有针对性的教育方案。这不仅是提升教师家庭教育指导能力的核心要点，还能最大限度地发挥教育评价的功能。当然，在统计观察记录的过程中，教师也会发现每个幼儿被观察记录的频次存在差异。这一现象定能激发教师后续持续跟进的愿望。

《评价指南》的颁布与实施，是切实提升各级各类幼儿园质量意识的关键举措，为园所在常态化的质量自评中实现自我调整、持续完善提供有力支撑，也是达成“幼有善育”目标的必由之路。

化解观察困境，推动课程实践优化和教师发展

在国家的积极引导下，尤其是2012年教育部发布《3—6岁儿童学习与发展指南》后，幼儿在幼儿园教育中的主体地位愈发凸显。幼儿园及其教师越来越多地将目光聚焦于幼儿发展，努力从是否遵循幼儿发展规律、提供发展可能、创造发展机会的角度，考察幼儿教育的质量。

优质的幼儿园教育是教师有目的、有计划地实施课程，为幼儿发展带来积极影响的过程。要了解幼儿原本的状态、在园接受的教育质量以及他们在教育过程中的积极变化，很大程度上需要从幼儿自身入手。在大学、中学、小学教育中，判断学生是否通过接受教育而获得成长，通常需要借助基础性测试以及学习过程中、学习后的考试。然而，幼儿园无法对幼儿进行测试，只能通过持续观

察幼儿的外在表现，深入地了解幼儿发展。

在了解幼儿的众多途径中，观察是首要之选。虽然还可以通过与幼儿谈话、收集和分析幼儿作品，甚至在特殊情况下对幼儿进行研究性测试等方式来了解幼儿，但在日常幼儿教育中，"观察幼儿"的必要性和重要性无可替代。幼儿园倡导"一日生活皆课程"，这为教师有目的地在一日生活中，通过观察来了解幼儿，提供了基本依据和路径。

在自然情境和日常生活中观察幼儿，是幼儿教师了解幼儿最有效的手段。从理论层面看，观察幼儿是幼儿教师开展课程实践的基本功。从实践层面看，观察却犹如"奢侈品"，人人都认可其重要性，但真正能掌握并在课程实践中运用的教师却不多。尽管我们不断提倡与推动，观察仍未融入幼儿园课程实践的日常。基于此，我们将从问题分析和实施策略两方面进行梳理。

一、观察为何在幼儿园课程实践中面临困境

下面，我们尝试从幼儿园课程实践的角度来分析问题。

（一）理想很丰满，实践未落地

《课程指南》多次提及"观察"一词。比如，"幼儿园课程内容的选择与开发，应以观察、了解幼儿为基础，源于幼儿的现实生活""要学会观察幼儿游戏行为"，并列出了游戏行为的观察要点及其发展提示。在"课程评价"部分，尤其强调"以自然观察为主，教师要收集大量真实的通过自然观察所获得的资料，提供丰富的反映幼儿发展状况的事实依据；同时也可根据需要，进行情境性观察，即将幼儿置于与现实生活类似的情景中，由评价人员对幼儿进行观察"，"观察记录可以采用文字描述、表格式，也可以运用录音、录像、照相等方式"。由此可见，在幼儿园课程建设、实施和评价的多个关键环节，都凸显了观察幼儿的重要性以及原则性要求。

但在幼儿园实际开展课程时，却未对教师提出相应工作要求。几乎没有幼儿园在课程实施环节，给出观察幼儿的具体方法和程序。在教师制订的班级年度、每周、每日工作计划等备课文本中，观察幼儿的过程往往流于形式，缺乏实际操作空间。幼儿园既未考虑教师观察幼儿的需求以及为教师预留足够的观察时间，也未给予教师观察幼儿的实践指导。即便教师认可观察幼儿的重要

性，也可能因缺乏将观察融入课程实践的动力和技巧，不知如何在一日活动中有效开展观察。部分教师仍习惯以成人为中心设计和实施活动，活动过程和内容预设过于满当，导致教师没有时间和精力去了解幼儿活动，也不愿主动投入精力观察幼儿。

（二）意愿在提升，能力待提高

随着对幼儿园生成课程的日益重视，以及对幼儿发起并主导活动（如游戏活动、个别化学习活动、自选项目的运动等）关注度的逐步提高，课程中幼儿主动活动的占比有所增加，教师在放松对课程内容和节奏把控的同时，更需要"看，并看懂幼儿"的能力。然而，这种需求未得到充分满足。同时，教师不仅时间和精力有限，其观察能力也有待提高。在实际操作中，教师对观察的执行常出现偏差，将幼儿的发展特点错误地理解为"缺点"，因此在此基础上制定的教育措施自然难以达到预期效果。

观察并非仅仅是"看"的动作，而是一种有目的、有计划、比较持久的知觉活动。幼儿教师经常会以"我在观察……""我观察到……""我的观察重点是……"等句式描述观察工作和结果，但此时的观察通常被误认为"看幼儿活动"。实际上，观察力是指从事观察活动的能力，并非幼儿在活动，教师就必然会观察。比如，当追问教师观察到什么时，教师要么说不清楚，要么只是笼统地描述幼儿的行为，并且判断得较为含糊，如"他在串珠，他会一个一个间隔地串，更难的就不行了""他们在玩陀螺，很有兴趣""他们虽然在下棋，但是并没有遵守规则"。很多教师缺乏观察幼儿的能力，对观察目的的确定、观察方法和时机的选择、观察结果的运用等缺乏认识和实践，只是口头认可观察的重要性，却未付诸行动，更未思考观察幼儿对优化课程实践的意义。

（三）知识有欠缺，分析少参照

幼儿教师在观念上认可观察在开展幼儿教育中的必要性和重要性。虽然幼儿教师在职前学历学习或者职后培训中或多或少接触过观察幼儿的相关内容，但由于多种因素，他们对观察幼儿的相关知识和技能掌握得并不扎实，多停留在表面，出现"视而不见""观而不察""察无所依"等现象。

幼儿教师常被要求撰写幼儿观察笔记、活动案例等文本，本意是希望教师在开展课程实践的过程中加深对幼儿的认识，梳理自己的得失，并作出更合理、科学的活动调整和选择。然而，目前幼儿教师普遍缺乏如何基于观察解读、分析幼儿发展的相关知识和技能，导致这类文本成为脱离课程实践的任务，变成“为记而记，为写而写”。

究其原因，主要是教师本体性知识不足，观察幼儿缺乏知识支撑。积累相关专业知识需要教师主动学习并在实践中加深理解，但很少有教师能坚持这一需要时常思考和不断实践的积累过程。同时，幼儿园的培训、教研等活动，也未能有力支持教师获取并发展解读和分析幼儿的本体性知识。这种知识的欠缺，使得教师的观察仅停留在表面，难以真正读懂幼儿。

此外，教师在成长过程中形成的固有观念，也持续影响着他们的判断。比如，教师通常用成人的道德和行为规范标准来评价幼儿的日常表现，带着“随时纠正幼儿错误”的预设解读幼儿行为。比如，在小组合作任务中，教师将帮助同伴的幼儿理解为“自己的事情还没做好，就去帮人家”，进而提出“要帮助幼儿专注做自己的事”。实际上，该幼儿善于把控整体任务、关注团队伙伴的进展，并主动为其提供实际帮助。教师对“合作”概念的理解缺失，导致对幼儿行为的解读错误，进而影响后续教育决策，阻碍幼儿发展。

综上所述，各种原因的交叠，导致观察幼儿在幼儿园课程实践中被虚化，无法为教师提供有价值的幼儿发展信息，更难以成为课程或活动预设、调整的基础。观察参照不明确，过程不充分、不落实，回报甚微，使教师在观察幼儿与设计和实施活动之间难以实现平衡，即便进行了大量观察与分析，仍无法真正了解幼儿，也不知如何提供更优质的教育。

二、观察幼儿如何在幼儿园发生

针对上述情况，基于部分幼儿园的实践探索，我们从将观察融入幼儿园课程实践环节、帮助教师获得观察的知识和技能、推动教师投入观察幼儿的行动这三个角度，总结出以下三种化解思路和路径，力求让观察幼儿在幼儿园发生，并发挥切实作用。

（一）将观察幼儿的环节融入幼儿园课程规划与实施过程

幼儿园课程规划与建设，以及班级教师的活动开展，都应建构起逻辑一致性，即目标、过程、评价的协调统一。秉持优质教育源于充分了解幼儿的理念，幼儿园可以尝试在课程规划与建设以及具体实施过程中主动融入观察环节，以此更好地了解幼儿，从而避免课程实施的盲目性。

在幼儿园课程建设与实施过程中，存在一些现象，这反映出幼儿园对幼儿基础情况考虑得比较少。比如，幼儿园倾向于局部强化对某种课程或活动类型的构建，以及详细规定活动该如何开展，但却在一定程度上忽视了对本班乃至本园幼儿真实发展需求和现状的分析，也缺乏相应的分析方法和能力。同时，在课程评价中，也容易忽视通过观察幼儿获得客观判断课程是否有价值、活动是否有效的信息。这导致幼儿园课程建设和班级教师活动实施呈现出“中间大、两头小”的纺锤形，过度关注“做”的过程，而忽视了前期分析和后期评价，使得整个过程缺乏连贯性和自洽性，甚至出现局部放大或断裂的情况。

将通过观察形成的对幼儿发展情况的了解有机融入幼儿园课程目标和活动目标制定、过程实施、成效评价等不同环节，通过在课程设计的前期、中期、后期增加对幼儿表现的信息收集和判断，提升课程的有效性和说服力，这有助于幼儿园构建合理的课程逻辑，改善盲目开展课程的状况。

目前，原上海市教委教研室正在开展提升幼儿园课程领导力的相关项目研究，其中一项重要内容是引导和帮助幼儿园在课程建设与实施过程，推动“了解—设计—实施—评价”一体化设计。幼儿园尝试重新整合课程规划与实施流程，将观察幼儿有机融入课程实践，明确要求教师遵循包含观察评价幼儿发展在内的课程实践模式；同时，力求在各类典型教育活动中，帮助教师建立“了解为先，行动在后，反思跟进”的思维和行动逻辑体系，构建通过观察幼儿获取活动设计、实施、评价依据的视角，让教育更好地回归促进幼儿发展的本质上。

（二）推动观察幼儿的知识和技能在课程实践中的落地与推广

虽然系统呈现幼儿发展的知识并不匮乏，并且在不断更新，但是在教师尚未领悟这些知识之前，它们无法发挥应有的作用。由于缺乏学习和内化的过程，观察幼儿无法获得启动和持续的支撑。通过学习成为拥有幼儿成长知识的专业人员，是教师必须要经历的一步。这些知识涵盖幼儿发展多方面、成体系的知识，如《3—6岁儿童学习与发展指南》从幼儿发展的角度呈现了不同年龄段幼儿在目标达成水平上的典型表现。此外，还有与幼儿发展直接关联的学科领域的知识，如幼儿数学、体能、语言、社会、艺术等领域发展的核心经验等，系统呈现了某些学科视角下的关键概念及其相互关系。当教师对这些关于幼儿发展的关键概念和发展规律掌握得不充分时，他们就无法及时地对幼儿的表现作出假设，也无法结合情境进行合适、可信的分析。

另外，我们用教师课程实践视角代替培训视角，引导幼儿教师学习“确定观察目的，并围绕观察目的设计以及观察方法和时机确定，充分利用观察获取的信息增强专业影响力”等内容，开展以教师实践为核心的观察技能培养。

当前，越来越多的幼儿园和教师通过结合日常课程实践，学习这些本体性知识。比如，系统学习近年来幼儿不同发展领域的相关核心经验和研究成果，围绕核心经验设计有针对性的促进幼儿发展的活动，创设相关活动机会。幼儿园也通过基于教育现场的教研活动，分析幼儿的表现及其发展意义。有的幼儿园将这些关于幼儿发展的本体性知识转化为日常活动中的观察检核表，引导教师借助工具开展观察与分析，如通过紧密结合某些核心经验，收集并撰写幼儿发展个案。在具体活动设计和实践中，幼儿园通过改造文本规范、增加幼儿表现视角等方式帮助教师养成观察习惯，落实观察幼儿的时空，促使观察有效开展。

总之，将知识的“学”与“用”紧密结合，能有效提升教师对幼儿表现的解读能力。持续坚持、系统完善和更新教师对幼儿发展的基本知识，是确保幼儿教师专业性的永恒课题。

（三）指导观察幼儿的行动，提升教师面对现实的意愿和水平

幼儿园观察难以有效开展，除了受工作方式、教师精力等因素影响外，教师缺乏坚定的意愿和行动也是关键因素。根据人的心理发展规律，人们虽在观念上认可某些事情是理想且应该做的，做了或许会获得不错的结果，但相较于亲身体验获得的真实经验和感知，这种关于可能性的设想往往缺乏推动力，人们会更相信自己通过亲身经历或行动获得的实际经验。因此，通过外力推动幼儿教师切实开展实践观察，从观察与分析幼儿的过程中获取成功解读幼儿行为的“回报”，显得尤为必要。

观察幼儿对教师的课程实践和专业发展至少有两方面的实际帮助：一方面，可以帮助教师全面、客观地了解幼儿的发展现状和需求，为教师开展有针对性、有质量的教育提供有力支持，从而实现因材施教；另一方面，可以帮助教师

从幼儿处获得课程实践的反馈，感知自身设想、选择、做法是否产生积极作用，从而推动教师进一步调整或作出新选择。

通过推动教师投入观察幼儿的活动，使其看到真实情况，进而跳出自我中心，走上自我诊断、审视、优化的专业发展道路。通过以观察为主要手段来了解幼儿，是具备课程意识的教师的基本功，能帮助其成为高效能教师。“看见幼儿”和“通过看见幼儿了解自身课程成效”，是促使教师自主调适课程的基本动力，引发教师作为课程主体的主动变革。从上述两方面出发，教师需面对现实，并基于现实展开思考，进行调整与优化，提升课程领导力。这就要求幼儿园和教师通过优化和改造课程实践的时空，确保教师行动起来，以及确保他们在观察幼儿上分配合适的时间、精力、注意力，并以此带动课程运行的关键内容和节奏的调整。这些调整包括明确教师课程实践的重点内容、合理分配时间、确立规范、建立考核测评机制等，以此有效强化教师的幼儿发展意识和课程质量意识。

转变视角，评价集体教学活动

幼儿园的集体教学活动是促进幼儿学习与发展的重要载体，是幼儿学习活动的重要组织形式。因此，集体教学活动的质量是幼儿园普遍关心的问题。几乎所有幼儿园都围绕如何设计和组织集体教学活动展开过多角度研讨，有些幼儿园还形成了相应的评价标准。然而，教师在判断活动质量“好”与“不好”时，仍感拿捏不准、纠结不已。比如：教师认为，有些活动很有必要开展，但旁人或专家却认为不需要通过集体教学活动的形式进行；有些活动看似设计巧妙，但实施效果并不好；有些活动现场非常热闹，最终却未达成预期，幼儿从中获得的发展有限；……那么，集体教学活动的质量到底是根据什么来评价的呢？

在过去很长的一段时间里，我们通常从活动目标、活动准备、活动过程等角度评价集体教学活动的质量，关注活动的价值、逻辑、效果等方面。但是，这样的评价大多基于教师所认为的“应然”，即认为如果这样设计并实施了，就是一个高质量的活动，就能达成预期目标。这种顺着“应然”思路开展的评价，往往存在一些问题，其中最主要的问题是只关注活动设计是否完整、流程是否清晰、环节是否按预设实施，却忽略了活动中那些预先设计的要素是否真正落实到幼儿的表现和教师的行为上。对此，教师往往只有模糊概念，只能说出大概的场景和片段。集体教学活动的真实效果往往被花哨的活动材料、变化的教学手段、教师的语言、热闹的气氛等外在因素掩盖，而幼儿的学习是否真正发生并未被充分揭示。

其实，仅仅以预设的评价标准判断集体教学活动的质量是不够的。一个集体教学活动的“好”与“不好”，主要取决于以下两方面：一是活动开展前的设计，即活动设计得是否合理且具有可操作性；二是活动的具体实施，即教师在活动过程中的实际表现是否符合教学规律和幼儿的具体需求，幼儿是否获得了发展，并且这两者要有逻辑一致性和操作关联性。简而言之，一个优质的集体教学活动，其活动设计与实施皆较为出色，二者无缝对接，从而有效促进幼儿发展。

开展集体教学活动的最终目的是为幼儿提供充分且适宜的条件和机会，促使每个幼儿在原有水平上获得发展。这就需要教师将集体教学活动的质量置于更具体的情境中衡量：在活动设计与实施中，是否为幼儿提供了促进学习的条件和机会？这些条件和机会是否适宜？活动中能否发现幼儿学习与发展的具体表现？

下面，我们从活动设计和活动实施两方面，探讨如何通过转变视角，评价集体教学活动。

一、集体教学活动的设计要基于幼儿的经验

（一）怎样理解基于幼儿的经验

一般而言，教师会认为设计与组织活动时应基于幼儿的学习经验和需求，并且认为自己也是这样做的。但是，为什么别人认为并未做到呢？

比如，一名教师组织了中班“转动的陀螺”这一科学探索活动后，大家共同展开讨论。执教教师讲述了她的设计思路：在中班的“玩具总动员”主题中，幼儿们既爱上了玩陀螺，也发现了陀螺的一些秘密。比如，陀螺需要用力拧才会旋转，陀螺旋转后的花纹与静止时的不一样。如何让幼儿既玩得开心，又能探

索陀螺旋转的奥秘呢？基于这一问题，执教教师联想到幼儿平时玩悬挂的圆形平衡板的场景。如果平衡板上放的物品重量不均衡，平衡板就会倾翻。那么，如果陀螺上贴了东西，会发生什么情况呢？此时，陀螺旋转的秘密是否也与平衡有关？于是，她设计了这个活动，让幼儿自主探索通过在陀螺上贴材料，使它旋转起来的奥秘，感知和发现平衡与旋转的关系。从教师的表述可知，她在设计活动前注意到幼儿对陀螺的兴趣以及相关现象，便想借此安排集体教学活动，目的是让幼儿们既玩得开心，又能探索陀螺旋转的奥秘。同时，幼儿们在玩悬挂的圆形平衡板时，因重量不均衡而导致翻倒的现象，也引发了她的思考。她还在这两个现象之间建立了关联，希望幼儿探索陀螺贴东西旋转时的情况。其实，教师在幼儿的真实经验与活动期望幼儿达成的经验之间，只是构建了模糊、不确定的关系，并未真正把握和理解幼儿的经验和表现，更未将它们作为活动设计的依据。

在幼儿园里，集体教学活动的产生依据常常只是教师认为可以，却忽略了对幼儿的深入研究和了解。比如，他们对陀螺的哪方面感兴趣？他们是否有玩陀螺的经历？他们真正关心并想要探索的问题和疑难点是什么？他们已经形成的对陀螺的认识和情感是怎样的？当教师看到幼儿在玩某样东西时，便会基于自身对这样东西的原有认知，顺着自己的兴奋点和已有经验设计活动，让幼儿被动跟随教师预设的轨道前行，而不是通过观察和了解，获得有关幼儿的真实经历、状况、疑问等信息，并基于这些信息，有针对性地设计集体教学活动以回应幼儿的需求。

我们强调设计活动前，要了解幼儿的已有经验和实际水平。幼儿的已有经验不仅包括他见过、玩过什么，还包括他是怎么玩、怎么想的。只有了解幼儿的具体经验和兴趣生长点，作出明确具体的选择，并据此设计活动，才是优质集体教学活动的基础。

（二）如何基于幼儿的经验设计集体教学活动

我们先来看看上述活动的具体设计。活动目标是：尝试让陀螺转得稳，感知和发现平衡与旋转的关系；喜欢玩陀螺，在操作摆弄中体验探索的乐趣。教师为每个幼儿都准备了一个陀螺，以及诸多大小一样的塑料圆片、橡皮泥等。活动过程如下：首先，幼儿自由摆弄陀螺后，每人转一次，比比谁的陀螺转的时间长。请幼儿讲讲“你是怎么让陀螺转这么久的”。教师在此基础上总结出，要找一个宽敞的地方，并用力、快速地转陀螺，这样才能转得久。其次，请幼儿猜测陀螺贴上塑料圆片后是否还能转起来，并将转起来和转不起来的陀螺分开摆放，对“你贴了几个塑料圆片？你的陀螺转起来了吗？为什么？”等问题展开论述。教师在此基础上总结出，如果将同样大小、重量的塑料圆片均匀地贴在陀螺上，就能让陀螺转起来。最后，引导幼儿探索在不改变转不起来的陀螺上塑料圆片位置的基础上，用贴橡皮泥的方式让这些陀螺转起来，并交流如何让这些陀螺转起来，以及陀螺转动时是否保持平衡。教师在此基础上总结出，即使把不同材料贴在陀螺上，只要让陀螺保持平衡，它也能转起来。

从以上内容可以看出，该活动基本是按照教师的想法逐步推进的。对于幼儿探索什么、如何探索，以及每个阶段的小结，教师都有明确预设。在介绍设计意图时，教师说道：“在试教过程中，我发现幼儿们有各种想法，出现了千奇百怪的行为。我觉得这不利于幼儿探索，因此我考虑到贴在陀螺上的塑料圆片大小、重量要统一，尽量去掉一些无关因素……”教师这样严谨的设计遵循的是“追求预想结果的教”的逻辑，而不是支持幼儿探索学习的逻辑。教师在活动中并未关注幼儿的已有经验，反而尽量避免幼儿在活动中可能获得的相关经验对教师预设活动的干扰。教师不仅不重视幼儿丰富的经验，还试图控制幼儿活动的复杂过程。这样自然不能满足幼儿主动学习的需求，也无法应对幼儿在活动过程中遇到的问题。比如，幼儿可能会问：“我已经很用力了，为什么陀螺还是转不久？”“为什么将塑料圆片贴成梅花形，陀螺也能转？（教师只设计了轴对称的情况，并未考虑中心对称的情况）”“我在陀螺下面贴了一点点橡皮泥，为什么它还能转？”

如果将视角转向“重视对幼儿经验的分析和学习需求的确定”，将有助于我们关注幼儿在活动中学了什么、是怎么学的。一方面，要改变教师对幼儿经验的模糊理解，引导教师看懂幼儿的学习需求，有针对性地通过活动设计提供合适的活动过程和学习机会；另一方面，在活动设计中，要引导教师学会整合和利用幼儿的已有经验，包括不同发展水平幼儿的相关经验，以帮助幼儿积累新经验。比如，当幼儿对陀螺有了一定经验时，教师可以基于对幼儿活动方式和活动状态的观察以及对幼儿经验积累程度的了解，设计不同的集体教学活动。教师可以在幼儿玩过并讨论和探索陀螺在不同场地上旋转的情况后，引导幼儿交流如何让陀螺转得更久，旨在引导幼儿对影响陀螺旋转的因素作出假设，并对相关假设进行验证。与此同时，教师也可以引导幼儿之间相互交流前期用不同方法或在不同条件下玩陀螺的发现，旨在引导幼儿对自己感兴趣的相关问题进行持续探索。此外，教师还可以在发现幼儿创造了一个能旋转的陀螺类玩具后，组织幼儿交流对制作陀螺的疑问、体会和感想，旨在引导幼儿回顾活动过程或用语言清晰表述自己的探索过程和问题。教师只有充分了解幼儿的已有经验，才能根据幼儿的发展需求，找到合适的活动目标，并在活动过程中有效利用幼儿的已有经验，帮助幼儿建立新经验。必须指出的是，并非幼儿已经具备与集体教学活动主要内容相关的经验，就可以组织活动了，还要考虑幼儿是否具备参与集体教学活动所需的一般经验。比如，如果幼儿尚处在只能用简单语句表述想法的水平，教师就无法要求其参与针对高思维水平的讨论。总之，优质的集体教学活动一定是基于和利用幼儿的已有经验，并有效指向幼儿发展的新经验。无论从何种角度、何种水平设计集体教学活动，教师都要在幼儿的已有经验、学习需求和发展目标之间建立有意义的连接。

二、如何评价集体教学活动实施阶段的质量

（一）关注幼儿的发展

在集体教学活动的实施阶段，教师是否积极为每个幼儿提供切实的学习机会，幼儿是否在活动中获得有效的学习支持与指导，以及是否在原有水平上获得发展，是评价集体教学活动质量的另一重要标准。

其实，教师并非不关注活动中的幼儿，但真正能从幼儿的学习方式、水平和机会的角度，评价集体教学活动质量的教师并不多。大多数教师还是习惯从活动目标、材料准备、内容、方式等方面考察活动质量。如果从这些角度进行评价，则容易出现误判。

虽然“幼儿的学习是否产生、是否在原有水平上获得发展”是教师普遍认可的评价标准，但在大多数情况下，教师还是更倾向于关注活动内容、活动组织形式的选择等。幼儿在活动中的学习表现，常常沦为陪衬。当谈及幼儿的学习过程时，教师往往仅有一些零散、粗略的印象和感受，如幼儿对活动有兴趣、能积极参与、能踊跃发言等。显然，这样的信息与判断不足以让我们全面了解幼儿是否真的在活动中学习，以及是否取得了进步。这恰恰是集体教学活动的关键所在——幼儿在集体环境中切实获得了哪些学习机会、开展了哪些方面的学习

以及已有经验是否得到了提升。

因此，我们应基于"实然"的评价视角，着重培养教师的观察能力和判断能力，如观察和判断活动的实际开展情况、活动中幼儿的表现和教师的行为等。只有基于幼儿在活动中的真实学习机会和状态，关注幼儿的学习过程和结果，才能客观地判断集体教学活动的价值和质量。

（二）集体教学活动的观察与评价指南

我们曾深入思考，在一个优质的集体教学活动中，教师和幼儿应有怎样的表现，并据此总结出以下一些概括性描述，但这并非全部内容。需要说明的是，这里罗列的幼儿表现和教师行为存在内在的逻辑联系，因为只有教师提供机会，幼儿才能享有这些机会。

表 4－1　幼儿表现和教师行为(示例)

幼儿表现	教师行为
1. 幼儿表现出与活动目标相一致的行为 2. 幼儿的已有经验得到利用，并在此基础上获得拓展和提升 3. 幼儿在活动过程中有较高的参与度，表现出积极主动、情绪饱满等 4. 幼儿运用多种感官和方式(观察、操作、表达等)进行学习 5. 幼儿有与教师和同伴互动交流的机会(包括提问) 6. 幼儿在包含他们期望达成的目标且能理解的任务情境中学习 7. 幼儿在学习中解决问题，或者通过解决问题进行学习 8. 幼儿有机会充分表达与学习活动相关的体验和感受 9. 幼儿在活动过程中有公平的机会参与发言、操作、表达等环节 10. 幼儿表现出对活动本身和相关经验的兴趣，并有继续学习的愿望	1. 在活动过程中始终表现出对活动目标的关注 2. 使用与活动目标相适应的教学方法和指导方式 3. 用幼儿易于理解且感兴趣的方式引导幼儿学习 4. 鼓励并倾听幼儿表达(表现)对活动的体验和感受 5. 使用明确清晰的语言进行表达和示范，给予幼儿明确的行为指令 6. 为幼儿提供了充分的时间，等待他们进行探索、思考、判断 7. 使用的材料(环境、媒介等)能便于或帮助幼儿学习 8. 观察幼儿，并努力为每个幼儿提供适合个体特点的活动机会 9. 帮助和指导幼儿清楚地表述学习过程、思考思路和最终结果 10. 接纳幼儿生成的愿望和表现，并适时回应幼儿或调整活动

如果要结合以上描述对某个集体教学活动进行具体评价，那么每条评价要点后面都可以列举出若干与之对应的具体表现。比如，“幼儿表现出与活动目标相一致的行为”，这一评价要点实际反映的是活动目标的客观达成度。如果活动目标之一是“幼儿能运用语言清楚地表达自己的观点”，我们就要观察并判断幼儿是否在活动中有此类表达机会，或者是否为之付出努力。如果幼儿大多时候只是模仿和复述他人的语言或观点，这显然有问题。又如，“幼儿有与教师和同伴互动交流的机会（包括提问）”，这一评价要点实际反映的是活动过程中幼儿的主体性，以及其在交往、对话等方面的能力。此时，我们要观察并判断幼儿是否在活动中具备这些条件和可能性。如果整个活动基本采用教师提问、个别幼儿回答的单一模式，或是幼儿盯着屏幕听教师讲解，又或是幼儿独自操作，那么就意味着那些关乎幼儿发展的内容被忽视了。

同样，如果教师在“鼓励并倾听幼儿表达（表现）对活动的体验和感受”上获得较高评价，那么我们应该能罗列出其相应行为表现，如愿意倾听、给不同幼儿充分的表达机会，以及在倾听并理解幼儿的基础上说明自己的想法等。又如，“使用的材料（环境、媒介等）能便于或帮助幼儿学习”这一评价要点强调的是教师对材料、环境、设备运用的有效性。如果提供的设备和材料只是出于吸引幼儿注意力或者营造热闹气氛等方面的考虑，不能服务于幼儿的学习，那么这样的行为就没有太多价值。

当我们通过越来越具体的行为表现等描述这些评价要求时，就相当于找到一条越来越接近活动真相的路径。如果观察者能参照这些具体表现，积极主动地进行观察，并给出在活动中获取的相应具体实例，就说明他们对这个活动的真实信息掌握得越来越充分、完整，从而能更轻松、合理地判断幼儿是否获得了适宜的学习机会。

当教师可以从自身或者幼儿的某个具体行为表现出发，反思活动中真正发生了什么（比如，教师观察到执教教师在巡视幼儿个别操作活动时，认真倾听幼儿的问题并给予回应，引导已经完成任务的幼儿观察别人完成任务的过程，或者鼓励幼儿自主完成另一项感兴趣的任务，而不仅仅是在同伴之间四处走动、闲聊），进而思考或推论“这些行为意味着什么”（比如，上述表现说明执教教师理解了个别指导的意义，并且具有针对幼儿差异进行指导的能力），那么教师的评价视角已经发生了转变，他们对集体教学活动质量的判断和评价能力也有了较大提升。这必然会对他们日后设计与实施集体教学活动的质量产生积极且有效的影响。

基于观察的托班环境创设和材料优化的深度研究

0—3 岁是发展和强化大脑结构的重要时期，是身心发展最为迅速的阶段。在此期间，为婴幼儿创设适合其发展的安全、健康、丰富的环境，提供充分的活动机会，给予积极且能满足其需要的回应，显得至关重要。一般而言，教养环境包括家庭教养环境、托幼教养环境、社会整体教养环境。我们试图以托班幼儿一日生活的经历为观察视角，通过对托班教养环境创设和材料提供的探析，凝练出托班教养环境创设和材料提供的主要原则和有效策略，积累实践案例，帮助保教人员更有目的、有重点地观察、分析和回应幼儿，从而促进保教人员的专业发展。

本书提及的环境特指托班教养环境。托班教养环境是指在托班特定情境下，以班级为单元，通过班级物理环境创设，以及班级情境中教养活动和生活事件所产生的影响幼儿发展的客观因素的总和。托班教养环境具体包括以下内容：一日生活各个环节中室内外空间布局和利用，幼儿生活习惯养成、动作发展、好奇探索意识萌发、艺术审美培养、感受与表达能力提升的环境创设，以及人际关系的总和等。

一、发现环境创设中的主要问题与困惑

我们通过问卷调查、现场考察和个别访谈等方法，对托班保教人员在环境创设和材料提供方面的经验和困惑展开深入考察。通过对上海市 16 个区共计 160 名托班保教人员进行自陈量表的问卷调查，我们发现：其一，托班教研正逐渐步入常态化轨道，为环境研究提供了基础保障；其二，在环境创设方面，既兼顾全面性，又凸显托班特点，尤其是更关注生活和人际环境；其三，托班保教人

员具备基于幼儿年龄特点和发展需求创设并优化环境的意识；其四，尽管有一定意识，但针对托班的环境创设和优化经验仍显不足，对环境创设的思考仅局限于室内空间。

通过对20位从事0—3岁婴幼儿托育服务实践的指导者（包括区教研员和区骨干教师）的深入访谈，我们收集到托班教师在教养环境创设方面存在的困惑与难点。通过对信息进行结构化分析，我们发现教师的问题主要集中在"如何创设具有'托班味道'的活动环境，有效防止小班化倾向？""在托班幼儿活动中，该如何调整环境和材料以更好地支持其发展？"等方面。此外，我们通过进一步分析托班教师的实践困惑，发现他们在以下几方面亟须得到专业支持。

表4-2　不同维度与问题

维度	问题
创设安全开放、动线流畅的空间环境	如何初步规划托班空间环境布局？ 如何实现室内与室外空间的自然过渡？ 托班空间环境有哪些独特之处？ 如何在托班空间环境布局中体现教师元素？
悉心照料幼儿的日常生活	如何打造符合托班特点的生活环境？ 如何根据入园适应期幼儿的发展需求设计生活环境？ 如何为幼儿提供全面的生活自助条件？ 如何根据幼儿的个性化需求提供生活支持？
充分满足幼儿的运动需求	如何有效利用室外环境，让幼儿有充分运动的机会？ 室内环境如何满足托班幼儿的动作发展需求？ 托班幼儿适合选用何种车辆以促进其动作发展？ 如何选择和设计玩球活动以促进托班幼儿的动作发展？
能让幼儿感到安全、有归属感和被信任	教师如何与幼儿建立信任关系？ 怎样的环境才能促进幼儿之间的情感互动？ 如何构建持续关爱幼儿的家园联系？ 如何满足不同阶段幼儿的情感需求？

（续表）

维度	问题
激发幼儿的好奇心和探索欲	什么样的环境创设和材料提供才能激发幼儿的好奇心？ 哪些环境和材料能满足幼儿持续探索的需求？ 如何有效地调整环境和材料以支持幼儿的探索与发展？ 如何利用户外自然环境激发幼儿的探索欲？
为幼儿提供充分进行艺术表征与表现的机会	怎样的环境能培养幼儿的审美感知？ 在一日活动中应如何选择合适的音乐？ 怎样的环境能鼓励幼儿主动表达？ 如何妥善处理幼儿的作品？
鼓励幼儿交流和运用语言	哪些环境和材料能激发幼儿开口说话的意愿？ 如何为幼儿提供优质的语言环境？ 怎样的环境有助于培养幼儿的倾听习惯？ 怎样的环境能促进幼儿之间的交流？

二、确立体现深度研究的突破点和着力点

我们借助中国知网、万方数据、读秀、施普林格等数据库，以“托班环境”“婴幼儿环境”等作为检索词，查阅了近20年在《学前教育研究》《幼儿教育》等期刊上发表的论文，以及各大高校的硕博士论文。同时，我们既研读了《幼儿园教育指导纲要（试行）》等政策文件，还阅读了《幼儿园托班教养经历对3—6岁幼儿动作发展的成效研究》等相关研究论文，以及《高瞻0—3岁儿童课程——支持婴儿与学步儿的成长和学习》等理论著作，从托班教养、教养环境、基于观察、早期教育质量、环境创设标准等方面进行文献综述。综合收集到的国内外教养环境创设的相关资料，为本书提供了坚实的理论支撑和丰富的研究经验借鉴。

（一）托班教养环境涉及各种环境之间的互动关系——多元、整合

美国幼儿教育协会（NAEYC）对早期教育机构心理环境创设的重视，英国早期基础阶段教育体系（EYFS）对整体人文环境创设的关注，瑞吉欧·艾米里亚教育体系将环境视作“第三位教师”，以及芬兰《幼儿教育和保育国家课程指导》等，均呈现出近年来各国对教养环境概念整体性的理解和研究趋势，强调幼

儿教养环境应凸显不同环境之间的互动关系，整合环境中的各类保教元素，以满足幼儿的发展需要。

（二）托班教养环境创设应兼顾幼儿多种经验的获得——丰富、适宜

各国及地区对托幼机构环境创设的要求，都致力于满足婴幼儿多方面的需求，使其获得多种经验，以支持个体全面和谐发展。0—3岁婴幼儿的遗传特质、家庭环境各不相同，个体之间有着显著差异，同时又遵循自身的发展规律。不同年龄、不同发展水平的婴幼儿对环境和材料有不同的需求，因此教师要根据托班幼儿在情感、动作、认知、语言等领域的发展特征，创设丰富、适宜的教养环境。

（三）托班教养环境创设旨在促进幼儿健康发展——顺应、自然

对托班幼儿而言，教养环境的首要作用在于让身处集体生活中的幼儿感到开心并愿意开口。陈鹤琴先生就曾说过，"幼稚园"这个名词的意思本是一个花园，让小孩子在里面自由活动，随意游玩，吸收新鲜的空气，享受天然的美景。因此，教师应为婴幼儿户外生活和游戏提供充分的机会，顺应其活泼好动的天性。如果创设的环境能激发幼儿的兴趣，他们便会主动运用自己的感官与周围环境进行互动，表现得更为积极自信。

已有的班级教养环境研究，多将影响幼儿发展的班级环境静态化；同时，多以量表或观察的形式，了解班级教养环境的应然状态，并将其与实然状态进行对比分析，较少根据托幼机构的实际情况，对教养环境创设过程中遭遇的问题和困惑进行动态研究。为此，我们将着力在基于观察动态调整环境方面实现突破。这里的"基于观察"，是指保教人员对托班幼儿在环境中的种种表现，以及对活动中与材料互动的有趣过程进行观察，分析与解读这些行为背后的原因，进而依据托班幼儿的兴趣与发展水平，提出环境和材料的调整方案。教师要在实践研究的过程中贯彻三个"有"，即让婴幼儿有足够的机会与自然充分互动，提供有安全感的环境并建立敏感的养育关系，相信婴幼儿是有能力且主动的学习者。

三、构建"反思—联结—实践—认同"的教研框架

指向教师行动改变的教研，需要为教师提供清晰统一的逻辑线索：首先，呈

现与幼儿相关的发展理论；其次，展示具体翔实的幼儿活动案例；再次，对这一案例进行理论分析；最后，采取行动，从环境调整和教师行为两方面给出具体可行的建议。从理论到实践，再回归理论，继而再次实践，这一过程呈现出经验与实证的良性循环，有利于帮助教师在理论知识和实践之间建立联系，从而成为有思想的行动者。

随着实践探索的不断深入，我们将视角聚焦于“基于幼儿行为观察的调整”，逐渐深入推进教研活动。

教师唯有深入理解托班幼儿的学习与发展特点，并且对其需求和兴趣作出敏锐回应，才能真正促进托班幼儿全面、整体、和谐发展。这就要求教师具有一定的理论知识储备以及反思实践能力。因此，在整个研究过程中，我们要始终关注教师专业发展。项目组成立之初，便依据现实需求确立各子项目组的研究内容，并与组员的专业支持进行配对。以幼儿一日生活的经历为逻辑线索，以托班幼儿在活动中的行为表现为依据，保教人员运用主题教研的规格要素进行研究与实践，呈现出基于观察的环境创设和材料提供的优化过程，与“观察—分析—支持—再观察”这一不断循环的行动路径相对应。

此外，我们重视引导教师在实践中反思。比如，借助“反思—联结—实践—认同”的教研框架，教师共同分析与解读这些行为背后的原因，并形成托班教养环境创设和材料提供的主要原则、应注意的若干问题、操作小贴士、不宜清单等。在实践探索中，我们积累了一系列环境材料动态调整的案例，为梳理并提炼托班教养环境创设和材料提供的深度研究成果提供了丰富的实践素材，并出版了《联结自然，在生活中成长——我们这样创设托班环境》一书。

四、明晰托班教养环境各维度的内涵和创设原则

（一）安全开放、动线流畅的空间环境

空间环境布局涵盖满足幼儿发展需求、有助于师幼互动的室内外活动空间安排与利用、设施设备放置、游戏材料提供、墙面布置、幼儿作品展示、视觉线索设置等方面，旨在使活动空间环境能吸引幼儿主动参与活动。比如，在规划室内活动空间的整体布局时，教师通常会先考虑设备的摆放位置、活动空间的安排密度、动线的流畅、私密性的提供、是否有视觉死角等，因为这些都会影响托

班幼儿的情绪、生活和行为。空间规划得当、空间密度恰当,有助于促进托班幼儿与环境的积极互动。在实践中,教师应尽可能遵循以下原则:实现室内与室外空间的自然过渡;既要注重空间环境的整体布局,也要关注细节中的生活环境。

(二) 稳定有序、教养融合的生活环境

托班生活环境包括幼儿一日生活中的各个环节,如进餐、盥洗、午睡等的环境。托班幼儿正处于秩序发展的敏感期,从幼儿生活的实际需求出发,为他们营造相对安全、稳定、有序的生活环境,能促进其秩序感和良好生活习惯的养成。同时,提供并支持托班幼儿在与生活环境的互动中获得更多自我照料的机会,有助于他们在生活自理能力、身体控制能力、自我意识等方面得到良好发展。在实践中,教师应尽可能遵循以下原则:尊重规律,实现养育与教育的自然融合;基于观察,满足幼儿的个性化需求;家园衔接,形成协调一致的环境支持体系。

(三) 满足天性、契合幼儿动作发展需求的运动环境

生命早期的动作发展是判断个体大脑发育是否正常的重要指标。对托班幼儿而言,身体的充分活动能更好地促进大脑各部位的神经连接,从而提高身体的协调性、平衡力、反应力、灵敏性等。为满足托班幼儿的动作发展需求,教师应充分利用阳光、空气、草坪、树丛等自然元素,在室内外均提供有利于托班幼儿钻、藏、攀爬的设施,自然引导幼儿充分地活动身体。在实践中,教师应尽可能遵循以下原则:提供机会,让幼儿身体得到充分活动;注重粗大动作和精细动作的同步发展;兼顾幼儿活动需求和过程中的安全。

(四) 能让幼儿感到安全、有归属感和被信任的环境

良好的人际关系对幼儿大脑发育有积极影响,有助于幼儿社会性情感的发展。在托班环境创设过程中,保教人员要积极营造良好的人际环境,建立保教人员与幼儿、幼儿与同伴以及家园之间的和谐关系,让幼儿感到安全、有归属感和被信任。在实践中,教师应尽可能遵循以下原则:建立稳定和谐的师幼关系;为幼儿与同伴交往提供充分的机会;打造连续关爱的家园共育通道。

(五) 激发幼儿的好奇心和探索欲的环境

托班幼儿天生就是探索者。教师要尊重托班幼儿好奇好问、喜欢摆弄探索的天性,为其提供充足的时间和空间,创设可供选择、能让幼儿运用身体和感官

充分互动的环境和材料，在保证安全的前提下，让幼儿在与周围环境的互动中乐于发现、充满好奇、勇于尝试，并感受到自己的力量。在实践中，教师应尽可能遵循以下原则：满足幼儿玩耍的天性，等待探索行为随时发生；欣赏幼儿的玩耍过程，激发幼儿的好奇心和探索欲。

（六）为幼儿提供充分表征与表现机会的环境

教养环境既是托班幼儿的生活空间，也是他们感受美、建立美感体验的场所。对自我意识初步形成的托班幼儿而言，一方面，优美的环境能逐渐培养他们对美好事物的敏感性和发现美的能力；另一方面，参与涂鸦和音乐，能让幼儿体会到"动起来"所带来的愉悦感。因此，创设一个能让托班幼儿感受美，并有机会表达感受、想法的环境，显得尤为重要。在实践中，教师应尽可能遵循以下原则：嵌入多感官感知的审美元素；悦纳幼儿多样化的艺术表现形式。

（七）鼓励幼儿交流和运用语言的环境

2—3 岁幼儿处于整个学龄前阶段的语言快速发展期。随着生活范围的扩大和人际交往机会的增多，幼儿的交流对象变得更为广泛，互动内容也更为丰富。在托幼机构中，教师应为幼儿创设更自由、更丰富、多互动的语言环境，帮助幼儿在倾听理解的基础上，做到想说、敢说、模仿并喜欢说。在实践中，教师应尽可能遵循以下原则：提供良好的倾听环境；选择易于理解、互动性强的材料；提供个性化的师幼互动方式。

五、形成操作小贴士和不宜清单

依据上述原则，项目组通过实践和研讨，不断丰富基于观察优化环境材料方面的经验。以下为研究过程的相关案例。

案例

感受涂鸦中的趣与美

一、观察

舒缓的音乐响起，孩子们三三两两地来到各个玩色区，开启了新的创作之旅。清清来到拍拍区，一眼瞧见桌上白色颜料盘里的绳子，瞬间来了兴致。于是,他立刻拿起绳子,在黑色卡纸上来回拖拉,一道道毛茸茸的白色线条就这样醒目地跃然纸上。清清将绳子来回拖拉,玩了好一会儿。突然,清清边玩边说:“绳子跳、跳、跳。”话音刚落,只见他用拿着绳的手开始上下抖动,白色颜料落在黑色卡纸上,呈现出星星的图案,煞是好看。

新设置的自然物粘贴区也围了几个幼儿,他们好奇地闻闻百香果干片、红柚果干片散发的香味,随后便试着将这些果干贴在画框中。

俊俊一路小跑离开了玩色区,来到玻璃画架的拍拍区。他盯着水槽里的水,凝视许久。接着,他小心翼翼地用手指蘸了些水,轻轻地抹在玻璃画架上。瞬间,几点红色印记便出现了。这样的发现让他更大胆地尝试起来。不一会儿,玻璃画架上布满了各色手印。

二、分析

幼儿们经过多次玩色活动的历练,动作变得更为娴熟,在不断尝试中发现色彩、线条等艺术元素的魅力。同时,垂直的操作台为幼儿手腕、手臂的活动提供了便利,让他们的艺术表现变得更为灵活。新增添的材料也成为幼儿再一次表现的动力。不同质地的自然物充分调动了幼儿的感官。他们通过闻一闻、摸一摸、贴一贴、撕一撕自然材料,滋养着自身感官,也体会到这些材料的独特之处,以及组合后呈现出的多样之美。

三、回应

一个有吸引力且相对固定的户外艺术区域,能给幼儿传递安全的信息;一件件从陌生到熟悉的玩色工具和材料,让幼儿在摆玩中逐渐得心应手。教师要根据幼儿对材料的熟悉度,慢慢补充新材料,并给予幼儿足够的时间,引导其去探索每一种材料的玩法。显然,当幼儿熟悉了各种媒介的特征后,就能为探索新材料和使用熟悉的材料进行多样化的艺术表现作准备。

除了放手与等待外,教师还要顺应幼儿的发展节奏,灵活增减材料以支持幼儿的玩色活动;同时,要用富有吸引力的方式展示幼儿的作品,如将作品精心装裱在精致的镜框里,挂在或摆在幼儿视觉可及的地方。这无疑是对幼儿及其作品的尊重。

这些案例为行动研究梳理出的经验提供了实践证据。基于此,我们针对托班教师所面临的环境创设困惑,给出了详细解答,形成环境创设和材料提供的18条操作小贴士和相应的不宜清单。

(一) 操作小贴士

1. 创设便于幼儿活动的安全环境

空间布局要注意疏密得当,便于幼儿自由走动;设施设备摆放不能有观察死角,便于教师及时发现安全隐患;空间布局要兼顾集中与分散活动的不同需求;不同材质的设备和玩教具要采用不同的消毒方法以保证安全卫生。

2. 因地制宜,为幼儿提供与户外环境产生联系的机会

尽可能加强室内外空间的衔接,比如:引入自然光,利用低矮窗台、玻璃窗设计光影游戏;运用符号、动线将阳台、露台等室内外活动环境串联起来,引导幼儿多去户外走动;提高户外空间环境的多功能利用,如在户外放置空瓶罐、悬挂风铃、提供小铲子等,鼓励幼儿积极与户外自然环境和自然物进行互动。

3. 提供能引发幼儿多重感官体验的生活材料和自然物

可提供安全卫生的生活日用品,如铝箔纸、玻璃纸、面巾纸等不同材质的纸张,以及聚丙烯塑料、不锈钢等材质的餐具;同时,也可提供自然物,如各种颜色、形状、质地的落叶等。因此,教师要引导幼儿在摆弄中获得视觉、听觉、触觉等多重体验。

4. 提供有利于幼儿建立安全感和秩序感的标识

在相对固定的物品收纳位置,配上直观形象的标识,帮助幼儿从稳定环境中获取安全感;运用脚印、圆点、步骤图等材料,提示幼儿稍作等待、取放材料、进出路线等,帮助幼儿建立秩序感。

5. 营造舒适温馨的盥洗环境

盥洗室应采用浅色调,且要便于清洁打理。比如:配备与幼儿身高和手臂长短相符的洗手池,以及不同开启方式的防溅水龙头;提供擦手毛巾并配有提示,帮助幼儿区分干净的毛巾和用过的毛巾;安装充满童趣的梳洗镜,并且高度要适宜,让幼儿能随时照镜子。此外,坐便器、站立式便池、冲水按钮等,要适合低龄幼儿使用,坐便器旁应提供方便拿取的便纸。

6. 支持自助的进餐环境

餐厅墙面可张贴幼儿自助就餐的照片,营造轻松的进餐氛围,提供便于幼

儿抓握的勺子、夹子、餐盘等餐具；根据幼儿咀嚼能力和生活自理能力逐渐提高的情况，逐步调整食材的加工方式，适当提供一些可撕、掰、剥的食物。

7. 营造安心放松的睡眠环境

午睡室应保持空气流通、光线柔和；床的摆放要注重安全性，并便于教师走动观察；睡前可播放轻柔的音乐，为个别有需求的幼儿提供安抚物和便盆；幼儿脱下的鞋子、衣裤等有固定的摆放位置，并营造放松的环境，便于幼儿安心入睡。

8. 布置有家庭特质的室内环境

利用小沙发、小床、地毯、浴帘等打造模拟家居环境；提供抱枕、厨具、扫帚等居家物品，引导幼儿模仿日常生活行为；摆放家庭和幼儿园活动照片，营造充满归属感的人际氛围。

9. 给予每个幼儿关注与尊重，积极与其互动

幼儿的个性需求各不相同，教师要注意观察并识别幼儿的不同情绪表现，及时回应以满足其生理和心理需求；同时，要经常通过目光、微笑、拥抱、柔和的语调等方式与幼儿互动，逐步与幼儿建立起稳定、信赖的关系。

10. 室内外均提供能促进幼儿粗大动作发展的器械

室内可利用小阁楼、滑梯、小沙发、软垫、毯子等，设置相对固定的活动区域，满足幼儿钻爬、翻滚等需求。户外可配置中小型组合设施、轻质软球、梯子、三轮自行车、脚行车等器械，满足幼儿充分行走和奔跑等需求，增强幼儿身体平衡和控制能力以及四肢力量。

11. 合理规划和利用户外环境

在秋冬季节，尽量选择有阳光的场地开展户外活动；幼儿活动区域以平坦的场地为主，适当增加起伏变化；可铺设草坪、木屑等不同材质的场地，满足幼儿不同的体验，但要避免场地湿滑和凹凸不平。

12. 充分利用户外自然环境，满足幼儿的好奇心

大自然中的所有元素都可成为幼儿感知的对象，如沙与水、光与影、风声与虫鸣、花草树木等，也能激发幼儿对自然美的感知，让幼儿的探索活动在日常玩耍中随时发生。

13. 创设开放、整合的游戏环境

打造半封闭的游戏区域，既相对独立，满足幼儿独自游戏的需求，又相互连

通，增加幼儿与其他区域材料及同伴的互动机会；提供有多种玩法的开放性材料，促进幼儿多方面的整合发展。

14. 让艺术元素自然渗透在一日生活中

既可以带幼儿到户外听大自然的鸟叫虫鸣、风声雨声等，也可以在一日生活中的转换环节和固定时段播放节奏明快、简短重复的乐（歌）曲，还可以和幼儿一起收集小石块、树枝、落叶、花瓣等自然材料，并用篮子或单色织物等容器加以衬托，从而更具艺术性。

15. 提供自由涂鸦、哼唱摇摆的机会

为幼儿倾听创造机会，包括鸟鸣声、风声、雨滴声、车辆行驶的声音、铃声、时钟嘀嗒的声音、开门关门的声音等；同时，在一日生活中，提供多种风格的音乐，让幼儿能自然跟随音乐哼唱、摆动身体。

16. 主动与幼儿互动，鼓励其用语言表达

在一日活动中，多与幼儿进行语言交流，并在交流过程中使用询问的方式，唤起幼儿开口表达的意愿。当幼儿使用肢体语言表达需求和想法时，教师应尝试理解，并用简单词句表述其需求和想法，鼓励幼儿进行语言模仿。

17. 满足幼儿自言自语的需求

在室内设置一些半封闭的私密空间，如帐篷、低矮阁楼等，满足幼儿独处的需求；同时，在此区域内放置一些幼儿喜欢或熟悉的物品，如一日生活的照片、幼儿自己制作的作品、熟悉的玩具等，激发幼儿看一看、摸一摸、说一说的兴趣。

18. 提供能引发幼儿翻一翻、看一看、说一说的图画书

为托班幼儿选择图画书时，应为其提供多元阅读体验。比如：提供不同材质的图画书，如卡片书、布书、塑料书等；提供不同阅读方式的图画书，如洞洞书、变色书、玩具书等；提供可延伸游戏体验的图画书。这些图画书都能有效激发幼儿的阅读兴趣。

（二）不宜清单

第一，绿地及室内禁止种植有毒、带刺、有飞絮、病虫害多、有刺激性的植物。

第二，禁止使用易破碎、有毒有害或形状上有尖锐棱角的材料。

第三，不得将泡沫塑料包装材料当作玩具使用。

第四，零部件直径不得小于 32 毫米。

第五，避免使用白砂及经过工业加工的有色砂，禁用石英砂等工业用砂。

第六，禁止使用全封闭的滑梯和通道。

第七，禁止使用不锈钢材质的运动器械。如果运动器械上有装饰物，不能挡住教师的视线。

第八，盥洗室应避免地面潮湿，严禁使用钩状物挂毛巾。

第九，避免午睡时光线过暗、空气不流通、空调温度与户外差异过大。

第十，避免只满足于幼儿的肢体语言表达，而不提供语言支持。

第十一，禁止使用过激语言、过激行为、冷暴力等方式对待幼儿的哭闹等情绪。

根据托班幼儿的年龄特点和发展规律，创设可供选择和探索、丰富整合的环境，并根据托班幼儿的兴趣和发展需求，适度调整环境材料，从而更充分地满足每个幼儿的发展需求，更好地实现托班幼儿的整体发展、主动发展、差异发展。教师也能在观察与分析幼儿的行为表现、动态调整环境材料的过程中，提升自身观察能力和反思实践能力，实现可持续发展。这一研究成果为广大托幼机构的园长和教师审视本园托班教养工作提供了参考依据，促使他们对本园托班教养工作进行深入思考，丰富托育服务的相关研究。

第二节　培育具有课程意识的反思性实践者

为持续强化教师的保教质量意识，上海构建了适合本市实际情况的全方位、立体式质量评价体系。该体系如同为园所绘制了质量发展的“路线图”，清晰地呈现出质量提升的“阶梯”，有力推动了园所和教师扎实开展日常观察评估工作，引导他们基于实证证据进行自我诊断和主动改进，进而将反思性实践融入日常工作，作为常态化提升保教质量的重要手段。如何在一日生活中观察每一个幼儿，认识幼儿之间存在的个体差异，主动了解和满足有益于幼儿身心发展的不同需求？如何帮助教师体会减少不必要的集体教学活动以及大力支持幼儿在生活和游戏中学习的积极意义？如何对现有特色活动进行反思，准确评估幼儿在这些活动中获得的经验，不追求无益于幼儿全面发展且脱离实际的所谓特色课程？如何定期反思环境创设、玩教具制作、文案撰写等工作的必要性和实效性，减少低效工作，杜绝形式主义？这些问题的解决，需要一批真正在反思中探索、在反思中实践的教育工作者付出努力。

为此，上海学前教育带领教师通过对各类信息的复盘、归档、整理，分析幼儿的学习与发展状况，并精准发现个体差异。在观察与反思中，助力教师实现内生性成长，激活教师专业发展的内驱力，培育其对幼儿充满好奇，使其成长为具有课程领导力的反思性实践者。

提升幼儿教师课程实践反思能力的实践研究

一、幼儿教师课程实践反思的内涵

幼儿教师课程实践反思是教师对课程的理解、设计、安排、组织、评价等方面展开自我认识、分析、判断、质疑的过程。在课程实施过程中，教师要对自身如何理解、认识、分析幼儿园课程，如何设计与安排各类教育活动，如何有效组织并开展这些活动，是否达成初始期望目标，以及目标达成或未达成的缘由等，进行有意识的思考。

幼儿教师课程实践反思的对象主要聚焦于教师自身的课程实践，以及已有的相关观点和认识。也就是说，课程实践反思的对象具体可分为两类：其一，指向教师在课程实施中的做法、行为等，如活动材料是否适宜，活动节奏是否符合班级幼儿的接受水平；其二，指向教师在课程开展过程中已经形成并持续运用的观点、想法等，如期望每个幼儿在活动中取得同样的成果是否合理，认为家长应参与幼儿的发展评价能否被家长接受且具有可行性，认为游戏活动中教师应以观察为主的想法是否恰当等。

在幼儿园课程实施场景中，这两类反思均不可或缺，且频繁发生。然而，对于教师和幼儿园管理者，我们更理解、更关注的应是前者。课程实践反思的核心是教师保持对自身课程实践与认识状态的关注，将其放在多元关系中加以审视，并基于审视作出判断和选择，以完善自身的课程实践。比如，教师经常思考教育活动的流程设计是否围绕活动目标展开，若经审视发现部分活动环节或步骤并未指向活动目标，便会倾向于作出调整，从而增强活动过程与目标的匹配度。

这里提及的"多元关系"，并非着重考量某个具体行为或者想法是否合理或适宜，而是将其置于关键关系中进行审视。某个活动环节本身并无好坏之分，只有将其置于特定关键关系中，才能判断其适宜程度。比如，教师在活动中安排幼儿以小组合作的形式完成相关操作。只有将该环节置于"是否有助于达成幼儿独立思考并解决问题的目标"这一关系中，教师才能作出思考和判断。否则，单纯讨论合作效果或如何加强合作，毫无意义。因此，依托关键关系，如活动过程与目标的匹配度，是进行反思的重要前提；同时，缺乏此前提的反思往往盲目无章。

二、教师为何要重视课程实践反思

随着"教师要成为反思性实践者"这一理念在幼儿园的广泛传播，反思作为教师工作的一部分，已经成为广大教师的重要任务。虽然并没有规定教师一定要采用书写反思的方式，但很多幼儿园借助每周和每日计划与记录、活动观察与分析、幼儿观察、教养笔记撰写等形式，鼓励教师积极反思自身的教育过程和结果。

某项针对上海市 16 个区各级幼儿教师的抽样调查显示，部分幼儿园和教师认同反思在提升课程实践水平、促进个人专业提升方面有一定的积极作用，但作为一项全体教师必须完成的工作程序和内容，其有效性有待商榷。

同时，调查揭示幼儿教师开展反思时仍然面临以下问题：

（一）教师反思的关注面较窄

当前，幼儿教师的反思主要集中在各类教育活动的设计、实施和结果。教师通过各种活动实施教育固然合理，但将其反思局限于活动本身，存在较大局限性。活动的设计、实施和结果受多种因素共同作用，涵盖教师理念、价值观、个人能力与意愿，以及现实条件、幼儿状况、活动之间的关系等方面，并且这些因素通过相互交织形成复杂关系。如果缺失对这些因素的分析和探究便开展反思活动，就难以促进活动改进和教师发展。同时，教师也在一定程度上存在重视集体教育活动反思，而往往忽视幼儿一日生活中其他活动与环节反思的倾向。实际上，集体教育活动之外的内容，如师幼互动、幼儿活动环境创设与管理、家园合作实施课程，以及教师自身的课程观和儿童观、态度等，对幼儿在园接受教育的质量至关重要。调查结果显示，教师在这些方面的反思严重缺失。因此，引导幼儿教师拓宽反思对象的广度迫在眉睫。

（二）教师反思缺乏深度

幼儿教师在开展反思时，容易浅尝辄止，凭借主观经验和想法作简单分析与处理，对引发反思素材背后的原因、影响因素、问题本质等缺乏深入思考。这导致思考零散、不连贯，易凭经验作出判断，并容易满足于简单分析，缺乏全面、客观的审视和思考，往往就事论事，罗列原因和给出解决办法后就结束反思。同时，对于自身的判断和形成的调整思路也没有认真对待并缺乏验证。如何引导教师保持反思的连贯性和深入性，直至触及问题本质，是亟待解决的问题。

（三）教师反思缺乏对话支撑

幼儿教师主要通过撰写文本或在脑海中思考进行反思，这两种方式大多独自完成。虽然反思主要基于教师个人的专业积累,但因其过程内隐,易形成认知壁垒,即教师难以从其他视角审视反思素材,从而获得更有价值的收获。从哪些角度以及以何种角度分析值得反思的现象和问题,是教师开展反思时需要得到积极支撑的方面。调研结果显示,市级骨干教师更倾向于通过观察幼儿表现、与他人沟通等方式开展反思;同时,广大教师普遍期望在反思方面获得专业引领。

(四)教师反思缺乏明确导向

幼儿教师为何要反思,反思成果究竟为谁所用,反思对教师内心收获和课程优化有何实际促进作用,是教师探寻反思目的和价值时需要关注的问题。如果反思仅是教师因规定而不得不完成的任务,而非主动探索的行动,教师便会缺乏认同感和获得感,其成效也会大打折扣。调研结果显示,幼儿教师对撰写规定格式和字数的反思存在较强倦怠感,普遍期望在反思过程中拥有更多自由、专业对话和指导。

综上所述,我们将教师定位为积极主动的自我学习者和自我导向的课程优化探索者。通过构建相对完整、系统、连续的思考框架,帮助有主动意愿的教师结合自身课程实践与思考,提升对自身课程实践状态的感知能力;同时,引导教师确定思考的角度和深度,进行连续、深入且有关联的思考,与自身已有观念和行动对话,不断提升对自我课程实践与思考的元认知能力,从而实现对自身课程实践的有效调整和专业发展的明确追求。

三、优化幼儿教师课程实践反思的要素分析

为优化幼儿教师课程实践反思,我们结合前文所提及的问题,从几个关键要素着手进行调整。这些要素包括对课程系统性的认识、对课程实践状态的感知能力、在关系中深入思考的习惯、对反思价值的认同等。

(一)补充课程知识,提升对幼儿园课程系统性的认识

由于多种原因,幼儿教师所具备的课程知识相对较少,对幼儿园课程的结构与要素以及它们之间的关系与逻辑掌握得不够完整,对它们的理解也较为肤浅,甚至有时还会出现概念性错误。大多数教师对活动的接受程度高于对课程的接受度。因此,课程的逻辑以及课程中需要关注的若干关系,并未成为对教

师课程的实际运行产生积极影响的关键因素。

缺乏对课程结构和内容的认识，以及缺乏对课程规划与实施过程中的若干重要关系的了解，是幼儿教师在课程反思中的短板。因此，有必要构建一个可视化的幼儿园课程框架，以帮助教师快速掌握幼儿园课程的“应然”和“实然”状态，并引发教师的认知冲突，进而拓展教师的课程视野。比如，幼儿园课程实践涵盖多个方面，除了活动设计与实施本身外，还要考虑课程目标、资源配置、幼儿发展评价等方面。此外，环境创设与管理、师幼互动等方面也共同参与运作，协同保障课程的顺利实施。

（二）设立引导问题，提升教师对课程实践状态的感知能力

幼儿教师更乐意讨论单个活动的问题，甚至是活动中某个方面的问题。同时，在活动实践中，他们也倾向于在尚未弄清问题之前就直接进入解决问题的阶段。由于教师对问题本身的意识程度较低，因此在方法选择上容易陷入主观陷阱，并且不太关注自身选择和行动所产生的实际效果。这种表浅、简单的思维过程容易让教师陷入自我设限的困境，虽然感觉有反思过程，但分析不够透彻，后续选择的方法和途径也较为主观，成效欠佳。

因此，首要任务是引导教师从自己对问题的初步感知出发，依托一定的框架或参照物进行深入思考，以便甄别并确认自己究竟遇到了何种问题或困境。比如，当教师发现班级中有的幼儿频繁迟到的问题时，就通过反复提醒、奖励准时来园的行为来改变这一状况，但收效甚微，并倾向于简单责怪家长的不配合。然而，当教师认真分析幼儿迟到的多种原因后，发现除了家长的不配合外，还有其他原因。一旦教师清晰把握问题表象背后的全貌，其后续方法的选择便更为主动和有针对性。

对于这类情况，我们需要建立一种方式，引导教师考察值得反思的问题表现，接纳问题产生的多种可能性，对比实际效果和自己预想的差异，在引导下分析并确定可能的原因，从而对症下药以解决问题。

基于此，在幼儿教师课程实践反思框架中，我们构建了由引导性问题构成的对话辅助系统，旨在帮助教师结合具体课程实践场景，明确关注范围，并进一步确认问题的本质。实际上，任何有助于教师全面、客观地了解自身课程实施状况的方法，都能提升教师的自觉性，并引导教师主动对预期目标或想法进行

判断,进而引发积极思考。

(三)找准反思视角,养成在关系中深入思考的习惯

反思是一个连续、有意义关联且不断深入的过程。我们需要建立一种方式,引导教师对一系列相关问题进行综合考虑。比如,如果第一个问题是“为何只有不到一半的幼儿出现了期望的表现?”,那么第二个问题可能是“是预设目标不够适切,还是过程中的某个环节影响了效果,抑或是教师受时间和条件的限制而无法兼顾所有幼儿?”。对第二个问题的确认,将决定后续思考的走向。

除了问题本身的关系外,另外一些关系也会促使教师反思他人的视角,以及自己在不同时期对同一问题的不同看法等。因此,我们可以为教师营造在多元关系中进行反思的氛围。

通过连续、有意义的反思的不断深入,教师能通过自我追问,明晰问题的实质和方向,体会反思带来的自我引导,感受解决问题的胜任感。同时,反思问题的深入必然推动教师对个人习惯、行为态度、价值观、个人角色与责任等方面进行更高水平的审视,从而塑造教师的思维习惯和反思品质。

(四)改变主体体验,增强幼儿教师对反思价值的认同

反思是一种有目的的意识过程,是教师作为课程主体,对课程质量负责并不断追求专业发展的过程,因此具有很强的个人化、个性化特征。任何将反思的起因归结于外在因素的做法,都会削弱教师的主体性和内在驱动力。比如,幼儿园规定教师必须围绕某个主题,以书面形式撰写规定字数的反思,或者要求教师必须在规定时间内上交一定数量的反思供管理者检查,之后便将其搁置一旁。

教师的反思在多种场合都会出现,但只有当教师感受到反思在优化实践方面带来的成效,或者对问题形成新认识所产生的愉悦感时,反思才会对教师个体产生积极作用。

幼儿教师作为课程具体规划和实施的主体,拥有主动思考的权利和自由。只有当教师意识到自己的思考具有价值,感受到反思带来的对自身思考能力的认可和成就感时,才会成为乐于反思、积极行动的课程实践优化者。

因此,我们应从以下三方面为教师提供空间和机会,引导其认识反思的价值:其一,提供充分的时间和条件,帮助教师深入了解自身课程实践状况。比

如，安排人员与教师讨论他们所关心的问题，并引导他们明确自己正在做什么。其二，营造可供选择的空间，尊重教师在反思过程、反思内容、反思方式等方面的自主选择和把控。其三，鼓励教师有效保存反思记录。比如，教师采用日志、博客等方式记录反思，并通过回顾自己的反思进行深入思考，如“曾经遇到过什么问题？如何成功解决？他人的想法对我有什么影响？对于半年前的问题，如今有了哪些全新的认识和解决思路?”。这样的空间设置，能使反思过程及其载体成为教师积极接纳的自我成长记录与促进力量。

关于幼儿园环境创设的若干问题

环境创设是幼儿教师教育工作的重要组成部分，良好的环境是影响幼儿身心发展的重要途径和手段。然而，当下幼儿园环境创设却呈现出一种“集体无意识”的状态，众多创设行动似乎迷失了原来的依据。

在幼教经费得到保障并持续增长的背景下，虽然环境创设不断升级，但某些关键要素却被忽视。或许我们应停下手中工作，通过对几个关键问题的反思，找回环境创设的初心，更好地引导实践。

当然，关于幼儿园环境创设的问题不胜枚举，但以下几个关键问题尤为重要。它们巧妙地介于原则性和操作性之间，起到了将理论与实践自然融合的作用。

一、是否真的相信环境对幼儿发展有积极作用

对于此问题，我们会收获诸多具体的答复。比如，教师往往会提及幼儿从周遭环境中汲取经验与知识，学习与人交往的技能，以及在与环境和材料的互动中进行主动探索，进而发展认知与能力。他们甚至能引用相关理论来佐证，抑或是分享自己在工作中的亲身经历和宝贵经验。然而，问题的核心并非“环境对幼儿发展有积极作用”这一已被众多研究证实的事实，而是“真的相信”这一表述。针对这一问题，一种更为具体且直击要害的表述是：“我真的相信我所

创造的环境对班级幼儿发展有积极作用吗?”实际上,许多教师对此表示“不清楚”“不知道”,甚至“没想过”。

尽管教师能为创设环境阐述诸多理由,但如果他们不确定环境是否能促进班级幼儿发展,那么所创设的环境可能只是“遵循原则打造”“老师假想,但幼儿难以理解”的行为。比如,虽然教师在区角张贴了详细的系鞋带图示,并为幼儿提供了系鞋带的相关玩具,但幼儿并未学会系鞋带,反而把材料弄得一团糟,让教师倍感头疼。又如,部分幼儿面对教师为他们准备的“五香豆”游戏材料时,一脸茫然。有的孩子说:“这是老师做的五香豆。”面对这些情况,如果教师能反思这个问题,或许会对自身做法产生怀疑,进而开启后续的思考和实践。因此,教师需要时常自省,审视自己的环境创设行为是否真正对幼儿产生了影响,以及产生了哪些实际作用。如果缺乏这样的反思过程,教师就无法树立环境教育的观念,也无法真正贯彻环境创设的初衷。

二、幼儿园环境如何发挥教育功能

回答此问题,我们能列举诸多例子。但是,在这些可能的过程和答案中,教师是否曾经思考过以下问题:如何更有效地发挥环境的教育作用?哪些教育目标必须通过环境创设才能实现?哪些教育虽然可以受到环境因素的影响,但仅靠环境的自然作用,其效果并不显著?这些问题需要我们客观判断并选择适宜的环境创设路径,才能得以有效解决。

环境以其日积月累、潜移默化的方式发挥着独特的教育作用。它是塑造幼儿行为方式、态度、情感的主要渠道之一,也是在真实情境中检验我们的教育是否切实有效的最强有力的标准。幼儿通过观察环境,可以区分真假和辨别轻重缓急。比如,当我们教育幼儿过马路时要遵守红绿灯信号规则时,如果他们在实际生活中发现人们并不总是遵守这一规则,那么他们可能会自然而然地认为“老师教的只是说说而已,不是那么重要”。这种态度和行为方式的教育,必然需要环境的参与才能发挥作用,环境中的制度执行和榜样示范尤为重要。

虽然环境在幼儿的认知发展中发挥一定的作用,但其作用或许并不及教师和幼儿之间的直接互动。因此,如果我们希望环境能在幼儿的认知发展中发挥积极作用,就需要营造一种能呵护好奇心、鼓励多样化尝试的氛围,而不是仅仅由教师预设若干“题目”让幼儿去操作。然而，现实中教师往往更多地关注并实施了后者。

三、我经常创设什么类型的环境

通常，我们将环境分为两类：一类是由空间、设备、材料等构成的硬环境；另一类是由不同氛围营造而成的软环境。在这两者之中，硬环境的创设无疑是教师必须亲力亲为的工作。毕竟，硬环境是幼儿生活和学习的直接载体，受到重视是理所应当的。

我们不妨进一步将硬环境细化，具体可分为空间规划、设备提供、材料组合等。在教师的日常工作中，环境创设在很大程度上基本等同于布置墙面、提供材料等。然而，根据课程实施的需求，规划和调整幼儿的生活和学习空间，基本是教师关注的盲点。因此，教师在这方面所接受的专业训练极为有限。这在很大程度上也是导致班级之间环境品质参差不齐的关键因素。

比如，在一些教室中，虽然放置了若干区域，幼儿也在做着各自的事情，但教师会发现，有的班级里的幼儿在狭小的桌面上玩着乐高和拼图，或者小心翼翼地绘画。原因在于，仅仅材料和容器就占据了桌面的大部分空间。又如，有的幼儿被要求端着水杯靠墙站立饮水，因为饮水区过于拥挤，容易发生碰撞。这种情况并非仅仅是空间狭小造成的，更主要的是环境与活动需求不匹配。我们通常会设想一个区域能静态容纳几个幼儿，却并未认真考虑幼儿在实际活动时真正需要多大的空间，以及活动过程和方式所需的余地。环境是为幼儿活动和教师工作服务的。如果不考虑活动的实际需求，不仅会给教师自身带来麻烦，还会影响活动的品质和效果。

虽然软环境受到越来越多教师的重视，但在如何营造舒适、宽松的心理环境方面，他们还停留在比较有限的思考上。比如，活动室里设置了一个看似令人满意的图书角，空间合适，光线明亮，所选图书也符合幼儿的能力和兴趣，取用方便。但是，为什么幼儿不喜欢去图书角阅读呢？其实，这可能是因为幼儿并未在班级的日常活动中受到潜移默化的影响，从而未能理解“图书角是个很有趣的地方，老师和小朋友们都喜欢阅读”。显然，仅仅依靠教师每日提醒幼儿“你可以去图书角看看书、找找答案”，是无法达到理想效果的。此时，我们也许需要在班级中建立一些隐性制度。比如，每天安排幼儿从图书角挑选一本图书，由教师念给全体幼儿听，并围绕故事引导幼儿分享自己的想法。又如，教师每天抽出几分钟时间，在图书角陪伴几个幼儿阅读。这些看不见的制度环境，相较于空间、材料和标识等，更能传递态度和价值。我们往往忙着创设“看得见的环境”，却容易忘记思考如何创设“看不见的环境”，以及如何实现二者之间的有机联系。教师经常自我追问这个问题，便能在硬环境和软环境的创设中寻求平衡和关联。

四、环境是让我忙起来了，还是让幼儿忙起来了

不可否认，幼儿园的环境创设已经成为教师的“心头重担”。教师在准备环境、提供材料等工作上投入了大量的时间和精力，远远超过了与幼儿们相处以及观察幼儿的时间。并且，这项工作似乎永无止境，教师仿佛只能无奈地承受这种需要无休止地创设环境的职业压力。

然而，真的是这样吗？环境创设真的非要让教师如此忙碌直至产生职业倦怠吗？显然并非如此。深谙幼儿教育之道的教师明白，环境是为幼儿提供学习和发展机会的平台和空间，应让他们在环境中拥有大量可变化且非常规的活动可能性，以及解决问题的机会，而不是通过环境创设将教师自身培养成“粉刷匠、装修工、手工艺人”。环境创设应是一个基于幼儿发展和课程需求，进行规划、设计，并提供与之相适配的若干条件的过程。我们不妨换个角度来思考环境创设的要求：环境究竟是让幼儿积极参与活动，还是让教师自己忙起来了？其实，教师也经常发现，对于自己绞尽脑汁设计并制作的环境和材料，幼儿并不感兴趣，即便在教师的要求下参与其中，也往往几分钟后就兴趣全无、心不在焉。这显然让教师很有挫败感。“教师辛苦忙碌，幼儿却无所事事”的环境是不合理的，也暴露出教师在环境创设上存在的误区。我们本期望在创设环境时为幼儿多作准备，考虑周全，可实际情况却是，教师做得越多，幼儿能做得越少。

或许，可通过以下三条途径来让教师从繁重的环境创设工作中解脱出来，让幼儿真正在环境中忙碌起来：

其一，在环境创设过程中，思考哪些环节是幼儿能自主参与的，以及哪些环节可以与幼儿的活动紧密结合，并尽可能让幼儿参与环境创设，充分发挥幼儿

的主观能动性。比如，他们能决定的事情，就让他们自主决定；他们能完成的任务，就让他们自己动手完成。

其二，在环境创设完成后，深入思考能为幼儿提供哪些有趣的活动机会，让他们沉浸其中、乐此不疲，而不是在完成教师给定的任务后就无所事事、被动等待。这需要教师积极预估和分析幼儿在环境中的活动可能性，同时预留出一定的空间，以支持幼儿的生成性活动。

其三，适度降低空间和材料的结构化程度，赋予幼儿根据自己的意愿和能力，自主使用空间和材料的自由。在幼儿活动过程中，教师需要密切关注他们与环境和材料的互动情况，再据此决定是否需要对环境进行调整。比如，教师可以时常问自己：环境究竟是为谁的发展提供机会？到底谁才是环境的真正主人？答案无疑是幼儿。

五、互动的环境究竟是什么

“互动”是幼儿教师日常生活中的高频词。“创设与幼儿互动的环境”“让环境说话”，也是教师耳熟能详的语句。可以说，互动是教师进行环境创设的基础要求和最终目标。于是，教师就真的这样去做了。比如，他们除了布置主题墙，张贴幼儿的活动照片和作品外，还将幼儿直接操作的材料费力地张贴在墙面上，在墙面各处添上文字和标记，甚至引入了智能化的多媒体设备，因为它们真的会“说话”，能告诉幼儿该干些什么……但环境真的就这样与幼儿交流互动起来了吗？答案是否定的。如果我们创设的环境只是一味地要求和告诉幼儿“这样做”，并不能说明环境与幼儿之间实现了真正的互动。

在某些情况下，由于教师的人为设计，环境可能会引导幼儿去探索一些预先预定的任务，得到一些预设的结论。这虽然在一定程度上体现了“互动”，但往往只是流于表面，既耗费精力，又难以达到预期效果。真正意义上的幼儿园互动环境，应该是当幼儿在其中开展活动时，能给他们的心理体验、思维发展、动作技能提升等方面带来不确定的结果，并且能激发幼儿持续地进行尝试和选择。比如，泥地上的一个水坑，能吸引幼儿反复踩踏。在这个过程中，幼儿不仅能感受到地面的凹陷，还能体验到不同踩踏力度所产生的方向、大小各异的水花……这样的环境激发并维持了幼儿的自主探索行为。这些探索行为可能是偶然发生的,更多的则是相互联系的一系列活动。因为它不断地激发和挑战着幼儿的认知经验和技能,促使幼儿不断地发现和思考、纠正和验证。又如,有些小女孩喜欢毛绒动物玩具,因为可以将其假装成不同的角色,对它说不同的话;在自己不想说话时,玩具能安静地待在她怀里,给予她陪伴和安慰;当她需要玩具坐下或睡下时,玩具也能非常配合她;……环境能否有逻辑地回应幼儿的活动,满足幼儿的需求,让幼儿的活动具有意义,这才是环境与幼儿互动的真正价值。

人际环境创设也是同理。如果教师缺乏与幼儿交流的技巧,在幼儿征询意见时,总是回答"你做得真棒",那么幼儿很快就不会再主动征询教师的意见了。因为这种互动方式缺乏回应性,并没有真正反馈给幼儿具体、个性化且有针对性的信息,也就无法激发幼儿的持续关注和行为调整。

教师在创设环境时,要确保环境能根据幼儿活动的不同而产生不同的结果,具备内在的逻辑性,从而满足不同幼儿对环境的需求。如果我们认为这一点很难做到,不妨换个思路,充分利用自然世界中的环境和条件,减少人为的过度控制因素。借助周围环境中自然存在的逻辑来影响幼儿的行为和思考,应该成为我们化繁为简地创设环境的基本思路。比如,为幼儿提供捡来的石头用于垒高游戏。这些石头大小不一、形状各异,因此幼儿在探索过程中就会面临诸多不可预知的情况和可能性。每个幼儿的探索过程都是独特的,这自然打破了教师对幼儿行为的预设,让幼儿与环境能真正实现互动。

六、在我提供或创设的环境里,允许幼儿做什么

幼儿园的各项活动都是在不同的环境中开展的。虽然活动主体是幼儿,但更多时候活动是由教师按照课程预设进行规划的。我们所创设的环境,自然也是依据课程的要求而设计的。然而,幼儿作为在环境中生活和学习的主体,却难得有机会表达自己的想法和要求。这就需要教师主动站在幼儿的角度,创设符合他们天性和活动需求的环境。这不仅是教育教学的需要,更是秉持人本主义、人道主义的必然要求。

有一次,我看见几个男孩在一起搭建轨道积木,可是一会儿就停了下来。因为他们发现轨道中的滚珠在老师那里,也不知道什么原因,所以就没有人去

问教师要滚珠。滚珠是这套轨道玩具存在逻辑意义的主要配件，如果缺失了，那么玩具对幼儿的意义也就戛然而止了。如果环境总是给予幼儿太多的规则和限制，幼儿就会表现出压抑、情绪波动、冷漠、被动等负面状态。《生成课程》一书中的案例或许能给教师一些启示。几名教师围绕现有的一片户外游戏场地展开信息收集工作，从幼儿的视角出发，尝试在这片场地中找到具有以下特征的地方：自己可以躲藏起来的地方；热天可能会去的比较凉爽的地方；可以保持物体平衡的地方；可以奔跑的地方；可以安静地坐下来的地方；可以挖洞的地方；可以一览院子里所发生事件的地方；可以清楚地看到院子外面世界的地方；对自己来说最美的地方；可以放声大叫的地方；……教师若能始终从幼儿的视角出发，努力创设一个对幼儿友好、机会丰富、允许幼儿自发活动、满足幼儿活动需求的环境，那么幼儿将享受到更优质的教育。

七、环境创设值不值

环境创设涵盖设计、购买、制作、布置、调整等环节，必然需要投入一定的成本和精力。如今，教师也越来越感觉到在幼儿园环境创设方面的硬性和软性投入都在不断增加。这里所说的投入增加，并非仅仅指因使用更高级的材料而导致费用增加，同样包括教师在这上面花费的时间和精力增多。付出越多，教师自然会反思这样的反思是否值得。关键是，大多数教师给出的答案是“不值得”。对比自己花费大量时间和精力创设的环境，他们认为还不如把这些时间和精力用在组织活动、观察幼儿上。

既然认为不值得，教师为何还在坚持不懈地进行环境创设呢？其中的原因有很多，如职业责任感的驱使、幼儿园制度的规定，甚至可能仅仅是园长或者专家的一句话。当环境创设被外在因素左右时，就容易出现盲目创设环境的现象。比如，对于教室门口的家园联系栏，教师会为其衬上彩色底板、镶上协调的边框，选择不同的字体，利用各种废旧包装盒制作成带有装饰的家长留言箱；同时，要构思亲切的语句，按照要求划分版面，贴上相应内容。

又如，在班级教室里，家具的表面装饰、包边的色彩配色等，就连茶杯箱也要根据活动主题进行精心装饰。更别说教室里一个个具体的区域、一面面墙了，那些都是教师精心打造的成果。而且，各种主题、中外节日、社会热点等，甚至商业化的幼儿游乐场所元素，都被搬进教室进行展示。但有多少教师真正用心观察过幼儿在这样的环境中究竟是怎么活动的？创设环境之后，幼儿的表现相较于之前发生了哪些有价值的变化？这样的变化有意义吗？也许，教师都非常忙碌，根本没有时间去思考这些问题。教师更多考虑的是如何填满教室空间，然后再用不同的方式进行替换。但这些调整与教师观察到的幼儿学习和活动情况是否相关呢？我们在创设环境时，始终怀着“为了促进幼儿发展”的初衷。如果能将时间、精力和经费用在有思考深度的探索上，那么即使过程曲折，我们也应当努力去探寻环境创设的意义和价值。有时候，当看到幼儿面对新鲜的环境，却不知所以地问教师“怎么玩”，或者看到幼儿在卫生间的水龙头前偷偷却又陶醉地玩水时，教师可能会有所触动，但这种触动可能仅仅是转瞬即逝的。

以上问题只是引导教师思考的切入点。也许，在有意义地创设幼儿园环境的过程中，我们还要学会追问自己更多的问题，并且尝试寻找内心认可的答案。

让一切真实发生
——基于幼儿社交冲突解决案例的分析与思考

案例

螺帽全被当作糖果

我曾看到过一个教师撰写的极具启发性的活动案例：在螺母积木区，几个孩子拿着螺帽玩起了“卖糖果”的游戏，致使其他原本打算玩搭建游戏的孩子无螺帽可用，同伴之间随即发生了争执。我并未阻止孩子们，因为这是他们在游戏中遇到的真实问题，而他们也是在应对这类矛盾冲突中不断成长的。这一过程对他们的社会性发展具有独特价值。如果我去阻止此事发生，便剥夺了孩子们在这一过程中发现问题、思考问题、解决问题的机会。于是，我聚焦“螺帽全被当作糖果”这一问题，引导孩子们展开交流分享。

问题1：针对这件事情，你们有什么想法？

文文说："人是最重要的。因为人要吃饭，螺帽糖果就好比我们的饭，所以我们非常需要它。"

点点说："人吃饱喝足、身体暖和才是第一重要的，所以我们才拿了这么多螺帽。"

满满说："因为多吃糖果会长蛀牙，所以我们不能吃太多。你们拿得太多了，可以分点给别人。"

天天说："螺帽是假的糖，不会让人长蛀牙。不过，你们拿了那么多，别人都没有螺帽可用了。"

艺艺说："螺帽原本是用来拧螺丝的，并不是糖果。你们拿得太多了。"

文文说："我们是在开糖果店，要是你们有需要，可以来我们的糖果店买呀！"

琪琪说："我看到你们开了糖果店，就去找你们买了螺帽来用。"

满满说："我去问你们买螺帽了，可你们只给了我几个，根本不够我搭房子。"

点点说："如果全卖给你们，就不够卖给别人了。"

乐乐说："螺帽是幼儿园的公共物品，本来就应该大家一起使用。为什么我们必须去你们那里买才能用呢？"

……

从以上对话可知，孩子们根据自己的理解，清晰且鲜明地表达了各自的观点，充分阐述了对"螺帽全被当作糖果"这一事件的看法。同时，他们在互相倾听的基础上，提出了自己的疑问。为了达成自己的游戏意愿，孩子们不仅努力运用各种方式去说服同伴，还尝试换位思考，以及站在他人的立场去寻找解决问题的策略。"卖糖果"这一游戏行为恰恰是他们在"占有"和"共享"之间找到的一种平衡方式，彰显出他们"与同伴合作，彼此互惠"的智慧。

鉴于孩子们谁也无法说服谁，我提出了第二个问题，试图引导孩子们从自身经历的这件事入手，对问题展开深入的探究和理解。

问题2：当想要用螺帽，但发现螺帽被拿光时，你会怎么办？

朱朱说："我认为，大家不该把螺帽全都拿走，按需拿取就行。我向来都是需要的时候才去拿,不会拿很多。"

林林说:"大家可以排队,一个一个去拿。如果看到还有人在排队,那就表明别人也需要螺帽。这种情况下,大家就少拿点,给别人留一点。"

文文说:"你们搭东西用不了太多螺帽,可我们开糖果店就不一样了,需要很多螺帽。如果没有足够多的糖果,那就不是糖果店了。"

点点说:"我们玩的游戏和别人不一样,需要很多螺帽。"

豆豆说:"螺帽都被拿完了。我今天就不搭东西了,只能玩积木。"

娇娇说:"螺帽被拿完了的话,我就向其他人借一点。"

峰峰说:"我认为,大家可以在制订游戏计划时,就盘算好自己需要多少螺帽,需要多少拿多少,这样就不会多拿了。"

……

不难发现,孩子们对游戏中如何合理分配螺帽有各自不同的想法。从以上对话可以看出,孩子们大多从自己的立场和需求出发,尚不具备换位思考的能力。这其实也是由孩子们处于自我中心阶段的年龄特点决定的。

在这场对话中,孩子们已然对"公平"问题有所察觉并予以关注。于是,我顺势提出"到底什么是公平?"这一问题,旨在引导孩子们对具体事件进行深入思考,进一步拓展交流分享的价值。

问题3:到底什么是公平?

满满说:"玩游戏时,如果别人把螺帽全拿走了,自己却没有螺帽可用,这就是不公平。螺帽是幼儿园的公共物品,大家都能使用,这才是公平。"

琪琪说:"每个人都有螺帽玩,这就是公平。"

林林说:"大家玩的时间一样,如你玩半分钟,我玩半分钟,轮流玩螺帽,这就是公平。"

文文说:"也可以今天我玩螺帽,明天你玩螺帽,这就是公平。"

乐乐说:"我认为,公平就是平分。你拿一半,我拿一半,这样最公平。"

峰峰说:"大家玩的螺帽一样多,这样最公平。可以先数一数有多少螺帽,然后平均分给大家。"

天天说:"那么多的螺帽,要数很久。我们可以把螺帽放在天平秤两边,让两边的重量相等,就能平分了。"

朱朱说："要让大家都开心，这才是公平。我满意了，你也满意了，这才是公平。"

……

因为孩子们都有实实在在的游戏体验，所以在这次讨论中，他们表现得非常投入。然而，也正因如此，他们大多以自我为中心，容易站在自己的立场看待问题。对此，我不禁思考：是否有办法引导孩子们学会站在第三者的角度，客观地看待类似问题呢？

我有意引入隔壁班级孩子独占四把梯子，导致其他真正有需求的孩子无法使用这一情况，引导孩子们继续对"公平"问题展开讨论。

问题4：你怎么看待隔壁班级使用梯子的事情？怎样才叫公平？

乐乐说："谁的游戏计划中明确要用到梯子，就由谁去拿，这就是公平的做法。"

林林说："如果很多人的游戏计划里都打算使用梯子，那就把梯子放在公共区域，谁有需求谁先去拿，这样才公平。"

文文说："可以将大家分成四组，每组各拿一把梯子，确保每组都有，这样就很公平。"

豆豆说："当一个人拿到梯子后，如果其他人也有需求，前者就可以把梯子借给对方。大家轮流使用，确保每个人都能用上，这才叫公平。"

天天说："可以自己用积木搭建一个类似台阶的替代品，把梯子让给真正有需求的人使用。"

……

令人意外的是，当孩子们讨论隔壁班级的事情时，他们变得非常理智，仿佛瞬间突破了自我中心的局限，能站在客观公正的立场看待问题，并形成一系列积极正向的观点。例如，不独占资源、小组共同使用、保障人人都有机会使用、优先满足最有需求的人。在这一过程中，孩子们学会了换位思考，尝试理解和权衡他人的想法与需求。在游戏交流分享的过程中，孩子们自发地创造出富有意义的课程内容，也让我对他们有了全新的认识。

现在的幼儿教师真的了不起，即便日常工作忙碌，还能沉下心来深入观察和思考，并带着对幼儿的理解和欣赏，记录下幼儿在活动中的成长历程。比如，一名乐于观察并在观察中有获得感的教师，不断通过对幼儿行为、语言的解读，加深对幼儿主体性的认识；同时，从琐碎的场景中挖掘潜藏线索，并让自己对幼儿的了解更为细致入微。这无疑需要耗费大量心力，却也能带来很多收获。又如，教师通过幼儿的言行，确认了该年龄段幼儿的特点，从而对某些问题释怀了；同时，发现了一些极具吸引力的现象，因此总想通过实验，不断激发、探索幼儿的多种反应。这种对幼儿的好奇，正是幼儿教师享受职业幸福的体现。我们非常希望教师一直葆有对幼儿表现的好奇，始终给予幼儿足够的关心和关怀。这种发自内心的在乎，是一名优秀教师的核心精神所在。

由此可知，成为一名优秀的幼儿教师着实不易。教师不满足于在为幼儿提供游戏材料和机会时仅做到“放手”，而是始终结合幼儿的表现，探寻自身作为教师在这些场景中的价值。教师经过思考，察觉到自身在类似场景中的直觉反应，并对这种反应进行了审慎分析，有意识地作出选择，勇敢地让幼儿直面问题。因为教师深刻理解到幼儿之间的矛盾冲突实则是他们学习与发展的机会，所以要利用这些机会，让幼儿充分表达、学习。此外，教师还将幼儿视为有主见、有思想的个体，愿意平等对待幼儿，甚至尝试与幼儿讨论一些比较深奥的哲学话题。比如，教师发现幼儿对公平有各自的理解，并且拥有自由表达的空间，这是难能可贵的。同时，教师能在游戏中关注幼儿各种真实的同伴交往冲突，并将其看作幼儿社会性情感与技能发展的重要机会。

教师的持续实践和思考为我们带来了很多启发，具体如下：

一、还原细节，以便理解和支持每一个幼儿

我们发现，教师经常鼓励和支持幼儿完整、充分地表达自己的想法，并详细记录了不同幼儿表达的意见，从中发现了幼儿富有个性、站在自身立场上的意见和态度。为了便于读者了解并在对比中发现幼儿想法的不同，教师特意进行了梳理和集中呈现。我们看到，围绕教师提出的某个话题，幼儿们愿意清晰地表达自己的想法。

然而，我们也非常想了解整件事的过程。比如，是谁在什么情况下拿了螺帽，谁不同意，发生了什么，具体过程是怎样的，主要参与方及其代表各自有怎

样的表现，整个讨论内容又是如何形成的。

虽然教师尽量用简洁的语言交代事情发生的场景，勾勒出一个大致能让读者理解的画面，并突出了幼儿不同的语言表达，但这样的呈现方式导致我们无法还原场景，也就无法设想幼儿是在怎样的情境和互动中说出那样的话的。我试图通过认真阅读和标注，从幼儿的话语中推断出哪些幼儿想用螺帽进行“卖糖果”游戏，哪些幼儿希望通过讨要螺帽继续玩建构游戏，以及哪些幼儿是知道事情原委的旁观者。但由于案例中并未呈现他们因为谁、在什么场景下说出这些话，我只能就事论事地看待这些幼儿的语言表达，而无法有效地还原幼儿互动的场景。

之所以这样说，是因为人的表达带有目的性，脱离了具体场景，就缺失了被正确理解的关键要素，也让人不能深入地分析说话者原本的意图。也就是说，如果无法了解这是怎样一个孩子，就不能结合其他信息，对其表达反映出发展方面的信息作出概括。比如，文文强烈表达“人是最重要的。因为人要吃饭，螺帽糖果就好比我们的饭，所以我们非常需要它”，这是否反映了文文的一种社会性互动策略？他是否在强调某些观念，以维护自己的想法不被他人否定？点点作为文文的同盟者，总对文文的意见表示赞同，但又留有商量的余地，愿意通过“买卖”的方式，将部分螺帽分给想玩建构游戏的同伴。满满和天天则用无力的理由劝说文文和点点，“你们拿得太多了，可以分点给别人”“你们拿了那么多，别人都没有螺帽可用了”。乐乐以一种格外清醒的姿态提出了质疑：“螺帽是幼儿园的公共物品，本来就应该大家一起使用。为什么我们必须去你们那里买才能用呢？”……

由于无法还原整个过程，我便无法根据现有的信息，对每一个幼儿的表现和话语进行深入分析。如果能知道故事的细节，就能更好地了解每一个幼儿的处境。从各种细节信息探寻幼儿的发展，尤其是幼儿的社会性发展，这需要教师有敏锐的感知能力。心理学研究表明，情绪情感是人们做一件事或一系列事情的内在动力，其对幼儿发展的作用远超我们的想象。这也是我们特别强调激发和维护幼儿的兴趣、主动性的原因。无论是成人还是幼儿，为了实现某个目标，都会有意识地选择一些方式来说话和做事。因此，我们先要通过发生的故事或反复出现的场景，去了解幼儿原有的社交经验和水平，并更深入地分析他们的真实需求，继而判断他们是否需要我们的指导和帮助。

二、推动问题解决，以便加深对幼儿的体认

教师在与幼儿进行有针对性的语言互动的四个阶段中，试图通过与幼儿讨论相关话题，增进幼儿之间的相互理解。然而，案例中对这方面并没有进行更深入的描述。

我非常想知道，这些幼儿最后是怎么解决这个问题的，他们接受了谁的方案，这个方案是谁提出来的，这个幼儿是怎么想到这个方案的，为什么这个方案会被大家接受。其实，我们强调一日生活对幼儿发展的重要性，并非意味着一日生活中有很多成人可以用来教授幼儿知识的机会。因为教师已经在观念上认识到，幼儿在一日生活中遇到的冲突和矛盾都是他们发展的机会，所以选择允许和引导幼儿充分表达。这是对幼儿主体性的尊重。但如果教师能再往前走一步，这个过程可能会更有价值。那就是，让解决问题的过程真正在幼儿之间展开。

对于一日生活中的困难、矛盾、冲突等，我们都应让幼儿亲身经历，并让他们用自己的方式去解决。在面对现实和解决问题的过程中，幼儿自然而然地经历了诸多思维过程、行动检验过程、调整改进过程，从而在多方面得到锻炼。当然，幼儿有时真的需要成人的引导和指导。此外，幼儿一定是在亲身解决问题的过程中实现成长的，如已有的社交技能得以运用和提升，对他人以及所面临的问题的认识也会得到拓展或深化。比如，他们能读懂别人的表情，倾听别人的想法和需求，权衡自己能否接受别人提出的建议，决定是否愿意放弃一些原来属于自己的想法、物品，以获取自己更想要的东西，以及决定以后再遇到类似问题时，是否选择同样的方法来解决。

同时，这样一个真实发生的与他人沟通、解决问题的过程，能让幼儿感受到每个人都是平等的，每个人的需求都应得到呈现和满足，而不是“仅仅说出来”却没有实际结果。教师没有呈现这个过程，并不意味着这一过程没有发生，只是教师尚未想明白这件事，因此将重点放在让幼儿充分表达上。但如果没有具体幼儿的真实参与，仅仅靠“嘴上说”或“让他们表达已经知道的东西”，是不能真正让幼儿从中受益的。当今的幼儿虽从各处获得教导的机会众多，懂得很多

道理，甚至会用成人般的语言振振有词地争辩，但如果他们长期缺乏亲自参与解决与自己相关的社交矛盾的经验，其认识就无法深入，社交经验也无法得到有效积累，就很有可能会被培养成只会说空话的人。幼儿园的生活时刻都在为幼儿的未来作准备，让幼儿在被接纳的安全感中，尝试用多种方法与不同的人沟通，进而解决自己的问题。在这个过程中，幼儿依靠自己的力量解决了自己的问题，或者帮助别人解决了问题。由此树立起来的自信心，是幼儿内心力量的源泉，是幼儿独立自主精神培育不可或缺的养分。

因此，我们对幼儿问题解决能力的培养，绝不能停留在让幼儿嘴上说说的层面，而是要让幼儿真正参与其中，让问题得到切实解决。那么，让幼儿知道那些道理就不重要了吗？答案并非如此。让幼儿通过自己的行动检验那些道理是否可行，将有利于他们更深入地理解那些道理发挥作用的条件和场景，真正做到知行合一。

比如，班级幼儿对什么是公平有各种各样的表述。我比较同意最后一个幼儿的意见，无论是在成人世界还是在儿童世界，这大概是关于公平的一种现实操作定义。世界上没有绝对的公平，在很多场合，幼儿口中说的那些关于公平的道理，其实都是行不通的。这些道理在现实中无法发挥作用的根本原因，就在于产生矛盾的各方可能并没有机会真正去讨论现实的多种可能性，也没有真正去寻求大家的共识并照此去做。当然，最后一个幼儿所表达的意思可能也并不是我理解的意思。因此，我很想进一步了解：他在什么具体场合下说了这样一句话，其他幼儿的反应如何，是否有后续的实践过程。

我们并非要简单培养只会说道理的幼儿，而是要培养对周围环境和人能灵活作出反应、积极主动且能干的幼儿。因此，建议教师尝试推动幼儿真正讨论并实践他们的解决方案，让他们的问题得到切实解决。幼儿对一些观念、概念的理解，会因亲身参与、换位思考而更为深刻。幼儿学会公平做事比学会讲公平的道理重要得多。

三、主动提升指导技能，以便实现自己作为教师的价值

幼儿的主动发展离不开掌握幼儿年龄特点和接纳幼儿个性特点的教师，因此教师要全面理解幼儿是成长中的、积极主动的个体。教师可以等待并观察幼

儿如何与周围的人、世界互动，并欣赏他们的自发性。但优秀的幼儿教师绝不会将幼儿的发展单纯寄托于静待花开上，他们总是在遵循幼儿发展规律、满足幼儿需求的基础上，审慎地引导幼儿朝着期望的方向发展，让幼儿成为更好的自己。

她就是这样一名有见识的教师。比如，尊重幼儿，将幼儿视作可以与人平等沟通、表达自己想法的主体，让他们毫无顾虑地展现自己的意愿和能力。同时，她始终在思考自己该如何做，才能在幼儿发展中找到更合理、更科学的位置。比如，倾听幼儿的话语，进行试探性的设想，并尝试与幼儿谈论教师认为合理的或幼儿可能感兴趣的话题，以此甄别这些做法之间的差异会引发幼儿怎样不同的反应。这些都是非常重要的心理储备。因此，她是一名做好了接纳幼儿，并尝试承担更优质的教师角色的教师。

如果要给她提一些建议，我认为她可以有针对性地学习或回顾一下幼儿自我发展和社会性发展的途径有哪些，教师实际可以如何引导幼儿解决问题，提升社交技能，丰富相关经验。

《3—6 岁儿童学习与发展指南》明确提出："人际交往和社会适应是幼儿社会学习的主要内容，也是其社会性发展的基本途径。幼儿在与成人和同伴交往的过程中，不仅学习如何与人友好相处，也在学习如何看待自己、对待他人，不断发展适应社会生活的能力。"其中，目标 2"能与同伴友好相处"的前两条教育建议给出了比较明确的方向。这两条建议都提到了"结合具体情境"，由此可见具体情境对幼儿学习的重要性。要想发展幼儿的社交技能，就一定要为幼儿创造能真实参与的机会。这就意味着仅仅靠听故事、讲道理，是不能帮助幼儿实现这一目标的。它们最多只能起到部分辅助作用。教师不能与幼儿空谈，必须选择发生在他们身上或身边的情境，以支持他们"做中学"。

第一条建议：结合具体情境，指导幼儿学习交往的基本规则和技能。比如，当幼儿与同伴发生矛盾或冲突时，指导他尝试用协商、交换、轮流玩、合作等方式解决冲突。这可能需要教师学习具体的做法，经过一个具体的过程或程序，才能让幼儿接纳成人的指导。显然，这种指导绝不能被理解为"告知""说教"。此外，教师往往只关注"协商、交换、轮流玩、合作"这些看起来很好的表述，但却没有想过幼儿怎样才会愿意协商、达成交换意向、乐意轮流，以及如何合作才是幼儿真正能接受的。再者，做这些事情的目的是解决冲突。我们常常不太重视目的和结果，但实际上它们极具价值。如果忽略冲突的解决，我们所做的一切就会变得空洞无物，就会脱离幼儿的实际体验和感知范围，又变成了表面、言语、讲道理式的教育。

第二条建议：结合具体情境，引导幼儿换位思考，学习理解别人。比如，幼儿有争抢玩具等不友好行为时，引导他们想想“假如你是那个小朋友，你有什么感受”，让幼儿学习理解别人的想法和感受。引导幼儿换位思考，也是我们容易忽视的一个方面。我们通常只是要求幼儿去考虑别人的感受，却没有引导他们作出“我可以怎么做”的行动选择，以及思考别人如果不接受我的选择，我该怎么办。大多数时候，我们只是期望幼儿快速作出一种必需的或道义上的选择。然而，在这一过程中，幼儿解决问题的真实过程根本没有发生。

教师如果在尊重和保障幼儿表达的前提下，有针对性地学习一些指导幼儿化解社交冲突的知识，就会获得新的专业成长。比如，当幼儿之间发生冲突时，教师该如何看待？教师首先要做的是什么？应该做的几件重要的事及其先后顺序是什么？在幼儿解决问题时，教师如何做才能保证解决问题的双方（或多方）都有公平的参与机会？教师如何做才能保证幼儿在解决冲突的过程中不依赖教师，不丧失胜任感，从而获得成就感？教师如何做才能突破自己的惯性思维？……

当教师有了这样的学习愿望时，就会主动寻找、学习并借鉴有关的研究和实践成果。由于有了学习新知识和新技能的动力，教师就会自然而然地审视自己原有的认识和做法，并作出新的尝试，从而就有可能实现专业技能的跨越式提升。

什么是有效教学
——有感于寻找原有经验的重要性

在游戏中，幼儿们开办了一家叮叮花店。此后很长一段时间，幼儿们不仅从家中带来不少花草和盆景，还把教室自然角的各种植物搬进花店。由此，花店规模日益壮大，经营得十分红火。

作为教师，我饶有兴致地观察着幼儿们的一举一动。每日，他们因不同的归类方法而不断变换花盆的陈列方式，其买卖过程也充满各种有趣情节。在这个过程中，我既看到了每个参与者的浓厚兴趣和独特想法，也惊喜地发现花店成了观察幼儿对植物了解程度的“绝佳窗口”。由此，我的脑海中开始构思一系列教学计划：在游戏之外的来园、离园和自由活动时间，引导幼儿观察和比较植物的不同形态，鼓励他们对植物成长进行观察和记录；设计集体教学活动，让幼儿了解影响植物生长的因素，以及植物与人类的关系；组织家园共育活动，让幼儿亲身体验种植的乐趣；……

然而，当我精心规划这一系列自认为很有意义的活动时，内心却有个声音在提醒自己：这样的教育方案虽看似面面俱到且具有教育价值，但它真的契合当下班级幼儿的最近发展区吗？关于植物，幼儿究竟掌握了多少知识，又欠缺哪些知识呢？当我意识到自己对这些问题了解甚少时，我明白需要收集更多信息，并依据信息分析来构建后续的教育方案。

在一次游戏后的交流环节，我问幼儿：“花店里的吊兰、芦荟、康乃馨有一个共同的名字，你们知道是什么吗？”许多幼儿立刻回答：“植物！”这一表现让我意识到，班级里的大部分幼儿对“植物”这个词并不陌生。

午餐后，我像往常一样带领幼儿在校园里散步，再次将话题引向植物：“校园里的这些植物，你们都认识吗？”话音刚落，幼儿们瞬间炸开了锅。我特意留意班级里能力较弱的幼儿，他们兴奋地拉着我东奔西走，踊跃指认：“松树是植物。”“海棠是植物。”“瓜子黄杨是植物。”“桂花树是植物。”“小草也是植物。”由此可见，在幼儿们眼中，花、草、树都属于植物。即便是能力较弱的幼儿，也掌握了这个常识。这让我感到十分欣慰。

一天清晨，有个幼儿从家里带来了仙人掌。我顺势问大家：“你们知道还有哪些地方也有植物吗？”幼儿们立刻争先恐后地回答：“我家客厅里有植物。”“我家阳台上有植物。”“马路两边有植物。”“餐厅入口处有植物。”“商场走廊里有植物。”“公园里有许多植物。”“结婚时，新娘的手上有植物。”见幼儿们兴致高涨，我灵机一动，抛出问题：“水果店里有没有植物呢？”刹那间，原本热闹的教室安静下来。幼儿们面面相觑，不知如何作答。过了一会儿，一个幼儿小声说道：

“水果店里的都是水果，不是植物。”经统计，班级 90%以上的幼儿都认同这一观点。我接着追问：“那么，菜市场里有植物吗？”这次，所有幼儿都斩钉截铁地告诉我：“菜市场里的是蔬菜，但蔬菜不是植物。”

与幼儿的这番对话，让我心中百感交集，甚至有些愧疚。“水果店里的都是水果”“菜市场里的是蔬菜”，这都是我们长期教育的结果。虽说幼儿知道“植物”一词，也能指认常见的花草树木，但显然，他们对植物的理解并不完整。不过，通过对这次交流的反思，我还是从中看到了价值，至少我明确了幼儿在植物认知上的缺失之处。

还有一次自由活动时间，我有意将一盆鲜花和一只养乌龟的玻璃缸放在一起。一个幼儿发现后便好奇地问我：“为什么把这两样东西放在一起呢？”我解释道：“我想看看它们有什么不同。”几个幼儿闻声围拢过来，从颜色、形状、生活习性等方面，对鲜花和乌龟进行了细致比较，说得头头是道。我继续追问：“它们有没有相同的地方呢？”幼儿们顿时哑口无言。终于，一个幼儿打破了沉默，自豪地说：“我发现，植物和动物都有一个‘物’字。”听到这个回答，我真是哭笑不得。

幼儿的回答再次促使我反思日常教育工作。我们常常带领幼儿观察动植物，重点多放在遵循观察方法、提升观察能力上，引导他们从上到下、从前到后、从左到右、从局部到整体地进行观察，并自以为这样就是在传授知识，却很少引导幼儿认识事物的本质，如动物和植物都具有生命。

基于对上述信息的分析与判断，我开始尝试给予幼儿教育支持，以填补他们的认知空白。当我带领幼儿前往农场参观时，他们看到藏在大片叶子下的包心菜，以及挂在枝头的橘子、柿子、柚子后，便能逐渐理解蔬菜、水果、植物之间的关系。

我还在教室图书角投放了许多关于植物的图画书，旨在帮助幼儿了解植物“播种—发芽—开花—结果”的生长过程，让他们明白果实是植物生长的一部分。同时，我特意在叮叮花店里添置了一些精美假花，引导幼儿在辨别真假的过程中，领悟植物拥有生命的意义。不久之后，幼儿们便能描述：“这花是假的，它虽然好看，但怎么浇水、晒太阳都不会长大。”“这花是真的，它会开花，也会枯萎。”此外，我还借助自然角、每日散步和集体教学活动，鼓励幼儿参与种植、观察、讨论等活动，帮助他们积累更多关于植物的经验。

实际上，只有在充分发现和了解幼儿的基础上，才能真正实施有针对性的教育支持。我深感庆幸，在与幼儿的频繁互动中，挖掘出了他们的原有经验。这让我有机会深刻反思日常教育中存在的偏差，并及时进行弥补。我想，这或许就是确保教得有意义、学得积极有效的关键所在。

值得深思的合作学习

一天，我受邀观摩一场教学活动。进门时，有教师递给我当日的活动日程，上面显示这是一场大班绘画活动，主题为“心目中的小学”。看到这个活动名称，我瞬间被吸引，脑海中不由自主地浮现出大班幼儿用稚嫩的笔触描绘对小学生活的向往的画面。有的幼儿可能会着重描绘教室里整齐排列的桌椅；有的幼儿会将校园独特的环境展现得淋漓尽致；有的幼儿会对庄严的升旗仪式浓墨重彩；有的幼儿会细致刻画对课间 10 分钟自主安排的期待；有的幼儿会画出对未来作业和测评的忐忑心情。由于幼儿们的经历和关注点不同，他们心中的小学必定各具特色。我想，这场教学活动的核心宗旨，应当是充分激发幼儿内心的不同感受，尽可能全面地了解他们的所思所想，并给予恰当的回应。带着对幼儿在活动中可能出现的多样表现的思考，以及“教师该如何发挥集体教学活动的价值”等疑问，我走进了教室。

然而，真实的课堂却大大出乎我的意料。活动开始，教师宣布开展“合作绘画”，要求四个幼儿为一组，共同完成一幅画作。

课后，我向教师询问选择合作绘画的原因。教师解释道：“如果让幼儿各自绘制心中的小学，不仅很难凸显集体教学活动的价值，还可能会被质疑为何不将其安排在个别化学习区角活动中。而且，当下正大力倡导大班幼儿进行合作学习。”听了教师的回答，我内心满是感慨。回顾整个活动过程，四个幼儿按要求围坐在一起，面对桌上的一张大纸和一支记号笔，瞬间炸开了锅。“谁来画?”“轮流画。”“谁先画?”“猜拳决定。”“画在哪个位置?”“我觉得画这儿。”……瞬间，教室里嘈杂一片。好不容易协调好各项问题后，当其中一个幼儿拿起笔开始作画时，其他三个幼儿只能在一旁干等着。

这场原本应是幼儿静心回顾、自我表达、不断丰富内心想法的绘画活动，却因这样的设计和实施，失去了原本的意义，既缺乏深度内涵，也未能达成预期效果。

遗憾之余，我仔细反思当下幼儿园的教学活动，发现类似这种看似热闹实则低效的课堂并不少见。我不禁想起一位小学校长曾大声疾呼："为什么一到公开教学活动，就特别容易看到教师组织学生进行合作学习，而在现实生活中却很少见到这种场景？"深入探究其中原因可知，除了教师有追求教育潮流的急切心理外，还有他们看到其他课堂上呈现出"人人参与、互动合作，充满思想碰撞和火花"的精彩瞬间，从而认可合作学习的价值，并期望将这一新理念融入自己的课堂。但在选择教学方式时，教师是否应当先明确教学方式与教学内容的适配性，以及教学方式对教学效果的影响呢？这与践行新理念并不冲突。

我曾听闻这样一个故事：一场大火中，死伤惨重，而一个瞎子和一个瘸子却成功脱险，这令众人十分惊讶。原来，火灾发生时，瞎子背起瘸子，用自己的双腿帮助瘸子行动，而瘸子则凭借自己的视力为瞎子指引方向。面对危险，瞎子和瘸子的配合堪称合作的典范。

从这个故事可以看出，真正的合作学习并非随意为之，而是要有合适的任务。教师在设计教学活动时，应当思考幼儿完成某项学习任务时是否确实需要他人协助。如果幼儿凭借个人能力就能达到同样甚至更好的学习效果，就没必要强行要求合作学习。比如，在"两人三足"这类依靠个人无法完成既定目标的学习活动中，开展合作学习对幼儿而言更有实际意义。我认为，真正的合作学习，并非一人主导、包揽所有工作，而应进行合理分工。当小组或团队成员都明确任务和目标，并齐心协力地朝着目标前进时，幼儿之间不仅会有清晰的分工，还能在相互协作中切实体会到合作带来的乐趣。此外，真正的合作学习不能流于形式，只注重表面，而应具备充分且完整的过程。既不能由教师单方面决定合作的开始和结束，也不能教师一声令下，幼儿就开始合作，或者教师觉得该结束了，哪怕幼儿之间互动良好，合作也必须立即终止。

后来有一天，我观摩了一场主题为"拷贝不走样"的活动，当时的场景让我眼前一亮。活动要求两个幼儿为一组,任务是用乐高积木搭建一个作品。在活动中,两个幼儿分工明确:一个负责仔细观察目标作品,并尽可能准确地将其描述出来;另一个则依据对方提供的信息,专心搭建作品。我看到幼儿两人一组,为了达成目标而共同努力。其中,负责观察的幼儿全神贯注地看着目标作品,绞尽脑汁地用语言将其特征描述出来;负责搭建的幼儿则专注倾听,不时提出疑问,全力以赴地搭建作品。在这个过程中,我真切感受到幼儿彼此之间的相互需求和依赖,见证了他们因成功而喜悦、因失败而沮丧的情绪变化,也让我深刻思考这样的合作学习对幼儿成长的重要意义。

活动结束后,我在走廊里听到两个女孩的对话:"下次换我来说,你来搭哦!""下次你一定要告诉我,一共有几块积木。""还有,你得跟我说清楚最下面搭什么。"……从她们的对话中,我能感受到她们在这次合作学习中有所收获,并且对下次合作充满期待。这也进一步证明了合理设计的合作学习活动,能对幼儿产生积极影响。

第五章

强化教研支撑，助力保教质量持续提升

第一节　构建保障保教质量的教研支持系统

教研是保障保教质量、促进保教内涵发展的重要机制。发挥教研力量，能为区域园所整体持续提升保教质量提供专业支撑。

2006 年，上海市参与了教育部基础教育课程教材发展中心组织的“以园为本教研制度建设”项目研究，旨在引领全市园所围绕课程实施中的园本问题开展对话研讨，提炼教研经验，为全面提升教师保教实施能力、整体提高保教质量固本强基。越来越多的教师成为实践问题的发现者以及问题解决的参与者和受益者。

2011 年，上海市开展了幼儿园一日活动保教质量专项调研，并进一步完善了三级教研网络，建立了“区域调研—问题教研—经验培训”三位一体运行机制。市、区两级教研部门携手落实对全市园所的分层指导、个体跟进，为薄弱园所找准方向，以实现保教指导的全面覆盖。大小教研、不同层级教师教研、网络教研、非正式教研等多种形式的教研活动应需而生。

自 2016 年起，上海市明确了教研转型的方向，探索并建立了以解决问题为导向的教研活动范式，提高了教研活动的主题性、实证性、参与度和有效性。根据发展目标与实践问题，对现有教研活动进行反思，持续优化教研工作，引导参与者深度参与。借助信息技术为教研赋能，开展线上线下联动教研，确保优质教研资源能全面覆盖且快速传递。

以教研赋能保教质量提升、助推全市园所自我更新、促进教师课程领导力提升的上海教研经验，不仅获得了美国、英国、新西兰、挪威、芬兰等国家相关专家的高度肯定，还推广至全国多个省区市。

构建整体提质的教研支持系统

提升保教质量关乎着每个家庭和民族的未来。在过去二十几年，上海积极响应人民群众对“幼有善育”的期盼，直面质量观不科学、质量提升缺乏系统性等问题，在不断扩充园所数量规模的同时，探索出一条市、区、园三级同频共振、同生共进，持续提质增效的创新之路。

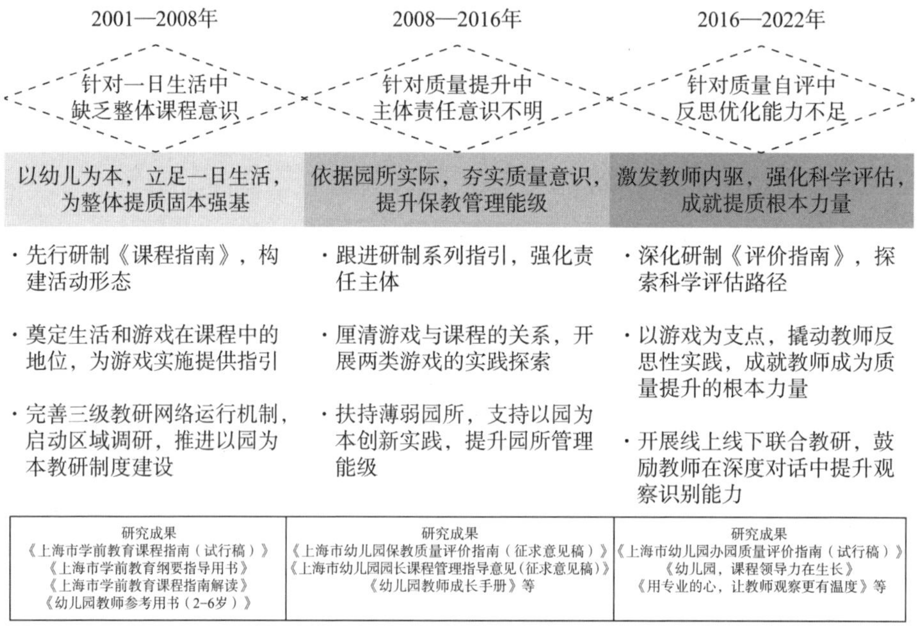

图 5－1　整体提升幼儿园保教质量的过程与方法

一、2001—2008 年：以幼儿为本，立足一日生活，为整体提质固本强基

彼时，教师普遍缺乏全面的保教质量观，往往以一日活动中的两场集体教

学活动优劣来判定园所保教质量，重教学、轻游戏，重知识技能传授、轻生活习惯养成的现象屡见不鲜。在此背景下，如何提升教师“一日生活皆课程”的意识，成为保教质量提升的关键突破口。

（一）加强顶层设计

2001 年，上海确立了“以幼儿发展为本”的价值导向，并编制了《课程指南》。《课程指南》从幼儿一日生活入手，建立以幼儿活动形态为基本类型的课程体系，明确立德树人、促进幼儿身心健康发展的课程目标，强调生活和游戏在课程中的重要地位，推进园所从“分科教学”走向“一日生活”。

（二）研制实践指引

从 2002 年起，上海编写了《上海市学前教育纲要指导用书》《上海市学前教育课程指南解读》《幼儿园教师参考用书（2—6 岁）》等系列文本，为教师把握一日生活各类活动的核心内涵提供指引，并确保“一日生活皆课程”“每日应有至少 1 小时的自主游戏时间”落实到位。

（三）建立教研机制

上海不断完善市、区、园三级教研网络，将全体教研员的专业成长、园所教师的新课程探索纳入整体推进计划。2006 年，上海选取多个区域参与“以园为本教研制度建设”项目研究，并由此明确园本教研以解决课程实施问题为主旨，以优化园本教研制度建设为保障，让教师在共同解决问题中找到对幼儿园课程实践的成就感和归属感。

这一阶段，尽管顶层设计逐渐完善，但部分园所在学习和吸收实践经验时却暴露出一些问题。比如，要么照单全收、生搬硬套，要么缺乏整体意识、过度追求特色。鉴于此，我们确立新的实践方向，着力推进园所立足自身实际，系统思考并提升园本化实施的意识与能力。

二、2008—2016 年：依据园所实际，夯实质量意识，提升保教管理能级

《国家中长期教育改革和发展规划纲要（2010—2020 年）》将提高质量作为教育改革发展的核心任务。上海作出积极回应，研制《上海市幼儿园保教质量

评价指南(征求意见稿)》(以下简称《保教质量评价指南》)、《上海市幼儿园园长课程管理指导意见(征求意见稿)》、《幼儿园教师成长手册》等文本,旨在助力各级各类园所围绕保教质量、教师专业发展、课程持续优化等方面,扬优势、补短板、强弱项。

(一) 聚焦课程领导

上海启动幼儿园课程领导力研究,以点带面,指引园所聚焦园本实际,编制和完善课程实施方案。在此过程中,园所不断积累提升管理与评估能级、深度开发环境与资源、协同家园与社区等方面的优质经验,致力于实施科学保育教育工作,促进幼儿身心全面和谐发展。

(二) 扶持薄弱园所

在全市开展幼儿园一日活动保教质量专项调研的背景下,市、区两级教研部门携手落实对全市园所的分层指导、个体跟进,为薄弱园所精准把脉、明确方向,实现保教指导的全覆盖。同时,大小教研、不同层级教师的教研、非正式教研等多样式教研应需而生。越来越多的园所和教师积极投入其中,成为实践问题的提出者以及问题解决的参与者和受益者。

(三) 夯实游戏实践

我们推动全市园所开展"游戏环境与材料""游戏中的师幼关系"等研究,引领教师反思"角色游戏为什么总是一条街?""自主游戏要教吗?""游戏中的重复行为到底有没有价值?""9 月 1 日,新小班幼儿可以玩游戏吗?"等问题,促使教师在深入思考中走出长期以来的思想和实践误区。大量实践探索助力教师深刻理解以最少的干预、最多的欣赏支持幼儿游戏,重构游戏中的师幼关系,是提升游戏活动实施质量的关键。在教师发起的游戏活动中,我们鼓励园所研究规则游戏,引导教师开发好玩、能玩的材料,从能玩、好玩、会玩、乐玩的维度重新定义"可玩性材料",以此满足每个幼儿对不同活动方式的需求,支持幼儿在与材料互动中自主建构各类经验。上海市静安区芷江中路幼儿园的"低结构活动探索"于 2014 年获基础教育国家级教学成果奖一等奖;上海市静安区南西幼儿园开发的"MINI 小盒子"20 组玩教具荣获 19 项国家级专利,其"幼儿园游戏与学习整合优化的实践研究"获 2022 年基础教育国家级教学成果奖二等奖。

在这一阶段,大量园所逐步树立起质量意识,但园所和教师对自身作为质量评价和提升主体的认知不足，经常处于任务驱动、被动待评、突击整改的状态。如何促使园所和教师主动开展自评行动和科学评估工作，如何培育教师反思性实践的意识与能力，成为新的探索方向。

三、2016—2022 年：激发教师内驱，强化科学评估，成就提质根本力量

（一）锚定游戏是保教质量提升的支点

我们强调，要确保幼儿应有的机会和权利，保障幼儿参与活动的时长和频次。比如，推动教师观察和辨析幼儿正在发生的有意义学习，并鼓励教师做好观察记录，通过定期归类视频和照片，深入开展“文件夹研究”，从而感受幼儿间的个体差异，洞察幼儿的经历和经验，进而分析幼儿的需求和问题。此外，引导教师捕捉游戏中蕴含的丰富教育契机，开展“游戏后的分享交流”研究，在与幼儿的同频共情中读懂幼儿的兴趣和探索欲、直面幼儿的问题和冲突，在幼儿主动学习与教师引导支持之间建立幼儿经验与课程目标的紧密关联，实现教育目标的软着陆。

我们依托游戏研究，培育教师对幼儿的好奇心，并借助教师的观察和反思，激发其内生性成长动力。大量园所真切感受到，以游戏为基本活动，激活了幼儿、教师、课程之间的内在联系；而且，游戏中幼儿的大量行为表现，是开展协商式家园共育的依据。游戏实施质量的持续提升，也同步带动了“环境与资源”“管理与评估”能级的提升。

（二）从反思中走出课程新样态

从最初建立稳定有序、动静交替、室内外兼顾的一日作息制度，规范开展四类活动，到夯实教师实施“生活重品质、运动重挑战、游戏重自主、学习重意义”的基本理念，再到强调立足园所条件和资源，在课程内容和实施的丰富性上激活创新实践，我们始终在不断探索前行。我们深知，今日之幼儿乃国家之未来，每个幼儿都是具有独立人格的个体。因此，我们相信并支持幼儿成为积极主动、有能力的学习者。我们倡导“有限活动空间，无限发展可能——打造童年的院子”“视风霜雪雨为课程资源，促孩子最大限度接近自然”“盘活家门口三公里”，将“走进绿色生态，传承红色基因，感受传统文化，体验现代科技”融入课

程，从而丰富幼儿的成长经历，守护他们的幸福童年。

（三）构建良好教研生态

我们在教研内容上精耕细作，改变长期以来研究“教什么”“如何教”的习惯，将深入研究幼儿作为质量提升的关键点。我们突破传统的教研方式，在聚焦广大教师现实问题的基础上，利用线下案例开展每年四次的网络教研。每次网络教研时，全市有超过80%的教师踊跃参与。这种“现象级”网络教研，实现了优质教研资源1对N扁平化、无限制的快速传播，让全市教师能同步获取前沿信息，体验专业思想碰撞的乐趣。每次网络教研后，我们通过对“幼儿园参与数量”“教师参与率”“发言总数”“回复总数”“点赞总数”“高频词”等数据的深入分析，了解教师的收获及存在的问题，并由此确立后续教研方向。

我们建立起“区域调研—问题教研—主题培训”三位一体运行机制。每学期，我们都会开展为期一周的区域课程与教学调研工作。在调研过程中，我们会对多家园所进行不少于半日的连续自然观察，旨在了解幼儿园保育教育过程和质量状况，判断教师为促进幼儿学习与发展所付出的努力。此外，我们采用访谈、问卷调查等方式，进一步挖掘、凝练优秀经验；同时，深入分析保教质量提升面临的挑战，找准区域整体推进、园所自主发展、教师专业成长的堵点、难点、痛点，汇聚市、区两级教研部门的智慧，促进保教质量持续提升。

（四）强化过程评估

2020年，上海印发了《评价指南》等文件，进一步明晰园所质量发展的路径，唤醒园所和教师在保教质量方面的主体责任感。与此同时，我们持续推动园所和教师落实日常观察评估工作，开展基于证据的自我诊断，并主动改进。众多园所据此制定了园本保教质量自评方案；一批园所先行先试，引领教师做好班级观察，在复盘信息、归档整理中评估幼儿的学习与发展情况；督促教师基于幼儿的行为表现审视班级的保教实践，从活动设计、师幼互动、环境资源、家园共育等方面，定期进行班级自评和分析，并与家长开展有针对性的沟通，从而达成科学育儿共识。越来越多的教师在日常观察评估中逐渐形成了“基于幼儿发展”来改进班级保教质量的内驱力。

回顾二十多年的砥砺前行，上海构建了保教质量持续提升的教研支持系统，走出一条独具特色的学前教育提质创新之路。比如：始终以“幼儿发展优先”为引领，为提升保教质量指明方向；以课程“满足个体需求，丰富成长经历”为目标，持续深耕；以游戏为提质支点，推动幼儿、教师、课程、管理与评估、环境与资源、家园与社区的六要素协同发展；以教研赋能课程领导力，推动园所和教师的自我评估和主动发展，确保保教质量稳步提升、行稳致远。

基于实证的质量内涵分析研究

为贯彻落实《国务院关于当前发展学前教育的若干意见》精神，以及上海市幼儿园保教工作会议精神，在反思本市学前教育“二期课改”成效、进一步推动学前教育科学发展的背景下，上海市于 2011 年开展了幼儿园一日活动保教质量专项调研。本次专项调研组织了 100 人的调研团队，抽取了 200 所各级各类幼儿园，采用“飞行调研”的方式，实地考察了幼儿园的保教活动，查阅了保教质量相关资料，并对 7000 名教师、幼儿和家长进行了深度访谈，共获得了 269600 个数据。这些数据为客观、准确地分析上海市幼儿园保教质量现状提供了有力支撑，有助于提出有针对性的建议和对策。同时，本次调研也积累了有效分析、科学评价教育质量的经验，为实现保教质量的长效和动态管理奠定了基础。

一、尝试实证研究，将精确性融入对学前教育现象和问题的分析

（一）提炼关键指标，保证观察评价的客观性

一日活动保教质量是指幼儿从来园到离园期间，在幼儿园参与的所有四类活动的水平高低和效果优劣程度。它体现在幼儿园保育与教育的全部内容、一日生活的各个环节、师幼互动的全部过程中。在明确一日活动保教质量的操作性概念的基础上，我们归纳出能反映幼儿园保教活动质量的三个关键指标，即“课程实施的质量”“幼儿的发展水平”“家长的满意度”，并概括出幼儿园各类资料质量评价的关键指标，即“课程实施方案”“幼儿园一日作息安排与周计划”“教师集体教学活动设计”。这些指标将作为质量分析的重要依据。此外，我们通过前期调研对这些关键指标进行论证和修订，形成比较完整且标准化的指标

后，应用于全面调研。

（二）综合多元方法，确保研究结果的可信度

在整个研究过程中，我们综合运用了问卷调查法、自然观察法、深度访谈法、作品分析法等多种研究方法，获得了269600个有效数据和大量质性信息。在对量化数据进行统计分析的同时，还辅以质性材料加以说明。通过多方面研究结果的相互印证，我们发现来自幼儿园、家长、幼儿等方面的信息趋于一致，因此研究结果具备较高的信度。比如，围绕教师专业化水平，研究者通过深入保教现场、问卷调查等形式展开研究，结果发现教师在“教育观念”“制订保教计划能力”“教育反思能力”等方面所展现出的专业化水平结果较为一致。这表明，大多数教师的专业发展态势良好。此外，家长问卷也印证了这一点，家长对教师专业水平的满意度（包括很满意和比较满意）高达96.5%。

（三）深入分析数据，提高对策建议的科学性

面对纷繁复杂的数据，研究者既要尊重事实，也要进行科学的价值分析，寻找数据背后的真相。比如，一项研究结果表明，全市公办幼儿园教师布置回家作业的总体比例为79%，民办幼儿园的这一比例则为78.7%。进一步分析作业内容发现，公办幼儿园教师布置的回家作业主要是让幼儿收集与主题学习相关的信息资料，如家里的数字、周围人的职业、秋天的果实等。这些作业与幼儿的学习要求和目标相融合，对幼儿具有积极长远的发展价值。这一分析有助于解答“幼儿园能否布置作业？”等问题，同时也为教育部门了解本市幼儿园小学化现象、制定相关政策提供了基础信息。

二、依靠实证研究，科学回应学前教育的重大实践问题

我们尝试运用以实证研究为主、以理论研究为辅的方法，对全市幼儿园一日活动保教质量展开分析，旨在通过客观数据和事实回应一系列问题，其中包括幼儿园的保教质量问题、发展差异问题、学科化与小学化问题、园长与教师专业水平有待提升等。

（一）本市幼儿园在一日活动的安排上是否规范

活动安排规范是质量的基础，也是幼儿园保教质量的“底色”。“一日活动计划安排中运动与游戏时间是否得到保证”这一问题的调查结果显示，运动与

游戏时间“充分保证”和“基本保证”的占比分别达到 89%和 72.5%。“周(日)计划与当日实际活动是否一致”这一问题的调查结果显示，二者的一致性达 93.6%。总体而言，本市幼儿园一日活动的安排基本规范。

（二）对于本市幼儿园保教质量，家长是否满意

家长对幼儿园保教质量的满意度是评价学前教育质量的重要依据之一。调查结果显示，有 98.2%家长对幼儿园总体质量感到“很满意”和“比较满意”。此外，家长对伙食表示“很满意”和“比较满意”的比例为 96.8%。但是，民办三级园的家长对伙食的满意度相对较低，仅为 81.6%。

（三）本市幼儿园之间的发展差异主要体现在哪些方面

调查结果显示，在本市幼儿园一日活动保教质量基本规范且有效的情况下，发展差异主要体现在公办幼儿园与民办幼儿园之间。以幼儿园的班额为例，标准班额是平均每班 30 人。但实际情况是，公办幼儿园平均每班 31 人，民办三级园则高达 38.9 人。总体而言，公办幼儿园的保教质量明显优于民办幼儿园，二者呈现出显著性差异。

（四）本市幼儿园究竟有没有学科化与小学化现象

我们从“幼儿园的兴趣班”“幼儿作业的数量与具体内容”“教师对家长学科化需求的态度”三方面对学科化与小学化指标进行量化分析。从“幼儿园的兴趣班”[①]这一调查数据可知，全市 92.5%的幼儿园没有开设任何兴趣班。此外，公办幼儿园与民办幼儿园之间的差异较大，其中开设兴趣班的公办幼儿园占公办园总数的 1.8%，而开设兴趣班的民办幼儿园占民办园总数的 19.7%。总体而言，全市幼儿园基本能专注于保教工作，较好地抵制了学科化与小学化倾向。不过，个别民办幼儿园仍存在学科化与小学化现象。

（五）本市园长的课程领导力究竟如何

我们从“园长对保教质量管理的重点”“园长进班次数和观摩活动内容的情况”“园长对教师保教工作进行评价与考核的主要内容”三方面进行考察。调查结果显示，园长对课程实施的规范性与有效性问题日益重视，课程质量意识显著增强，课程领导力不断提升。比如，园长“一周进班两个半天及以上”的占比

① 这里特指下午四点幼儿离园之后收费的学科类兴趣班。

为 41.5%;“一周进班一个半天”的占比为 26.0%。又如,园长对教师的考核重点已从过去“以一节课论英雄”转向全面关注一日活动保教质量的各个层面。

（六）全市教师的专业化水平如何

我们从教师的“教育观念”“制订保教计划能力”“教育反思能力”三方面对教师的保教能力与专业化水平展开考察。调查结果显示,全市幼儿园教师的教育观念基本端正,教育行为专业特征愈发明显。比如,84.2%的公办幼儿园教师和 82.4%的民办幼儿园教师在每次或每天保教活动结束后会作出反思与分析。

（七）全市幼儿园保教融合情况怎样

我们从“保教融合的理念”“教师与保育员的沟通情况(包括数量与方式)”“对幼儿身高、体重发育以及体弱儿、肥胖儿的关注情况”三方面予以分析。调查结果显示,保教融合的理念逐步确立,教师与保育员、保健员的沟通已形成习惯,幼儿生长发育情况良好。比如,从“对幼儿身高、体重发育以及体弱儿、肥胖儿的关注情况”看,本市幼儿身高、体重达标率都很高,其中平均身高达标率为 71.86%,平均体重达标率为 71.03%,均超过了市儿保部门规定的 60%的达标率;幼儿的平均肥胖率为 7.66%,符合市儿保部门提出的肥胖率不超过 10%的规定。

调查结果显示,本市幼儿园教育现状为:(1)本市幼儿园保教质量总体良好,幼儿身心健康,家长满意度较高,公办幼儿园发展优势明显;(2)全市幼儿园基本能专注园本保教工作,较好地抵制学科化与小学化倾向,但少部分民办幼儿园仍然存在学科化与小学化现象;(3)园长的课程质量意识显著增强,对幼儿园课程实施的规范性与有效性问题日益重视;(4)教师的教育观念基本端正,教育行为的专业特征愈发明显;(5)保教融合的理念逐渐确立,教师与保育员、保健员的沟通已形成习惯,幼儿生长发育情况良好。

通过实证调查与研究,我们获取了大量质量、差异、发展水平等相关的事实与数据,构建了对本市幼儿园教育现状更全面、客观、真实、立体的认知。

三、基于实证研究,对未来学前教育的科学发展进行思考

第一,进一步加强保教质量的科学化、标准化建设,建立质量关键指标和监测手段,并进行长效管理。市级层面应制定和完善全市幼儿园保教活动质量标准和监测评价方法,以此引导和指导各区不断提高保教工作的科学化水平。市、

区两级应定期或不定期地组织力量，加强调研指导，落实规范办园的各项要求。

第二，进一步加强对民办幼儿园的管理，杜绝学科化与小学化倾向。相关部门应出台相关规定，加强对民办幼儿园保教质量的指导、规范和评价，努力缩小公办与民办幼儿园及其教师之间的专业差距，实现共同、和谐发展。

第三，进一步重视保育员和保健员的管理，建立相关质量标准，全面提升其专业化水平。一方面，要建立科学合理的评价体系，加大管理力度，规范保育员和保健员的行为；另一方面，要为保育员和保健员的稳定发展提供政策支持。

第四，进一步减轻教师的工作负担，为教师营造良好的工作和心理环境。比如，采取积极措施，引导和帮助教师运用合理的工作方法，从而减轻负担，提高工作效率。

第五，进一步加大社会宣传力度，强化正确的育儿观，营造有利于幼儿发展的社会环境。比如，教育部门应主动向社会各方宣传幼儿园教育工作，特别是“二期课改”的教育理念以及相应的进展情况。此外，各级各类幼儿园要加强对家长进行有关幼儿身心发展规律和幼儿园教育特点的宣传与指导。

调研是一次真实全面的质量检验，是强化质量意识的有力行动，也是对有效教育评价方法的初步尝试。本次调研采用量化与质化相结合的方式，对幼儿园保教质量作出最基本的回应。但仅仅凭借一次调研是远远不够的，因为旧的问题解决后还会不断有新的问题产生。因此，需要建立市、区两级质量管理与监测机制，并使之常态化、动态化，以真正保证幼儿园保教质量规范且有效，努力实现学前教育的科学发展，为幼儿提供健康、快乐、幸福的早期教育环境和质量保障。

让外部力量支持激活内部生长动力

2023 年初，上海市明确提出“促进幼儿健康快乐成长，办有口皆碑的幼儿园”的建设目标，在上海市教师教育学院（上海市教育委员会教研室）设立行动专班，整体规划行动方案。同年 7 月，上海市印发《全面建设高质量幼儿园的实施意见》。面对新形势、新任务、新要求，教研工作需要探索如何构建外部支持系统，激发内部动力，持续推动保教质量提升。

一、健全教研网络，明确工作职责

上海市进一步完善“纵横到边、责任到人”的市、区、园三级教研网络，着力打造以教育行政部门为主导、以教研机构为主体、区域跟进支持、相关单位协同合作、园所积极响应的教研工作新格局。

市级教研以提升区教研员的课程领导力为重点，将提升每一所家门口幼儿园的保教质量纳入整体推进计划。在“整体提质、底盘抬高”的顶层设计中，市级教研部门与区级教研部门携手合作，通过全覆盖调研、过程性指导、主题式论坛、伴随式宣传等途径，确保教研重心下沉至薄弱园所，稳固区域园所保教质量的基础。

区级教研充分发挥“上下联通、点面结合”的作用，积极推动区域园所投身于“幼儿发展优先”项目研究；同时，鼓励园所立足自身实际，梳理园所课程体系，在“构建幼儿为本的一日生活”行动中开展创新实践。

园本教研以解决课程实施问题为宗旨，以优化园本教研制度建设为保障，将深入研究幼儿作为质量提升的关键；同时，通过激发教师反思性实践的动力，促使教师将高质量保教落实到每一个活动中。

二、从关键问题入手，激活内生动力

多年来，上海学前教研持续强化对课程、教学、评价等育人关键环节的研究。我们通过不断构建学习共同体，聚焦难点问题，开展深度研修，持续携手一批又一批“愿意先跑起来”的园长和教师，共同攻克难点、打通堵点。

以“幼儿园以游戏为基本活动的上海实践”为例，对于“游戏是儿童的天性”这一观点，大家是否认同？能否看到游戏中蕴含着幼儿学习与发展的丰富机会？关键在于，当确定园所一日生活中游戏活动的实施质量是保教质量提升的关键支点时，教研员要思考如何构建专业话语体系，将理论和策略转化为园长和教师易懂的形式进行传递。为此，上海一方面组织全体教研员围绕“游戏环境与材料”“重构师幼关系”“做实观察记录”“游戏后的分享交流”等关键问题，开展长达十余年的研究，以此提升教研员的游戏指导能力；另一方面，针对一线教师习以为常的行为进行反思：角色游戏中为何总是一条街？游戏前的“预约”

究竟是方便了幼儿，还是方便了教师管理？游戏到底要不要教？幼儿在游戏中到底有没有学习？能不能到户外去游戏？……这些问题与教师的长期实践紧密相连，促使教师重新审视行为背后的理念和逻辑，推动教师进行深度反思，最终促使绝大多数教师自觉作出调整。

如今，户外 2 小时活动已成为常态，幼儿在蓝天白云下尽情玩耍的场景随处可见。当广大园所惊叹于幼儿精彩纷呈的活动过程时，一系列由内而外地引发园长和教师疑惑的问题接踵而至："那些空出来的室内空间该如何利用？""同样一群孩子，为何回到教师预设的课堂，就缺乏专注力和主动性？""完整、自然、统一的教师在哪里？""预设活动还重要吗？质量又该如何提升？""那些花大力气打造的特色，未来发展方向在哪里？"这一系列驱动性问题促使教研员直面园所发展和教师专业成长的需求，推动研究进入新的阶段。

三、秉持"幼儿发展优先"理念，实现教研转型

多年来，上海以园为本的教研活动聚焦保教实施中的各类真实问题。通过优化教研活动流程、运用研讨工具等方式，推动教研参与者展开深度对话，确保每位参与者的观点都得到尊重。教研活动成为广大教师高度认可的寻找问题、分析成因、相互质疑、交流经验的重要平台。越来越多的教师成为实践问题的提出者以及解决问题的参与者与受益者，在解决问题的过程中，对幼儿园课程实践产生强烈的归属感。

近几年，随着"幼儿发展优先"理念的深入，各园所的教研内容也与时俱进，从侧重"教什么""如何教"逐渐转向聚焦分析和解读幼儿的自然表现。2023 年，上海针对 16 场园级教研活动展开深度研讨，"不因儿童弱小而轻视他们，而是积极主动地去感知幼儿成长的力量""探讨幼儿所拥有的权利并确保幼儿行使自己的权利""将幼儿在一日生活中自然经历的挑战、困难、关系视作学习与发展的机会""从成人眼中的幼儿群体印象走向真实情境中鲜活的个体幼儿"成为多场教研活动的核心话题。8 所公办二级园在教研活动中亮相，充分利用视频开展循证研究，不仅加深了教师对幼儿的理解，也促使教师深入认识和反思自身的角色和价值。

四、创新教研方式，展现教研力量

近年来，上海致力于探索“区域调研—问题教研—主题培训”三位一体运行机制。比如，市教研员深入区域开展为期一周的课程和教学调研，对三分之一以上班级进行观察，持续收集保教实践的信息和证据，全面了解区域园所保教质量提升的经验和挑战；同时，与园所教师共同探究现象背后的本质，寻求市、区两级教研部门的解决办法，并对梳理提炼的经验进行推广。此外，上海聚焦实践难点问题，精心挑选线下案例、设计教研话题、组织教师在线研讨，并通过数据分析，明确后续教研方向。2017 年以来，上海每年举办 4 场网络教研，支持 4 万余名教师同步获取前沿信息，感受专业思想碰撞的魅力。比如，嘉定区的一所幼儿园从最初照搬网络教研中各园所案例中的器材到组织教师深度研讨器材背后的教育理念，再到形成自家的“快乐骑行”案例，成为全市网络教研的素材，最终实现了蜕变。网络教研让大量平时没有机会外出观摩的教师拓宽了视野，得以看到同行的做法和儿童的发展。网络教研中的诸多视频极具冲击力，促使广大教师思考自身也能如此尝试。信息技术赋能的网络教研对推动上海学前教育发展意义重大，它打破了层层传递的局限，减少了信息损耗，确保了优质教研资源全面覆盖、快速传播，实现了线上与线下的优势互补。

上海学前教育拥有一支专职教研员队伍，市、区两级教研员将进一步立足地区教师的整体发展状况，充分激发教师对幼儿的好奇心，唤醒绝大多数园所的内生性成长动力，并自觉提升教研员自身的思考力和判断力。对此，上海市教师教育学院(上海市教育委员会教学研究室)始终坚持认为，教研员作为地区的关键少数，其专业深度和广度决定了地区教育的高度。

高质量幼儿园建设中的托班教研力量

2018 年 4 月，上海在全国率先出台有关 3 岁以下婴幼儿托育服务的“1+2”文件，即《关于促进和加强本市 3 岁以下幼儿托育服务工作的指导意见》《上海市 3 岁以下幼儿托育机构管理暂行办法》《上海市 3 岁以下幼儿托育机构设置标准（试行）》。截至 2022 年底，上海已有各类托育服务机构 1309 家（含社区托育点），其中普惠性托育机构 863 家（含社区托育点），占托育服务机构总数的 66%；全市街镇普惠性托育机构覆盖率达 97%，基本形成以幼儿园托班为主体、以普惠性资源为主导的托育服务体系。这些数据体现了上海市政府"幼有善育"的初心和决心。从"幼有所育"到"幼有善育"，旨在为幼儿提供更有力的保护。

一、以价值引领为关键点，积极回应民生关切

高质量发展是全面建设社会主义现代化国家的首要任务。2022 年 10 月 16 日，习近平总书记在党的二十大报告中指出，"中国式现代化是全体人民共同富裕的现代化。共同富裕是中国特色社会主义的本质要求，也是一个长期的历史过程"，并强调要先把"蛋糕"做大，再通过合理制度安排分好"蛋糕"，让发展成果惠及全体人民。

早在 20 世纪 90 年代，上海市政府就提出推进"托幼一体化"工作。2003 年，上海市教育委员会借助国家哲学社会科学"十五"规划重点课题"0—3 岁婴幼儿早期关心与发展的研究"，组织行政、教研、科研、学前教育和儿童保健专家以及一线教师，共同研究、编制了《上海市 0—3 岁婴幼儿教养方案（试行）》，这标志着上海市 0—3 岁婴幼儿教养活动研究从试点探索迈向全面规范实施。2004 年，《课程指南》明确提出，"幼儿园的课程与实施要注意与 0—2 岁的婴幼儿保教工作以及小学课程的衔接"。之后，由于出生人口持续增长，为缓解 3—6 岁幼儿入园难等问题，全市大部分公办幼儿园暂停招收托班幼儿，仅保留全市 16 个区的早教中心，主要开展 0—3 岁婴幼儿的家庭教育指导与服务工作，托育服务研究尤其是托班研究陷入停滞。

2017 年 10 月 18 日，习近平总书记在党的十九大报告中将"幼有所育"列为保障和改善民生工程的重要内容，上海托育服务研究重新焕发生机。2019 年 9 月 19 日，时任上海市委书记李强在上海市托幼工作现场推进会上提出加快推进托幼服务事业向"幼有善育"提升，做好 3 岁以下婴幼儿托育服务工作的任务，指出要拓展普惠性托育资源，积极推进托幼一体化，鼓励有条件的公办幼儿

园开办托班，鼓励民办幼儿园托班提供普惠性托额，支持和引导社会力量依托社区提供婴幼儿照护服务，支持和鼓励用人单位在工作场所为职工提供福利性婴幼儿照护服务。

2023 年 1 月 1 日，《条例》正式出台，明确通过多种方式构建普惠多元的托育服务体系。作为全国首部将学前教育与托育服务整合立法的地方性法规，它将进一步推动上海学前教育与托育服务的一体化发展，扩大普惠性托育资源覆盖面，开启新时代新一轮的 0—3 岁婴幼儿教养研究。对从事托育服务的保教人员而言，要全面关心、关注、关怀孩子的成长过程，让孩子在丰富适宜的环境中自然、和谐、充分发展。

二、以优化环境为着力点，创造有效经验

作为托育服务体系的重要组成部分，上海持续加大幼儿园开设托班的力度，在满足 3—6 岁幼儿入园需求的基础上，所有幼儿园尤其是公办幼儿园将做到托班“应开尽开，能开尽开”，全年新增不少于 2000 个公办幼儿园托班托额。在上海市教育委员会的直接领导下，上海市教师教育学院（上海市教育委员会教学研究室）积极投身“幼儿发展优先”“全面建设高质量幼儿园”的行动，幼儿园托班的研究也在这一指导思想的引领下稳步推进。

2021 年，课题组对上海 16 个区的部分托幼一体园的教师和各区教研员进行问卷调查。在 991 名受访教师中，从未带过托班的有 637 人，占比为64.28%；具有托班带班经历的有 354 人，占比为 35.72%。其中，托班带班时长在 0—1 年的有 152 人，1—2 年的有 61 人，2—3 年的有 40 人，3 年以上的有 101 人。可见，半数以上受访教师缺乏托班教养经验。教师在托班教养实践中存在诸多问题：如何创设环境、组织活动，如何与孩子进行情感交流，如何了解孩子的真实需求，如何顺应孩子的个体差异，等等。总体而言，与 3—6 岁儿童的教师相比，托班教师的教养经验明显不足。

此外，托班教研力量同样存在不足。在 16 位区教研员中，4 人有 0—1 年教研经验，6 人有 2—5 年教研经验，6 人有 6 年以上教研经验。总体来看，教研经验为 5 年以下的新教研员占比高达 62.5%。如何立足现状，全面提升上海托班的教养质量？因此，在思考把“蛋糕”做大、做优的同时，还要把“蛋糕”分好、吃

好,为上海高质量学前教育和托育服务发展、为给老百姓带来真实获得感、为国家鼓励生育政策的实施等提供有力支持。

面对托班教师教养经验不足的现状,以“基于观察优化托班环境的研究”为突破口。环境是幼儿园课程的基础,环境质量影响孩子在园的生活质量。以环境研究为突破口,一方面向教师推广显性的物理环境创设经验,这些经验易于学习和复制,有助于新手教师快速上手;另一方面引导教师关注隐性的心理环境创设,强调养育者和婴幼儿之间的关系(如亲子关系、师幼关系)是早期教养质量的关键。通过实践研究,教师对高质量教养环境的认识愈发清晰。

(一) 能传达尊重和信任的价值观

相关研究表明,丰富的早期体验和经历影响0—3岁婴幼儿的大脑发育,早期经验可帮助婴幼儿调整大脑中神经元的突触连接。脑科学研究表明,0—3岁是婴幼儿发展、强化大脑结构的重要时期。这一时期,他们主动构建与周围世界的关系,在与周围人和物的互动中获取经验。要相信每个婴幼儿都是有能力的学习者,为婴幼儿创设高质量的教养环境,就能为其学习与发展提供有益的早期经验。因此,高质量的教养环境应在确保安全的前提下,为婴幼儿提供充分与周围环境互动的机会,让他们能自由、自主地通过直接感知、实际操作、亲身体验获取经验。

孩子从家庭生活过渡到集体生活,面对陌生的人和环境,安全感是教师和孩子共同生活的基础。教师与孩子平视,每天给孩子一个拥抱,肌肤接触和情感交流能让孩子获得安全感。在鼓励、支持的氛围中,孩子更愿意积极行动、大胆尝试。教师通过观察了解孩子的需求,将呵护孩子的方式从过去的包办代替转变为现在的关注陪伴、行动示范、语言提示。教师带着尊重和信任,不轻易介入,为孩子留出更多展示自身力量、主动参与、自主选择、观察模仿的机会。比如,在盥洗室的环境布局和设施设备配备方面,教师充分考虑2—3岁幼儿的年龄特点和个体差异。考虑到入园初期部分幼儿还穿着尿不湿,教师在盥洗室角落创设半私密的换尿布区域,配备方便孩子取用尿布的架子和丢弃脏尿布的垃圾桶。此外,教师还在这一区域放置了舒适的沙发,既为孩子提供自己尝试换尿布的机会,又便于教师通过观察判断是否需要提供及时帮助。考虑到孩子身高差异较大,教师除了设计高低错落的盥洗台以便于不同身高的孩子洗手外,还准备了脚凳供孩子如厕时按需选用。考虑到有些孩子会自己解大小便但不会用手纸，有些孩子因担心没有成人帮助而憋尿憋大便，教师在坐便器一侧安装了呼叫铃，这样就能尽快给予有需求的孩子回应。教师通过这样的环境创设，有效缓解了孩子如厕的焦虑。

教师一方面信任每个托班孩子，给予他们“自己来”的机会；另一方面尊重每个托班孩子的个体差异，让他们感受到只要表达需求，就能获得成人的及时帮助。教师创设的亲子休息区、家庭相册区、依恋物放置区等，都为孩子提供了纾解情绪的空间。

（二）能创造孩子最喜欢的记忆

陈鹤琴先生指出，野外生活“可以增加儿童的快乐，活泼儿童的精神，强健儿童的身体”。保证托班孩子每天户外活动时间不少于 2 小时，有益于他们的身心健康。研究表明，孩子户外活动时间延长至 2 小时以上，能有效降低近视率。户外活动能让孩子充分调动五感进行学习，更直观地认识世界，获得多方面的直接经验。然而，托班孩子的神经系统发育尚不完善，持续的户外活动易使他们因活动量过大而疲劳，导致情绪波动，不利于生长发育。

比如，运用“联通”的方式，在创设环境时考虑如何方便孩子自由进出并保障安全。根据墙体情况，尽可能扩大门洞，防止孩子进出时相互冲撞；保证进出通道地面衔接处平整，避免孩子进出时绊倒；扩大门口平台，在活动室门口打造较大的独享区域，铺上防腐木地板和野餐垫。这里既可以作为孩子游戏的场地，也能成为孩子休憩的地方，孩子可根据自身活动情况调整活动量。又如，运用“延伸”的方式，将自然元素引入室内，加强室内与户外的联系。即便在室内，也可利用自然元素为孩子的生活增添审美情趣，激发孩子对大自然的好奇心和探索欲。托班通常设在一楼。开设落地窗，能让户外随四季变化的植物映入孩子眼帘。孩子们也喜欢趴在窗台上观赏窗外风景，感知植物的生长变化。阳光透过窗户投射到室内，变化的光线能让孩子感受光与影的奇妙。再如，运用“再造”的方式，创建半开放式的户外空间，充分满足孩子多样化的需求。户外活动能强健孩子体魄，但他们娇嫩的肌肤也需要得到保护。在户外设置半开放式的小房子，撑起大大的遮阳伞，既能让孩子享受户外新鲜空气，在光照强烈时避免暴晒，又能为孩子提供开展静态游戏的私密空间。

像这样室内室外联通的设计，让孩子可按需自由进出。一扇全透明的玻璃窗，让孩子在室内也能看到外面的世界；打开大门，孩子就能与大自然、小伙伴们一起游戏，留下美好的记忆，享受共同生活的快乐。

（三）让孩子和教师都感到舒适

对托班孩子而言，生活和游戏是主要的学习途径。高质量的教养环境能为孩子提供充足的自主选择、自我照料和表达表现的机会。孩子们从过去被动等待成人帮助转变为现在主动尝试和表达，在发展自我意识和自主能力的同时，对周围环境与材料的感知和体验也更加丰富。以安全镜为例，对托班孩子来说，它既是自我照料的辅助工具，也是充满趣味的玩具。教师在活动室的桌子上放置的一面小镜子，引发了孩子们在晨间锻炼、点心、午餐后的自我照料行为。教师观察到，孩子们不仅会在镜子前涂抹护肤霜，还出现了装扮自己的行为，如对着镜子梳头，甚至尝试自己扎头绳。于是，教师又增添了一面竖立的全身镜，方便孩子整理衣服、进行装扮。此外，教师还在活动室较大的一堵墙上安装了一面大镜子。几个孩子经常凑在一起，观察镜子里的自己和同伴。从关注“我”到留意“我们”，一面镜子为孩子们提供了观察自己和周围环境的契机，也增加了同伴之间互动的机会。高质量的教养环境应是让孩子们感到温暖、有安全感的家园，是他们来了就不想离开的乐园，是能亲近自然、充满童趣的花园，也应成为教师和孩子共同生活的温馨之家。基于此，我们摆放教师和孩子共同生活的照片，设置方便教师放置物品的空间。室内既有方便孩子独坐的小沙发，也有便于教师和孩子一对一亲密互动的大沙发；户外大大的野餐垫，可供孩子休息，也方便教师和孩子席地而坐一起游戏。在环境创设过程中，充分考虑孩子和教师的需求后，班级真正成了师幼共同生活、成长的温暖小窝。

我们秉持“联结自然，在生活中成长”的托育教养理念，让孩子在日常生活中亲近自然、享受自然，在共同生活中感受到安全，获得归属感。高质量的教养环境是生动有趣、直观感性且富有人情味的，身处其中的孩子能拥有安全感、舒适感和归属感；同时，它还彰显了孩子的主体性，为孩子提供展示力量、主动参与、自主选择、观察模仿的机会。通过环境来支持孩子与周围世界以及重要他人建立信任关系，助力他们主动学习与发展，这已经成为越来越多托班教师的追求目标。

三、以教研提质为支撑点，助推同向而行

提升 0—3 岁婴幼儿托育服务教研品质是实现高质量早期教养的关键所在。以托班教研为例，我们通过教研机制的转型、教研方式的优化，构建了教研联动机制，致力于做实教研工作、做强教研项目、做优实践活动，促进每一位教研员的专业成长，推动每一所托幼一体园的主动发展。具体策略主要包括三级教研联动、教养医结合、教研训一体。

（一）以三级教研联动实现扎实教研全覆盖

我们构建了市、区、园三级教研网络。市级教研部门通过现场走访、个别访谈、问卷调查等多种方式收集信息，汇总并梳理出主要问题，确立研究项目，组建市级研究中心组核心团队，其成员涵盖区教研员、园长和教师代表。市中心组成员率先开展研究，采用线上线下相结合的方式持续分享阶段性研究成果。比如，我们梳理了教师在生活环境、游戏环境创设方面的六大类 24 个主要问题，通过理性思辨、问答互动、案例分析等方式，将研究成果汇集成《联结自然，在生活中成长——我们这样创设托班环境》一书，并将其赠送给全市托幼一体园的教师。此外，我们还借助“上海教研”“上海学前教育年会”“上海托幼”等平台，持续分享教师在创造性运用研究成果过程中积累的经验，让上海乃至全国的教师都能从中受益。

区级教研部门组建区中心组，其成员包括各级各类公办和民办托幼一体园、早教中心、托育机构的教师代表。区中心组结合区域特点，创造性地运用研究成果，并反馈区域使用建议，协助市级教研部门优化成果，为全面推广作铺垫。

园级教研部门根据本园托班数量，设立独立的托班教研组、托小班联合教研组等，在实践后反馈成果使用建议。市级教研部门依据区级和园级的实践情况，对研究成果进行再次调整。

每学期一次的市级专题研讨会、每月一次的区级轮值教研活动现场会、每两周一次的园级托班教研组活动、每周一次的园级教师和保育员沟通活动，加强了市级教研部门与区级教研部门之间、不同区域教研部门之间以及区域内园所之间的经验分享、互动回应、协同推进。

（二）以教养医结合为研究儿童注入新视角

0—3 岁是婴幼儿身心快速发展的时期，也是对存在发育风险的婴幼儿进行早发现、早干预的黄金时期。因此，我们提出“教养医结合，开展教研实践”的理念。教师在一日生活中持续观察孩子的行为表现，利用视频、照片并辅以文字做好记录，同时通过家长了解孩子的出生情况、家庭教养环境等信息。在此基础上，我们邀请教育学、儿童心理学和保健医学的研究人员，以及保健员、保育员等共同参与教研，一起分析孩子的行为。通过这种教养医结合的教研方式，我们不仅能更科学地支持孩子的发展，还能更及时地发现存在发育风险的孩子。具体包括以下两条路径：一是针对发育良好的孩子，通过积极的师幼互动促进其健康发展；二是针对在某些方面发育滞后或有异常行为的孩子，借助儿童医学专家的观察和介入，做到早发现、早干预，通过家园共育实现孩子的追赶性发展。比如，有一次，教师发现妮妮偏爱红色，她与同伴产生的争执大多是因为拿走了同伴的红色玩具。教师用视频记录了妮妮大量的日常行为，并和参与现场教研的教师共同讨论，寻找回应方法。当教师们都在围绕如何转移妮妮对红色的特殊兴趣发表看法时，参与现场教研的行为发育科医生提供了新的关注角度，引导在场教师关注妮妮在与教师和同伴互动时的眼神、表情、语言等。大家发现，在师幼互动和同伴互动中，妮妮基本不与互动对象进行目光对视。医生进一步指出，缺少共同注视可能是孩子存在发育风险的一个标志，并建议保教人员进一步观察妮妮的日常表现。

家长和保育员提供孩子在家庭和园内活动中更全面细致的活动情况和行为表现，心理学家分析婴幼儿行为背后的心理机制，医学专家提供婴幼儿生长发育、膳食营养、语言发展等方面的建议，他们共同帮助保教人员识别可能存在发育风险的孩子。这种多角度的观察和分析，为进一步个性化地支持孩子发展提供了科学依据。

（三）以教研训一体助力研究向纵深推进

教研活动主要是为了解决保教过程中的实际问题，其话题源于教养活动现场所发现的问题。随着教研活动的深入开展，在旧问题得到解决的同时，新问题也会不断涌现。因此，找准实践活动中的问题，并进行系统的规划设计，是维持教研活动生命力的基本前提。我们通过“教研—科研—培训”一体设计、一体实施的方式，从实践问题出发，以项目研究为起点，在积累实践经验的同时，将研究向纵深推进，逐步形成研究课题，实现“教研—科研—培训”的协同发展。

我们聚焦重点，持续开展系列项目研究，并将其转化为课题进行深入探究。比如，我们围绕“基于观察的托班环境创设和材料提供的深度研究”，通过集群研究、现场浸润、线上线下结合等方式，将研究过程中形成的观察表、微观点、新实践及时分享并持续优化。又如，我们在全市启动“教养医结合，提升托班教师师幼互动质量的教研实践研究”，设立了7个子课题组，在全市各区确定了25个项目园，采用总分结合的方式，每月通过教养现场观摩、教研现场分析、研究简报互阅等方式，分享各区的经验、困惑和问题，带动全市各园积极参与，让研究成果真正惠及每一所托幼一体园。

在积极推进“幼有善育”工作的背景下，提供高质量的托育服务，为托班孩子注入生命活力，激发托班教师的成长动力，是“全面建设高质量幼儿园”的重要组成部分。我们将继续加强三个“关注”，即关注新建园、关注二级园、关注新托班；强化三个“优化”，即优化一日作息安排、优化共同生活环境、优化一对一师幼互动。此外，我们要进一步提高托班孩子每一天的生活质量，支持每一个托班孩子的成长，实现教师和孩子的共同生活、共同思考、共同成长，让每一所托幼一体园都能收获发展自我、奉献社会的成就感。

第二节　导向解决课程真实问题的教研实践

当所有教师至少每周参加一次教研活动时,如何持续提升教研质量成为他们亟须面对及解决的问题。

如何建立教研制度,保障教师每周都能参与一次教研活动,激发所有教师的积极性,使其充分发表观点?如何确定教研主题,鼓励教研组成员共同确立拟将解决的关键问题?如何让教研过程持续强化教师的幼儿发展意识和循证意识?如何培养教研活动中的"关键少数",激发教研组组长的质疑精神,提升他们的话语调度能力?正副园长、保教主任在教研活动中如何发挥专业作用?教研成果是否有效?

上海始终以解决保育教育过程中的关键问题为主旨,以优化教研制度建设为保障,将深入研究幼儿作为质量提升的关键,激发教师反思性实践的动力,推动教师将高质量保教过程融入每个活动。各级教研活动要关注保教实施中的各种真实问题,通过教研活动流程的优化和研讨工具的运用,引导教研参与者展开深度对话,确保每位参与者的观点都受到尊重,从而共同寻找问题、分析成因、相互质疑、交流经验,促进教师在解决问题的过程中提升对幼儿园课程实践的胜任力。教研内容和主题与时俱进,从侧重"教什么""如何教"到逐步聚焦于分析和解读幼儿的自然表现,引导教师在教研活动中相互沟通,加深对幼儿的理解,同时深入认识和反思自身价值。

建立信任互助的专业学习共同体

教研是保障教育质量、推动教育内涵发展的重要机制,也是促进教师专业发展的重要动力。经过多年的探索与实践，上海教研，包括学前教育教研，已经形成了完备的市、区、园三级教研组织体系。上海学前教育教研员作为这一体系中的“领头羊”，引领全市学前教育课程建设和课程实施的方向，协同区教研员提高本市学前教育质量，促进学前儿童健康发展。区教研员作为一支专业的教研力量，向上对接市教研员，向下对接本区教师，在提升区域课程实施质量中发挥着重要的作用。

在教育变革的今天，教研员要想成为一名教育专家，就要先成为高效的思考者和终身的学习者。然而，仅凭教研员个人的努力，在专业发展的道路上可能会走得缓慢且曲折。专业学习共同体的建立，可以为每一位教研员提供再学习、再成长的机会。

一、内化于心，培育共同的价值取向

价值取向关系着教研工作的根本方向，也是建立专业学习共同体的基础。共同的价值观如同强力黏合剂，能将共同体成员紧密相连。不过，仅仅是大家都知晓，还不能称之为“共同”，只有每一位共同体成员从内心深处真正认同，并自然而然地将其融入日常研究与实践，才能称为“共同的价值观”。

比如，广大教师对“游戏是幼儿主要的学习方式”“在一日生活中重视幼儿学习品质的培养”“幼儿是有能力的、自信的学习者”等学习观已了然于心。然而，在保教现场，重视知识传授、忽视学习品质培养的现象却屡见不鲜。如何帮助广大教师真正转变狭义的学习观，就需要充分发挥专业学习共同体的作用，从内化共同的价值观入手。

在围绕新西兰“学习故事”本土化实践的探索中，市教研员通过微报告向区教研员介绍了“学习故事”所体现的儿童观、教育观和学习观，即儿童是积极主动、有能力的学习者和沟通者。但要真正触动教师的价值观，就必须要用事实说话，让教师有真切的体验。于是，我们借助区教研员领衔的区中心组，尝试让教师对同一个内容进行两次分析。

在市研究中心组的引领下，区中心组里的教师在一次次尝试分析和分享交流中，愈发感受到“学习故事”和案例的不同。随后，市研究中心组以教师的实践体会为素材，从记录的立意、叙述的角度、分享的对象等方面进行梳理提炼，深入分析了“学习故事”和案例的区别，为教师们提供了指引。

在这个过程中，我们摒弃了自上而下的要求，采用上下结合的方法收集信息，持续深入地进行分析解读，逐步培育共同的价值观，助力广大教研员和教师从内心认同这些价值观，并自觉将其体现在课程实施过程中。

二、保持倾听，营造开放民主的氛围

在面向全市园长和教师的研讨活动中，我们通常借助信息技术开通扫描二维码的现场提问通道，以增强研究者和参会者之间的互动。但受时间、场地、人数等因素限制，教研员之间很难进行面对面的深度交流。为此，我们还会组织全体教研员集训会议、区教研负责人会议、新手教研员研讨会、教研员微论坛等活动，旨在引导教研员们聚焦课程实施中的主要问题，展开深度研讨。

围绕“小班的自主游戏环境是否需要‘留白’?”这个问题，教研员们有着不同的观点。

张老师(22 年教研经历)说:“小班幼儿生活经验匮乏，如果不提供游戏场景，他们的游戏能开展起来吗? 这让我和教师心里都没底。”

陈老师(2 年教研经历)说:“我们区有几个小班开始尝试，孩子们确实兴趣很高，但他们的走动范围很大，教师在安全方面还是有些顾虑。”

陶老师(8 年教研经历)说:“刚开始确实有些混乱，孩子们缺少在‘留白’环境中自主游戏的经验。但我们区××幼儿园的小班经过 2 个月的尝试，教师发现随着孩子们的经验日益丰富，已经自发产生了游戏主题。现在他们会根据自己的需求布置游戏场景，越来越会玩了。”

张老师听后表示:“那我先找几个幼儿园试点看看。”

陈老师也说:“我们继续观察，看看孩子后续还会有哪些变化。”

市教研员作为学习共同体的一员，也表达了自己的观点:“是否可以根据幼儿的游戏经验和不同年龄，在‘留白’的程度上有所区别呢? 比如，对于小班，能否采用部分‘留白’的方式，保留一些带有主题暗示的环境。同时，教师可以为各个区域配备一些基本材料和辅助材料，并根据幼儿的兴趣进行更换，以引发幼儿产生新的游戏行为。有时还可以通过调整游戏材料的数量，如通过减少同种类游戏材料的数量，促进小班幼儿之间的交往。”

我们认为，每位参与者的观点都应该受到尊重；同时，在学习共同体中，每一位都是倾听者、学习者、支持者，而非评价者。市教研员在全程交流中，不以评价者的口吻表达观点，而是和大家一样倾听每位教研员的想法，接纳尚存疑虑的观点，鼓励大家继续尝试，并用商榷的语气表达自己的见解。因为差异是一种资源，只有在开放、真诚、相互尊重的氛围中，大家才能消除顾虑、畅所欲言、平等对话、建言献策，逐步形成“和而不同”的教研文化。

三、立足实践，聚焦问题，开展合作研究

有了共同的价值取向和开放民主的氛围，就为合作奠定了坚实的基础。教研的生命力在于深深扎根于教学实践，教研员的专业性也只有在鲜活的教育实践中才能得到发展。因此，对教研员而言，立足实践，聚焦问题，开展合作研究，是至关重要的学习方式。

自上海“二期课改”全面推进以来，为将本市学前教育课程建设和课程实施中的主要问题转化为研究主题，由市教研员牵头，先后开展了“新教材实施研究”“探索型主题活动研究”“个别化学习区角活动研究”“办园质量评价指南研究”“提升幼儿园课程领导力研究”等几十项研究。

以“基于观察的班级环境创设和材料提供的研究”为例，大家围绕“如何创设体现小班特点的生活环境”展开热烈讨论。

金老师（区教研员）指出：“在实践中，我们发现，由于过度考虑安全问题，教师有时会过度保护，从而忽视了给孩子提供自我照料的机会。在环境创设上，需要特别注重处理好安全和自助的关系。”

蒋老师（园长）分享道：“我们会根据盥洗室的空间，设计合理的动线，并通过图示给孩子们提示。比如，将干净毛巾和待清洗的毛巾分开放置在相对固定的位置，这样既能避免因拥挤造成的碰撞，又能保证幼儿顺利进行自我服务。”

王老师（市教研员）进一步阐述：“在确保基本安全的前提下，为幼儿提供‘自己来’的机会，不仅能提高幼儿的生活自助能力，还能培养他们的自我意识，帮助他们树立自信心。大家再想想：在生活环境创设中，还有哪些材料能兼顾安全和自助这两方面呢？”

汪老师（骨干教师）回应道：“我们在户外活动时，鼓励幼儿参与玩具的整

理。我们选择的收纳箱，在材质上确保安全，采用不易损坏的竹筐，同时考虑到大小适宜、两边设有抓握的地方，方便幼儿拿取搬运。”

在市、区两级教研员、园长、教师组成的学段研究中心组或项目研究小组里，大家秉持诚实、谦虚、关爱的态度，发挥各自所长，共同探究问题，共享课程实践经验，共同思考成长。通过书籍出版、文章发表、现场展示、信息发布等多种途径，将研究成果辐射至全市，最终推动幼儿实现全面、和谐、可持续发展。

建立彼此信任的关系是专业学习共同体形成并不断发展的基础。让学习共同体中的每位教研员都能感受到更多的尊重和欣赏，能激发教研员们更加积极地思考和表达，更加努力地投入研究和实践，并将这种信任关系传递给教师们。这一方式有助于在全市范围内营造合作共享的良好教研生态。

问题意识伴随教研全过程

问题广泛存在且处于动态变化中。随着课程改革的持续深入，旧问题解决后，新问题接踵而至。唯有以证据支撑教研，借助项目组织教研，针对实际问题，实现从经验型向实证型的转变，才能让教研真正释放出教育生产力。依照这一思路，上海市学前教育教研工作以项目研究为重要手段，以问题为导向，持续推动教研工作，提升教研质量。

一、从问题入手规划教研活动

教研作为具有中国特色的教育方式，在提升教师专业素养方面发挥着关键的支持作用。随着课程改革的不断深化，上海市教师教育学院（上海市教育委员会教学研究室）进一步明确自身工作定位，转变教研方式，通过做实学科教研、做强综合教研、做大项目研究、做响品牌活动等举措，实现教研方式的转型升级，有力推动教研工作的开展。在参与基层学校教研活动、进行现场指导和文本指导的过程中，我们也在不断反思实践，思考如何在教研主题的引领下，开展系列化、深层次、持续性的深度教研，进一步提高教研质量，增强教研的有效性，推动教师专业成长。

“策划”和“设计”是主题教研活动前期需要重点思考的两个关键环节。只有在策划阶段对系列主题教研活动进行全面考量，在设计阶段对每次教研活动进行精心设计，才能确保教研活动达到预期效果。我们对实践中出现的问题进行梳理和归纳，形成教研主题，并进行系统规划和设计，以保障主题教研活动的过程质量。其中，策划是对一系列连续的教研活动进行顶层设计，重点在于对即将开展的系列教研活动提出整体构想和规划；设计则是依据一定要求，针对某项工作预先制定方案。本书中的设计是指根据系列主题教研活动的总体要求，制定单次教研活动的具体方案。

（一）收集并筛选问题

问题从哪里来？首先，问题可能来自教师的课程实践需求。教研活动主要致力于解决教育教学中的具体问题，这些问题多为教师在课程实施过程中面临的微观问题。教师需要重点关注的是一个学校或教研组全体教师在教育教学实践中共同关心、具有代表性且亟待解决的问题。其次，问题可能来自基层学校的发展需求。教研活动不仅要解决教师课程实施中的实际问题，提升教师专业素养，还要促进区域、学校教育质量的可持续发展。如何结合学校自身特点，将宏观的课改理念转化为学校具体的课改实践，进而推动学生健康发展，是学校研究探索的重要课题。市、区教研应关注学校发展中的共性问题，基层学校则要更多结合自身发展需求梳理主要问题。最后，问题可能来自项目和课题研究需求。当前的项目和课题研究内容大多与教育教学实践紧密相关。教研活动倡导在教学中开展研究，在研究中改进教学。在运用相关理论、采用科学研究的思想方法和技术路径解决教育教学问题的过程中，会不断涌现新的问题和困惑，这些也可成为主题教研活动的问题来源。

如何遴选问题？首先，明确问题类别。在广泛收集问题的基础上，结合区域、学校的研究重点和已有研究基础，明确教研重点解决的问题类型，即究竟是解决教师教育实践和学校发展中的问题，还是项目和课题研究过程中的问题。无论解决哪类问题，都应以促进儿童健康成长、学校可持续发展以及教师和教研员专业素养提升为根本目标。其次，围绕类别收集问题。明确需要重点解决的问题类别后，聚焦儿童的行为表现、发展情况、家庭教养方式等方面，通过问卷调查、个别访谈、现场观察等方式，从教师、行政人员、家长、儿童等方面收集问题，并依据统计结果，按照问题的被关注度进行排序。最后，确定主要问题。综合分析学前教育和托育服务的发展趋势以及教师专业发展需求，根据问题的共性程度，结合学校的研究条件，全面考量问题的迫切性、可行性和价值意义，将问题分为主要问题、次要问题、一般问题和无关问题，确定优先解决的主要问题。同时，在考虑解决全体教师共性、倾向性问题时，也要兼顾不同发展水平教师的个性化问题，灵活开展不同层级的主题教研活动。

（二）提炼并细化主题

首先，从问题入手确定主题。第一，针对主要问题，多方收集证据。针对主要问题，通过个别访谈、现场观摩、儿童表征等方式，深入了解区域或学校的保育教育现状。比如，如果教师普遍反映户外活动时间不够用、儿童观察质量不高，那么通过现场考察、访谈、问卷调查等方式，便会揭示出教师存在活动组织环节转换频繁、对儿童现状了解不足等问题。第二，综合多种证据，分析形成原因。汇总梳理针对主要问题考察保育教育现状后发现的普遍现象，结合文献资料对这些现象作进一步分析，探寻产生问题的根本原因。比如，对教师在集体教学活动过程中存在的教学目标不明确、解决教学难点技巧匮乏等问题进行深入分析与聚焦，发现问题根源在于教师在备课过程中对教学内容的确定和组织等方面研究不足、把握不准。第三，思考问题内涵，提炼形成主题。综合问题和原因分析，以前瞻性的眼光看待教育中的现实问题。分析该问题是课程实践中的薄弱点、增长点还是突破点，进一步思考通过对该问题的研究，能揭示怎样的教育本质与规律，反映何种教育改革发展趋势。从上述视角出发，斟酌表述方式，提炼教研主题。提炼主题应体现一定的目标导向，使教研活动的研讨更有针对性。比如，针对教师在观察有效性、分析科学性等方面研究不足、把握不准的问题，可将主题确定为“提升观察有效性和分析科学性的策略方法”。

其次，细化问题，形成系列。第一，确定鲜明主题。通过前期的现状调查，聚焦主要问题，提炼相关主题。在一定的教育理论和理念指导下，尝试对问题进行分类，如判断是课程问题、教学问题、评价问题，还是儿童认知或学习心理问题等，从而确定合适的主题。第二，明确目标和内容。围绕提炼出的主题，结合现有的研究基础，思考教研活动的具体目标，即“要什么”。将活动目标与教师教学实际紧密结合，有助于解决课程实施中的主要问题，与教师当下的专业发展水平相适配，能被教研活动参与者广泛接受，具有可行性且可测量或评估。围绕主题教研活动的目标，进一步明确“做什么”，将目标细化为若干具体任务，再转化为一次次具体的教研活动内容。第三，设计路径和策略。确定目标和内容后，需要思考“怎样做”才能达成既定目标。通过对现有资源（如人力资源、物质资源、信息资源等）进行分析，以内容展开为线索，全面规划系列活动，包括活动的进程安排、活动环节及时间节点，可用流程图的形式呈现。对于流程中一些关键的实施点，要进一步细化策略措施。实施策略的设计既要保证活动的质量和效益，又要控制活动过程中可能出现的无关因素的影响，确保教研活动顺利、有效地开展。

教研活动主要是为了解决教育教学中的真实问题。通过收集问题、确定主要问题、分析问题成因、提炼教研主题、规划主题序列、设计活动方案等步骤，找准教研问题，加强系统规划，能使教研活动更有针对性和系统性。

二、以问题为导向，深入推进教研

随着主题教研项目研究的推进，教师们对于基于问题、形成主题、系统规划、整体设计的意识不断增强。市、区、园三级教研在实践中积极探索。在广泛收集问题、确定主要问题、提炼教研主题、明确教研目标和内容的基础上，根据教师当前专业发展水平的可接受程度，围绕教研目标梳理形成问题集、设计问题链、借用问题网，以问题为导向深入推进教研工作。

（一）形成问题集，提供课程实施指引

为提升上海市各级各类幼儿园的办园质量，推动上海学前教育事业发展，原上海市教委教研室依托“学前教育质量评价体系重构与评价实施的研究”项目，于2020年7月发布《评价指南》以及与之配套的“操作指引30问”。同时，通过问卷调查和个别访谈的方式，围绕这一文件，收集整理了来自行政领导、高校专家、教科研人员、园长教师等各方人士的相关问题，比如，为什么要编制这份文件？这份文件的定位和价值取向是什么？使用这份文件时需要处理好哪些关系？教师如何运用这份文件观察与分析幼儿的发展状况？如何借助这份文件帮助家长正确理解孩子的发展？……

采用上下结合的方式形成的问题集，更有针对性和实践指导意义。通过一系列问答的形式，为广大园长和教师理解并正确使用这份文件答疑解惑。问题并非越多越好，应选择具有鲜明价值取向、体现普遍典型意义、实践可操作能解决以及具有未来发展引导作用的问题，这样才能真正为提升幼儿园办园质量提供科学规范的价值指引和实践阐释，更好地满足园所发展的实际需求。

（二）设计问题链，引领教研走向深入

2006年，上海参与了教育部基础教育课程教材发展中心组织的“以园为本教研制度建设”项目研究，在完善和重建教研制度、探索教研有效机制方面积极探索，全市上下形成了共同聚焦园本教研、聚焦内涵发展的良好氛围。此外，我们在参与幼儿园的具体教研活动时发现，部分幼儿园对教研活动缺乏整体系统的思考和规划，导致教研活动难以体现深度、走向深入。于是，围绕如何使教研主题更鲜明、教研内容更聚焦、教研流程更规范、教研方法更科学等问题，原上海市教委教研室启动了“主题教研活动的研究与实践”项目。

项目组设计了“主题教研活动流程与规格表”，涵盖主题教研基本流程（前期、中期、后期）的关键环节（策划、设计、实施、反思等）要求，以及基本要素（目标、内容、对象、路径等）的规格水平。通过建立“规准”和“规格”，以主题教研活动流程为线索，根据问题的层次形成线性的问题链，梳理出“主题教研活动与常态的教研活动有何不同？”“主题教研活动范式有哪些基本要素？”“主题教研活动的问题从哪儿来？”“主题教研的方案如何落实？”“如何对主题教研的效果进行反思？”等一系列问题。

用系统的问题观把每一个问题放在整体中考量，通过系列问答对教研活动前期、中期、后期各环节的所有要素和规格进行详细阐释。这些问题涉及规范、程序、专业内涵等方面，清晰地呈现了主题教研的技术路径和质量标准。2020年，原上海市教委教研室出版了《主题导航教研》《案例锚定主题（学前教育卷）》两本书。它们成为学校开展教研活动的重要参考资料，引领教研工作走向深入。

（三）借用问题网，助力教师反思实践

幼儿园课程领导力被定义为“园长、教师的课程领导者构建课程领导共同体，相互影响并形成合力，在逐步形成和全面落实幼儿园课程愿景和目标的过程中主动思考与开展课程实践、发现和解决课程问题，推动幼儿园课程不断优

化的力量”。其中，基于“问题意识”对课程实践进行持续反思、探究、优化的过程，是提升课程领导力的重要组成部分。

围绕幼儿园课程内涵和保教质量这一核心问题，广大教师展开深度思考和实践，在反思实践过程中会衍生出许多次级的辅助问题。核心问题与辅助问题之间以及辅助问题之间存在一定关联，从而构成了一张纵横交错的问题网。园长和教师聚焦核心问题，展开主动、开放式的思考和行动，通过课程的反思实践探寻解决问题的策略方法。在解决老问题的同时，新问题又会不断产生，而问题解决的过程也正是幼儿园课程内涵持续优化的过程。

教研的根基在现场，在常态化的保教现场发现课程实施中的真实问题，对于其中的个性问题及时予以解答，并将较为普遍、具有典型意义的共性问题筛选出来，形成系列问题。按照是什么、为什么、怎么样的思维结构，通过反思性实践探寻解决这些问题的内在要素。围绕问题所形成的研究成果，既为进一步科学规范地开展课程实践提供了参考，也为教师创造性地运用成果、提高保教质量提供了基本经验。

三、运用教研工具，将问题和方法可视化

为增强教研活动的有效性，在设计教研活动方案时，我们不仅重视问题梳理和主题设定，还考虑到教研工具设计和教研素材准备，力求解答教师们的疑问。对问题的解答，既旨在消除实践中的主要困惑，也为后续的迭代研究提供支撑。比如，针对教师对策划和设计主题教研活动的困惑，我们设计了一系列表单，将零散的经验整合为观察反思的视角，引导参与者从基于感觉和经验的分析，转变为基于证据和逻辑的判断。

主题教研活动需要设计的工具主要包括以下几类：

其一是事务执行工具。在教研活动前提供主题教研活动告示单，将选题的动因、活动过程安排、活动效果预估、活动资源（材料）等教研活动设计方案中的主要内容以简洁的表单形式呈现，帮助教师提前了解教研活动的要点，做到有备而来。

其二是课堂观察工具。在教研活动中提供现场活动观察表，为教师参与教研活动提供简明的参考依据，使发言更具理据。比如，在某幼儿园开展的观察

识别研究中，现场活动观察表呈现了认知与思维、粗大动作与精细动作、情感与意志、交往与表达、个性特点等观察要素。又如，在某幼儿园开展的集体教学活动研究中，现场活动观察表呈现了教学目标、教学内容、教学过程、教学方法等观察要素。

其三是评估反馈工具。在教研活动后提供主题教研活动反馈单，作为教师反思调整的参考，为后续改进教研活动服务。主题教研活动反馈单罗列了教研主题确立、教研目标制定、教研活动设计、教研过程呈现、教研活动效果等观察点，旨在促使教师反思教研活动的收获与共识、问题与分析，以及为后续行动的调整提供方向。

通过设计工具，将零散的经验整合为观察视角，进而转化为合乎逻辑、可操作的流程，引导参与者基于证据和逻辑作出判断。

教研活动除了观摩保教活动现场外，还会借助信息技术收集幼儿在日常活动中的大量行为表现。这些展现具体情境的素材，能激发教师参与研讨的兴趣，助力教师更精准地进行观察与分析，对营造现场教研的良好研讨氛围、提升研讨的深入程度等，都起到了积极的助推作用。如今，运用信息技术连续数周记录幼儿的学习和探索过程，已成为相当一部分教师的习惯。

教研活动作为一种群体性的教学研究活动，强调教师和专业研究人员共同参与、合作研究。一次教研活动的结束，并不意味着教研工作的终止。聚焦主题，运用工具，将教研活动的前期、中期、后期串联起来。因此，教师要秉持对幼儿的好奇以及对现实的追问意识，围绕主题对已开展的教研活动进行持续反思，通过“实践—研讨—反思—再实践”的循环过程，推动教研工作不断走向深入。

卡尔·波普尔曾说过:“科学和知识的增长永远始于问题，终于问题——愈来愈深化的问题，愈来愈能启发新问题的问题。”开展教研工作，不仅要善于以动态发展的眼光审视当下的课程实践，敏锐地发现问题和把握关键问题，并持续探究和解决问题，还要注重启发教师主动发现和思考问题，培养教师的反思性实践能力。让问题意识贯穿教研的全过程，从而使教研真正产生“教育生产力”。

强化证据意识，提升教研品质

“教研要从经验走向实证”，这已然成为新形势下教研工作改革发展的共同诉求。本书以幼儿园“学习故事”本土化实践的项目研究为例，阐述我们如何基于证据开展教研，进而提升教师专业能力。

一、多途径收集证据，聚焦研究着力点

教育现实与实践是教育的根本立场，任何教育教学活动都必须以充分了解现实问题为前提，方能理清思路、解决问题，教研工作亦是如此。在学前教育领域，观察是教师了解和理解幼儿行为的有效方式，是教师必备的专业能力之一。基于教育的实践立场，我们首要面对的问题是明确当前幼儿教师在观察能力方面的瓶颈所在。原上海市教委教研室主任孙元清曾说过：“如果你没有数据，你表达的只是意见；如果你没有理论，你拿出的只是碎片。”为解决上述问题，我们采用思辨与实证相结合的方式探寻答案。

（一）思辨先行

通过查阅文献，我们发现各国在实践运用新西兰的儿童学习评价模式“学习故事”时，普遍反映教师运用“学习故事”的过程，有助于其更有效地观察、理解、接纳并支持幼儿的持续学习。而且，“学习故事”提出儿童的学习和评价聚焦于有助于学习的心智倾向，即兴趣、专注、坚持、自信和责任，这与《3—6 岁儿童学习与发展指南》中学习品质的内涵多有相似之处。由此，我们自然而然地将“学习故事”与学习品质的研究建立起联系。

（二）实证跟进

不做调查没有发言权，不做正确的调查同样没有发言权。为了做到正确调查，我们在抽取调研样本、设计调研问卷和访谈提纲等方面进行了周密计划。以调研样本选取为例，被访者必须具有代表性。我们随机抽取 4 个市区和 4 个郊区的 250 名教师展开问卷调查。从年龄分布看，25 岁及以下的教师占比为

24.65%，26—30岁的教师占比为44.67%，31—35岁的教师占比为27.1%，35岁以上的教师占比为3.58%；从职称分布看，幼儿园一级教师占比为51.23%，幼儿园高级教师占比为23.88%，中学高级教师占比为3.95%，未评职称的教师占比为20.94%。问卷围绕幼儿教师对幼儿活动行为观察的认识、观察能力与水平、影响观察的因素、观察中存在的问题以及如何改进观察等问题展开。同时，我们围绕教师对学习品质的认知、学习品质对幼儿成长与发展的意义、观察了解幼儿学习品质的途径、观察幼儿学习品质过程中的困难等问题，访谈了20名一线教师(其中普通教师14人，市、区级骨干教师6人)。

调查数据显示，教师观察幼儿能力的提升受诸多主客观因素制约，既包括教师自身的教学经历、学习背景，也包括教师观察方法的缺失以及信息分析能力的不足。教师在观察幼儿活动行为、对幼儿学习品质的认识、对提高活动行为观察能力的认识方面，主要存在以下问题："活动中主动观察的意识不强""缺乏有效观察、分析和利用观察信息的方法""对于学习品质内涵的理解较为模糊""缺乏明确的学习品质观察与评价的维度和要点"。

通过理性思辨与实证研究相结合的方法，我们获取了本研究的基础性条件，将研究视角聚焦于运用"学习故事"改善教师观察幼儿学习品质的能力。

二、分析理解证据，探寻现象背后的本质

教研工作要做到"过程性扎根"，就需要我们在整个研究阶段，持续且细致地考量一些典型个案，探寻现象背后的原因，抓住本质问题，作出决策，以此提升教研的有效性。以下是教师在几次撰写"学习故事"中的不同感受，这些信息为项目组成员更深入地思考教师究竟需要怎样的专业支持提供了内容基础。

(一) 基于证据持续不断地思考和调整

研究初期，我们向参与研究的一线教师介绍了"学习故事"评价模式的核心理念、评价过程中要秉持的儿童观和教育观、撰写"学习故事"的基本结构，以及"学习故事"的文本样例。同时，我们还让教师自学《3—6岁儿童学习与发展指南》中关于学习品质的内容。随后，教师结合教育现场撰写"学习故事"。回收教师文本后，我们发现普遍存在的问题是：对活动现场的环境和儿童学习品质方面的行为描述过于宽泛，不够具体，缺乏重点，进而影响了分析和回应的针对

性与有效性。

基于实践经验和3—6岁儿童的年龄特点，结合《3—6岁儿童学习与发展指南》等文件，项目组成员经反复讨论，形成了“3—6岁儿童积极学习品质行为观察记录表”（以下简称观察记录表）。观察记录表以“维度”“要素”“观察要点”“行为列举”四列呈现，并根据幼儿园课程的四类活动，形成了五张观察表。在试用前召开的小型座谈会上，参与座谈的一线教师普遍认为观察记录表很具体，对教育教学有指导作用。但当教师一下子拿到一摞表单时，可能首先会产生畏难情绪，不愿主动使用观察记录表，这会对后续研究产生消极影响。

根据座谈会反馈的信息，我们对观察记录表进行了再次修改，重新整合为一张表。在内容上，梳理整合了五张表中的部分行为列举，语言表述力求简洁明了且可观测。这样一方面便于教师观察；另一方面也提示教师，学习品质并非仅存在于幼儿园的学习活动中，而是贯穿于一日生活的各类活动。

再次下发调整后的观察记录表，在试用后召开的小型座谈会上，教师们反馈：“有了表格的引导，活动中的观察更加细致了。”“以前活动观察很多时候是盲目的，自己都不知道该观察什么，甚至完全是为了完成任务而强迫自己观察。现在不一样了，有了对照的观察记录表，就能明确幼儿的哪些表现与学习品质有关，观察时也能抓住重点，效果很好。”

我们关注教师的使用体验，通过梳理分析三次试验获得的信息，更加明确了在为教师提供专业支持的过程中，简明扼要的研究成果更容易让教师产生亲近感，从而主动投入实践研究。

（二）探寻证据背后的本质问题

王老师在一次教研中心组活动中，分享了她两次撰写同一内容“学习故事”的不同感受：“第一次写故事，我毫无经验，借鉴了其他老师的‘学习故事’，基本上当作一篇案例来写。第二次写故事，了解了写‘学习故事’的框架和要素后，我对之前撰写的‘学习故事’进行了调整。”

中心组的其他老师在共读王老师的两次“学习故事”后，结合自己撰写过程中的体会，发出了如下感慨：

朱老师说：“第一次撰写‘学习故事’，让我尝试转变视角——从寻找问题转向发现孩子身上的闪光点，从思考对策转向思考我还能为孩子做什么。第二次撰写则让我感受到了教育的温度。第一次撰写识别部分时，我站在‘上帝视角’，以审判的口吻描述该幼儿，显得冷冰冰的。第二次我试着蹲下来，用平等对话的形式发现和分析孩子行为背后的学习品质，果然温暖、温情了许多。我想，有温度的教育不会差，有了温度，深度也就不远了。”

殷老师说：“第一次我写的是他和他们的故事，感觉冷冰冰的，而第二次是我和你的故事，带着丝丝暖意，这是两次最大的不同感受。”

许老师说：“我觉得‘学习故事’需要做到以下三个‘多一点’：一是多一点聚焦，聚焦人物和事件，切入点小一些，把事件阐述得更详细；二是多一点温暖，表述方式从第三人称换成第二人称，文笔更柔和，别那么直白和理性，就像孩子坐在我面前，我给他讲述他的故事，让文字从冷冰冰的变得有温度；三是多一点思考，思考故事中孩子行为背后的原因，多从孩子的角度出发，挖掘价值，寻找让我感动的初衷。”①

教师们在一次次尝试撰写和分享交流中，越发感受到“学习故事”与案例的不同。项目组成员对教师们的体会进行了系统梳理和提炼，从记录的立意、叙述的角度、分享的对象角度分析了“学习故事”和案例的差异，为教师提供了指引。

三、提取梳理证据，增加成果的可推广性

项目研究的选题至关重要，它必须是教师在教育教学实践过程中当下最亟待解决的瓶颈问题。项目研究的过程同样关键，必须通过严谨、系统、客观的方式获取研究成果。项目研究成果的呈现也不容忽视。教师不仅要了解研究成果是什么，还要知晓成果形成背后的思维路径，以及如何有效地运用成果。因此，研究团队的每一位成员都运用专业智慧，努力将实践经验与科学证据相结合，使经过梳理和提炼形成的成果更具推广可能性。

（一）宏观探索与微观实践相结合

要使研究能在教育实践中发挥作用，就要具备正确的方法、可靠的研究发现、清楚的信息传达等条件。一方面，我们通过理论研习，不断深入理解、准确

① 王菁.用专业的心，让观察更有温度——幼儿园“学习故事”的本土化实践研究[M].上海：上海教育出版社，2017.

把握“学习故事”的内涵、儿童学习品质的特征以及教师专业发展的瓶颈等问题；另一方面，我们明确了“学习故事”在本土化实践中“注意”“识别”“回应”的具体方式，设计了观察记录表，并明确了观察记录表的使用注意事项。在研究过程中，项目组成员收集了诸多一线教师提出的具体问题，经梳理最终形成21个问题。这21个的问答串联起研究思路，展示了研究过程，向一线教师呈现了研究者的思考和实践。

（二）理性思辨与感性案例相结合

研究成果不仅要让教师“知其然”，更要让他们“知其所以然”。研究成果不应只是冰冷的数据和纯粹理性的思辨，还应有生动的案例。研究成果既要体现专业性，又要保留温度，让教师愿意亲近研究，实现从相知到相识再到相伴的过程。因此，我们在呈现儿童学习评价的理念与方式、技术与手段、结果与应用的同时，选取了14篇“学习故事”和8篇“心路历程”，希望通过这些实践成果，激发教师主动参与研究的愿望，让“相信儿童是有能力的、自信的学习者和沟通者”这一理念自然融入教师的教育活动。

随着研究的不断深入，教师们越发体会到，“学习故事”是否要写下来、写得好不好并非关键，最重要的是以儿童为主体，站在平等对话的角度，关注并发现儿童行为表现中的闪光点。在与教师们共同开展实践研究的过程中，我们不断引导教师从儿童的视角解读他们的言行，分析他们的想法和意图。通过“学习故事”，倡导建立儿童、教师、家长彼此之间良好的情感关系，营造支持性的学习环境。理念的转变，让参与研究的教师不断收获儿童带来的惊喜；实践研究的过程，也让他们获得了更多的快乐和价值感。

与幼儿一起做研究

长期以来，幼儿常被看作柔弱、被动的“小人儿”。在过往研究中，我们往往仅将他们视为研究对象，从成人视角记录幼儿行为，并提出自认为合适的教育方法，却很少深入探究这是否真的是幼儿所需。

一、从“以为幼儿需要”到“倾听幼儿需要”

近年来，诸多研究表明，儿童是积极主动、有能力的学习者和沟通者。在教研过程中，我们秉持儿童视角，开始将幼儿视作研究主体，切实思考他们的需求，倾听他们的声音。

一天，周老师看到越越妈妈发在朋友圈的视频。视频里，越越伴着欢快的节奏尽情扭动身体，这种无拘无束、自由表现的状态与老师平时所见大相径庭，这让身为舞蹈专业的周老师深受触动。因为此前她一直觉得，孩子们跳舞至少要熟练掌握基本动作，才能展现舞蹈精髓。

带着“呵护天性，让艺术真正成为幼儿表达自我的重要方式”这一理念，她重新审视自己曾引以为傲且备受肯定的音乐活动。“为何在幼儿园里，老师没看到越越如此释放天性?”“没了教师步步指导，孩子们会有自己的艺术创意吗?”“那些不爱表现的孩子，在教师放手后又会怎样表现呢?”……周老师开启了新尝试，她依旧用优美舞姿感染幼儿，但不再执着于幼儿做得“像不像”。

一次艺术活动后，周老师激动感慨：“我鼓励孩子自主倾听、感受、表现，活动中没有‘兰花指’的采茶少年依旧无比投入。”周老师花了半年时间，拍摄了262张照片、117段视频，记录下放手后孩子们的真实表现。她欣赏的目光也从班里几个“台柱子”转向全体幼儿。

《3—6岁儿童学习与发展指南》颁布后，教师对艺术教育对幼儿发展的价值有了新认识，但在实践中，对于“教”与“不教”等问题仍犹豫不决。在开展创造性艺术研究的过程中，我们将“呵护天性”作为艺术教育理念，将“释放天性”作为艺术教育目标，依据《3—6岁儿童学习与发展指南》中艺术领域目标，同时借鉴美国高瞻课程的幼儿艺术行为评估指标，形成《幼儿创造性艺术发展观察指标(试验版)》。此外，我们还开展了一系列幼儿发起与教师发起的艺术活动，涵盖专门艺术活动以及延展到一日生活的艺术教育。借助该观察指标，通过反思实践，教师对“儿童是天生的艺术家”有了更深刻理解，幼儿的自我表达得到教师充分尊重，艺术活动成为幼儿表达个体情绪情感、展现对周围世界认知的重要手段。

二、从“关注幼儿的行为表现”到“关注行为背后的想法”

研究发现，照料的质量归根结底可归结为照料者或教师与儿童之间关系的质量。作为教师，我们要通过观察深入了解儿童，洞悉他们的兴趣偏好、性格特点、现实水平、学习方式及发展需求等，这样才能与幼儿进行高质量互动。

王老师偶然看到小伊在绘画日记上画了一团线条，又联想到当天早上小伊入园时情绪似乎与往常不同，便意识到这团乱线背后或许藏着“故事”。

自由活动时，王老师与小伊聊起来：“小伊，你愿意和我说说这是什么吗？”小伊说：“我有点说不清……”王老师微笑着回应：“如果你愿意，可以和我说说，也可以画下来，让我猜猜发生了什么事。”小伊将无法用语言表达的想法画成四幅画：图一，画面中的小伊弄伤了妈妈种的花，妈妈头顶冒出黑色团团（妈妈生气了）；图二，小伊低着头，旁边是一颗破碎的心（小伊很伤心）；图三，妈妈变成一团火（她气坏了）；图四，一团乱乱的黑线（小伊心情更乱了）。

在王老师的抚慰下，小伊情绪很快平复。事后，王老师将孩子感受告知小伊妈妈。小伊妈妈意识到不当的互动方式给孩子带来了负面影响，便向老师寻求帮助，学习如何控制情绪，与孩子心平气和地互动。

高质量的师幼互动、亲子互动对儿童成长至关重要。给予孩子爱相对容易，理解孩子却并非易事，而观察为我们提供了契机。“强调以观察和解读幼儿为重点，进行积极有效的师幼互动”被明确写入《上海市学前教育三年行动计划（2019—2021 年）》。我们强调，“养成主动观察习惯，为理解幼儿而观察”。借助视频录像，教师可多次重温观察记录，每次重看都能发现重要细节。我们与教师一同回顾、讨论，努力理解幼儿行为背后的所思所想，站在理解、尊重、接纳的角度分析幼儿表现，给予具体的回应。为理解而观察，有助于建立安全温暖的师幼关系、亲子关系与家园关系。

三、从“给幼儿写故事”到“给幼儿讲故事”

每天早上，吴老师所带小班孩子进班后第一件事，便是给豆宝宝浇水。孩子们边照顾豆宝宝边说：“豆宝宝，我喜欢你，我给你浇水，你要快快长大哦。”“豆宝宝长绿叶子了，像小鸟的尖嘴。”分享交流时，吴老师把孩子们照料豆宝宝的故事讲给大家听，孩子们听得津津有味。于是，吴老师给每个孩子准备一本“豆宝宝日记”。孩子们把豆宝宝变化的样子画下来，吴老师则记录孩子们照料豆宝宝过程中的语言和行为。除了集体分享外，吴老师还会与孩子们一对一、面对面交流。

吴老师给君君讲她的故事：“今天你问我，为什么其他小朋友的豆宝宝都有许多小叶子，可你的豆宝宝一片也没长出来。我告诉你，如果你再爱你的豆宝宝多一些，也许它很快就会长出小叶子了。比如，你捧着花生宝宝对它说了好多遍‘我爱你’，还为它唱了好听的《小星星》。你的花生宝宝可开心啦，正在努力长叶子呢！”听完自己的故事，君君开心地笑了。她轻轻地把花生宝宝搬到有阳光的阳台，说：“我带你去晒太阳，你要快快长叶子哦。”

我们鼓励教师给幼儿讲写给他们的故事，让幼儿充分感受到被关注，使教师与幼儿间的关系愈发温暖。这种温暖关系，能让幼儿在教师面前更自然地展现自我，教师便能第一时间更真实地了解幼儿想法，并在后续根据幼儿意愿调整活动，持续支持幼儿发展。这一过程也让教师体会到学前教育工作独特的幸福感。

四、从“研究镜头中的幼儿”到“研究幼儿眼中的镜头”

对全市18家优质园和20家二级园的1178名教师的调研发现，仅有20%的教师认为游戏分享交流时应为每个幼儿提供表达机会。此外，仅有25%的教师会在组织集体谈话外，通过自由分享、个别交流、记录分享等方式给每个幼儿表达机会。于是，我们启动“画语解读”研究，鼓励教师让幼儿用绘画记录游戏中“最想和大家分享的事”。

一次，张老师分享了她在游戏分享中的感悟。张老师看到一幅画，画上两个孩子轮廓线周围有密集线条。直觉告诉她，这个小班孩子表达的并非愉快之事，于是张老师与孩子进行个别交流。

原来，在水果店里，小博和同伴争抢同一个纸箱，小博争抢一会儿后很快放弃箱子，选择去大剧院看演出。当天游戏中，张老师并未及时发现这一小插曲。小博的“画”让张老师反思：在日常游戏观察中，我们常看到孩子的外显行为，却不了解孩子的内心感受。尤其是内向孩子，其“谦让”行为背后或许有诸多难以释怀之处,因此教师应格外关注。

受年龄或个性影响,幼儿有时难以用语言充分准确表达观点。对于语言表达一般或慢热型幼儿,他们或许更愿用涂鸦或自己录音的方式表达所思所想。当孩子们有机会用更感兴趣、更擅长的方式表达观点和感受时,教师也有机会透过儿童"镜头",倾听他们的声音。

五、从"研究幼儿"到"和幼儿一起研究"

大班幼儿发现"蚂蚁工坊"里有几只蚂蚁死了。"蚂蚁为什么会死呢?"大家都想弄清楚。于是,教师与孩子们一起查看相关书籍和视频资料。其中,收集到最多的是有关食物的信息,如"蚂蚁喜欢吃甜食""蚂蚁想吃死掉的虫子""蚂蚁不喜欢吃蔬菜"。

就在大家七嘴八舌讨论时,浩浩提出:"书上说的也不一定都对。我们还是通过实验来探索蚂蚁到底喜欢吃什么。"有 7 个幼儿对此特别感兴趣,他们自发地分成两个小组,分别制订实验计划,按计划展开找蚂蚁、喂蚂蚁、观察蚂蚁、记录蚂蚁的过程,并由此发现许多养蚂蚁的秘诀。比如,蚂蚁需要生活在有空气的地方;要每天给蚂蚁喂食;蚂蚁喜欢吃甜食和死去的虫子;蚂蚁一家要生活在一起;蚁后负责生宝宝,工蚁负责造房子。教师鼓励幼儿用绘画、照相等方法,记录探究发现的过程和结果。最终,幼儿们合作完成了一本《养蚂蚁宝典》。

这是发生在原上海市教委教研室"小组学习研究"实验园里的故事。园长感慨:实践研究过程改变了教师看待幼儿的方式。比如,有的教师成为小组成员,与幼儿共同探索寻找答案;有的成为小组顾问,幼儿有问题时便会主动求教;有的则变成"好奇宝宝",抛出新问题与幼儿一起深入思考。在共同学习兴趣驱动下,教师与幼儿一起发现问题、分析问题、探究问题、解决问题。

一直以来,我们习惯以成人视角研究幼儿的困惑与需求。但很多时候,这只是成人的一厢情愿。因为我们无法再成为幼儿,我们预估的种种可能只是自以为的"儿童视角"。

如何走近幼儿,我们从建立温暖的师幼关系入手。依托教研活动培养教师主动观察习惯与细致观察能力,引导教师将观察视角转向发现幼儿优点、兴趣点及所能做之事,由此教师与幼儿间的关系开始转变。当幼儿感受到被教师关注，当教师更善于从日常关注幼儿，温暖的师幼关系便得以建立。这为教师走近真实自然的幼儿、确立真正的“儿童视角”奠定基础。

如何走进幼儿的世界，我们从发现幼儿入手。接纳幼儿的现有状态，鼓励幼儿用多种方式表达需求和想法。支持幼儿个性化表达方式，既满足幼儿表达需求，也为教师深入理解幼儿并给予有效支持提供依据。

如何与幼儿共同思考，我们从和幼儿一起研究入手。通过与幼儿一同研究他们感兴趣的话题，教师成为幼儿学习的陪伴者、平等对话者。伴随研究的不断深入，教师对幼儿如何看待世界、用何种方法创造性解决问题等有了更直接的体验和更准确的把握，离儿童视角也更近了。

尊重、接纳、理解儿童，让儿童像儿童那样成长，这是我们所理解的“儿童视角”，也是我们开展教研实践秉持的宗旨。

观察和研究园本教研的实践与思考

教研活动是幼儿教师以自身教育现场和教育情境中引发好奇的现象与问题为内容载体，自发、自觉地展开探讨与对话，进而化解疑惑并形成新实践方案的活动。针对当前幼儿园在提升保教质量过程中面临的主要问题与挑战，我们旨在提升园本教研品质，构建促进教师内生性成长的教研模式，故而对教研活动过程展开讨论、分析和反思，重点关注“研究教研活动本身以及教研活动中的人”。

一、教师在教研现场的处境

在参与园所教师的教研活动时，我尽可能记录下教研中的关键细节，包括那些引发我思考的话语、场景，以及我个人的理解、想法。基于这些记录与回顾，我察觉到教师们当下在教研中面临着以下难题：

（一）对彰显幼儿主动性和发挥教师作用的纠结

近年来，“儿童视角”“儿童立场”等理念得到大力倡导与推动，幼儿在游戏等活动中获得了更为宽松的主动发展空间。教师努力做到“管住手,管住嘴”,然而内心却始终纠结:既然幼儿能主动发展,那么教师的价值体现在何处?教师究竟能否发挥指导作用?比如,当幼儿遇到问题寻求帮助时,教师会纠结是否该给予答案,担心给了答案会影响幼儿的自主性;在等待幼儿自主探索为过冬植物搭建防风架的过程中,教师会一直思索自己是否应该介入,以及该如何提供支持和帮助;当教师允许幼儿自主组织升旗仪式时,又会担忧若不介入,幼儿的表现是否符合升旗仪式的要求。

在教研活动中,教师们研讨的问题大多围绕尊重幼儿的主动性,却对如何发挥自身作用感到无助与困惑。在讨论过程中,他们反复纠结于自身与幼儿的位置及关系。显然,教师们对于是否应该引导、指导或帮助幼儿这一问题存在困惑。他们担心自己被他人视为“不尊重幼儿、不理解幼儿”的教师,因而不敢为自己“忍不住”的念头和行为进行辩护。这表明园本教研活动必须关注教师在外部要求下转变观念过程中的处境。因为若教师感觉不被接纳,就可能隐藏自己的真实想法,极力表现出认同主流观点的样子。这种在不被接纳和缺乏安全感的情况下出于本能的自我保护,可能会成为教师专业提升的阻碍。

(二)缺乏深度思考幼儿教育价值与目标选择之间的联系

在教研过程中,教师们常常将重点置于讨论“该这样做还是那样做”“有多少种做法”“哪种做法更好更快”等具体操作性问题上,并将找出“更为合理”的做法作为追求目标。然而,即便教师在某个情境中看似解决了问题,但在未来遇到类似问题时,却难以迁移以往的经验。

比如,在探讨幼儿园如何优化食育时,教师们往往热衷于提出若干实践方面的设想:请保健医生回应幼儿的问题,让幼儿参与制作幼儿园食谱,引导幼儿探索四季种植并参与帮厨,给予幼儿选择餐桌甚至食物的自主权等。但隐藏在这些实践操作层面“解法”背后的价值选择,却始终被教师忽视。选择 B 做法而非 A 做法的关键原因在于,B 做法从根本上与幼儿教育中长远的幼儿发展目标,即“未来期望幼儿成长为怎样的人”更为契合。

显然,教研的目的并非仅仅让教师想出更多操作性方法,而是要让教师具备作出专业判断和选择的能力。此时,若能创造机会以引导教师思考和探讨幼儿园食育的目标,他们就会思考并关注幼儿是否对自身身体状态有所感知,引导幼儿品尝多样食物并倾听其对食物的感受和评价，允许幼儿在舒适氛围中按自己的节奏进餐，尝试理解家庭对幼儿饮食习惯的影响，并促使家庭制订更合理的健康饮食计划等。因此，如何为教师提供更多价值思辨和价值确认的机会，是教研需要着力改进之处。

（三）对自我教育实践和意识状态省察的缺失

相较于近年来持续"聚焦幼儿发展，观察和解读幼儿"所付出的努力，教师在教研中对自身作为教育者的角色价值进行重新认识，以及对自己秉持的立场和教育实际成效进行省察与深入探究的尝试，显得极为不足。

园本教研活动是由具备专业知识和从业经历的教师开展的研讨活动，其重要价值之一在于帮助教师深入理解教育者角色、提炼经验并拓宽视野，使教师获得专业决策能力，从而在未来能主动且智慧地选择具体教育方法。

结合教师经历的具体场景与情境，帮助他们认识不断发展的自我，有意识地增强他们对自身作为教育者立场和观点的感知，分析并理解自己在某些具体情境下为何会采取那样行动的原因及影响因素等，这对教师感知并校准自身发展方向、实现观念的彻底转变至关重要。教研活动是一个天然展示教师观念与行动差异的场所。如果教师能在比较与质疑中明晰自己的真实想法和观念，就能在教研中审视自我，进而实现自我突破。教师有"发现真实教育情境中的自我"的发展需求，但目前园本教研活动在这方面的探索极为有限。

（四）个体参与教研活动的实际价值被忽视

教研活动被幼儿园视为解决实践问题、助力教师专业成长的重要平台，并且有相应制度予以保障。然而，当我们对教研活动的实际成效进行评价时，结果往往不尽如人意。因为通常考察的多是一些看得见的内容，如教研制度与规定、教研计划、记录及总结等。对于那些不太容易察觉的方面，如教师是否在教研中实现专业提升、教研是否帮助教师解决实践问题并提升认知、教研成果在实践中是否得到应用等，往往缺乏考察，或者不知该如何考察。部分幼儿园的教研活动虽有评价要求，但更多是让参与教研的教师对教研主题的适切性、教研主持人提问的有效性、教研是否启发教师思考、教研氛围是否愉快等进行不同评分等级的主观体验评价。这样的评价过程设计与评价结果，对所有人而言意义都十分有限。

若幼儿园真正重视园本教研活动的质量，最有效的方式是向每一名教师收集那些值得关注的关键要素，如教师在教研过程中的发言机会和权利、受到启发并产生认知冲突的场景和时机、从其他教师处学到的新方法和新视角，以及引发自己立刻想要尝试的计划和实践方案等，让每一名教师通过主动汇报客观信息来取代主观的等级评价。

如果教研无法激发教师深入讨论并形成新认识，也不能满足教师因专业对话而产生的愉悦和自信体验，那么就是在浪费时间。因此，我们必须设法把握每一名教师参与教研时的真实情绪和情感状态，这是判断教研是否真正具有价值的关键所在。

二、教师在园本教研中的学习

我们期望教师能从园本教研中汲取养分，在解决日常教育实践问题的过程中实现学习成长，同时向身边各具特色的教育同行学习。

（一）创造基于教师差异的开放性研讨场域

园本教研的开展正是基于教师之间存在的差异。面对同一个实践案例，不同教师的解读视角、关注重点以及提出的问题都会有所不同。在园本教研中，首要的是接纳这种难以完全预知的“教师的原有经验和兴趣”，这往往是衡量园本教研质量的关键所在。然而，教研能为接纳这种差异提供多大空间，很大程度上取决于教研主持人的开放程度。比如，“观看这段视频，说说让你印象最深的片段以及为什么”“观看这段视频，说说幼儿表现出了哪些方面的能力”，这两个提问的开放程度截然不同。前者预留了更为广阔的空间，给予教师更多基于自身经验和思维进行深度加工的可能性。长期在类似前者问题场域中参与教研的教师，能获得更为全面、广泛的探索空间和对话机会，他们可以充分表达自己对教育和幼儿的独特理解，倾听他人富有差异的见解和信息，切实体会到作为教育者发表意见的权利以及分享的价值。后者虽并非完全封闭式提问，但教师通常只要简单作答，无须深入思考。长此以往，在类似后者问题场域中参与教研的教师就会逐渐变得相对被动，习惯于等待任务安排并完成任务，然后继续等待下一个指令。

相信教师对教育过程和经验有自己的理解，会提出独特的问题，并且准备好接纳教师的思考和提问，这不仅是教研坚持“园本”的重要基石，也是幼儿园在教研转型过程中面临的重大挑战。

（二）珍惜实践引发的持续变化及其带来的独特价值

我们倡导教研源于教师的关切，意味着要善于捕捉那些吸引或困扰教师的问题。如果认知冲突或实践冲突得不到解决，类似的问题与纠结便会在教师日常教育过程中反复出现。只要关注教师的实际处境，就能从教师那里获取教研问题的来源，这正是我们接纳教师实践的体现。一些教研组组长常感慨，“寻找一个合适的教研话题（内容）既关键又困难”。这或许是因为尚未做好充分准备，未能积极面对教师的实践，而是将选择问题的权利和责任全部揽在自己身上。实际上，教师的问题体现在日常保教工作的各种场景中的想法和做法里，教研时所讨论的具体话题往往只是某些问题的具体表现，这些问题通常都能归结到一些主要的本质问题上。教研中需要深入研讨的，正是这些能促使教师深入思考的普遍且本质的问题。

同时，教师的教育实践是一个动态发展的过程。如果教师愿意将教研中获得的“（自认为可靠的）新知识”应用于实践，就会对实践所引发的变化产生兴趣，当然也可能遭遇一些难以掌控的局面。无论出现何种情况，教师都将面临全新的真实境遇。这种后续发生的过程为教师的学习提供了崭新的契机，正所谓“做中学，做中求进步”。这就是为什么要鼓励教师带着教研中产生的新思考、新方案到班级中去实践。实践会带来新的境遇、思考与困惑，进而推动教研不断深入。

（三）推动教师主动联结外部资源并从中学习

在研讨过程中，教师难免会遇到一些难以理解的现象，如始终无法理解幼儿为何会出现某种特定行为。在现有的知识经验范围内，有时不得不承认“我们不知道”。此时，外部资源的介入以及知识的注入就成为解决问题的关键。我们注意到，教师会主动引入其他研究领域的概念，包括其他学段的教育概念，还会融入一些教育学、心理学的理论和观点等，用于分析和理解教育现场的现象。有时，教师对所探讨话题中的某个关键概念内涵模糊不清，便会主动查阅资料并进行梳理，约定在第二次教研时深入交流。通过“慢下来”甚至暂时放弃原有教研计划进度的方式，对尚未明晰的关键内容追根溯源，从而激发教师因不理解而产生主动学习的愿望。这种基于现实、满足教师真实学习需求并能让教师切实取得进步的教研，才是真正有价值的教研。

在教研过程中，有时会因话题需要而特别邀请专家外援，如儿保医生、社区工作人员等参与讨论，主要目的是为教研增加不同的视角，让教师听到多元的声音。他们的意见和观点是对教师专业知识和思考角度的积极补充，是教师值得学习的宝贵资源。比如，对于教师提出的是否要帮助托班孩子戒掉依恋物这一话题，医生直接给出建议：依恋物对孩子发展具有一定价值，简单决定戒掉或不戒掉都不利于孩子成长。戒除依恋物应尊重孩子的意愿和能力，征求孩子的意见，既不能直接藏起依恋物，也不能因孩子有依恋物而忽视陪伴，反而要提高陪伴质量，及时回应孩子的需求。专业人员被视为教师在需要时渴望求助的重要资源。随着办学的日益开放以及教师视野的拓宽，经常邀请不同领域的专业人士参与教研，并确保教师能从中获得长期受益的内容，这是教研应当努力实现的目标。

（四）降低对共识的期待，转而支持有差异的进步

教师之间的差异是客观存在且无法消除的，尽管对教师培养有一定标准，但明智的做法是接受教师的“多样性”。达成共识并非意味着说出（或背诵出）相同的话语，而是在充分的思维碰撞后，在情感上形成默契，在观念上达成认同。

比如，教师们在分析同一个案例时，可能会表达出不同的理解和收获，诸如“不要限制某个场地的用途”“要敢于放手”“要抓住教育时机”“如果幼儿将热爱发挥到极致，便能绽放光芒，对周围人产生积极影响”“每个幼儿都有独特的生命经历，要关注不同类型的幼儿”“要让户外空间具有多种可能性，不局限于游戏场或运动场，而是成为‘任意场’”。这些收获生动具体，是教师通过对话从内心自然生发出来的，对每个人原有的认识和经验进行了重塑。虽然教师们表述不同，但他们内心都能感受到自身的成长，有着深刻的体会，并且彼此欣赏和认可。这样的教研状态并非“缺乏共识”，而是达成了更高层次、更广阔视野的“共识”，即“这就是我们理想中的幼儿教育应有的模样”“这就是我们期望孩子实现的成长”“我们是一群有想法的教师，我们的讨论有助于每个人的进步”“我们每个人都拥有充分表达自己的权利”。

三、教研组组长在园本教研中的角色探讨

教研组组长是保障园本教研质量的核心人物。园本教研质量的高低，以及教师能否拥有参与感和获得感，都与教研组组长的角色定位及其作用发挥紧密相关。在观察教研活动时，我们尤其需要重点关注教研组组长（通常作为教研主持人）的角色定位和作用呈现。

（一）在倾听中理解、相信教师

教研组组长一般由专业能力较为突出的教师担任，且他们并未脱离教师岗位，同样属于教师群体中的一员。在实践中，教研组组长可能面临许多与其他教师相同的疑问和困惑。作为相对成熟的教育实践者，教研组组长要做的便是充分理解教师的困难和疑惑，设身处地地感知不同教师提出问题的场景和出发点，其中涵盖了对教师的年龄、资历、专业水平等方面的综合分析。当教研组组长将坚持倾听教师的话语和心声培养成习惯时，就会愈发相信教师们都是带着自身经验参与研讨的个体，他们拥有自己独特的观点和观念。此时，教研组组长自身的格局得以打开，既不会过度执着于“听到自己想听的所谓正确的内容”，也不会为不知如何给出正确答案，或是在没有答案时感到焦虑。

因此，我们倡导教研组组长不要试图成为无所不知的百事通，不要急于给出答案，不要预先为教师设想“假定”的问题，更不要提前写好准备给出的方案和方法，而是要成为一位能倾听教师想法、心态放松的主持人。更具价值的做法是，教研组组长可以记录并尝试整理教师们在互动过程中受到启发的内容，借此清晰地认识到教师是有能力、有主见的群体，进而更好地理解、欣赏教师，并在此基础上给予教师支持。只要认真倾听，教研组组长就会发现并承认教师之间的差异，同时也必然会发现这种差异所蕴含的价值，进而产生利用这种差异实现教师之间相互激发和学习的行为。教研组组长适当“退后”，融入教师群体，能让教师们更加自信、从容，从中获取参与研讨的动力和成就感。

（二）以实践为驱动，动态示范解决问题的方法

教研活动的最大价值在于营造一个能让教师基于日常实践经验展开思考和探讨的空间，让教师在这个空间中深入参与讨论，获得全新理解，开启新的实践与尝试。我们倡导教研组组长要引导教师呈现各自从实践中收集的客观事

实和证据，尤其是幼儿的活动表现，以此作为讨论的基础，避免脱离教育现场的泛泛而谈，这才是解决问题的根本途径。在设计教研活动时，要以日常教育现场中发生的、富有细节的案例和关键片段为依据，引导教师进行深入分析和讨论。因为教师依据幼儿的语言和行为表现，往往能形成更为合理的分析。

需要特别指出的是，在部分教研活动中，虽然引用了教师日常收集的案例，但仅呈现了片段化、零碎的情节，这容易导致教师因信息不完整而产生“误读”。表面上教研活动看似热烈，实际上却浪费了宝贵的研讨时间，得不偿失。教研案例的选择以及关键片段的摘取，应以完整呈现背景和重要细节、便于教师理解为目标。否则，教研设计者可能只是想掌控教师，而非真正带领教师解决问题。推动教师投身实践，甚至教研组组长自己带头实践，并让教师带着自身的观察和感受再次参与教研。只有这种紧密结合实践的研讨，才有可能推动问题的动态解决，提升教师的认知水平。

（三）保持敏感，触动教师并引领教师思考

教研组组长常常为寻找合适的研讨主题而苦恼。最佳的方式是教研组组长持续观察和倾听教师在教育现场的表现、疑问和困难。教师在带班过程中的哪些行为和表现引发了你的思考，让你产生了犹豫或不确定的感觉，不妨顺着这些线索直接与教师互动，进行持续深入的观察或对话，了解他们如此行事、持有这般观点的理由。随着这个过程的不断推进，一些值得深入探讨的内容便会逐渐显现。

比如，上海市黄浦区荷花池幼儿园的教研组织者尝试通过捕捉教师感兴趣、存在疑惑的细微线索来生成教研。她顺着教师反复讨论和反思的“为什么我自己上不好名师的课”这一话题组织教研，倾听教师们结合自身实践和体验的解释，自然而然地引导教师充分表达，最终发现“上好课的关键不在于模仿外在的流程和设计，而在于发现本班幼儿的兴趣和能力”这一要点。在研讨过程中，每名教师通过探讨自己的实践和体会，更具体、真切地理解了该园提出的“我与孩子共可能”的课程理念。

教研的问题最好是“教师提出的问题”，源自他们为满足自身好奇心、优化实践而产生的探究意愿。尽管“研”和“训”相互关联、不可分割，但真正关注教师的兴趣，在教研中借助教师之间的经验比较与交流，激发新的观念，并努力优

化实践，才是更能体现教研价值的选择。同时，教研组组长作为教师中的一员，要向教师示范如何成为对幼儿发展、自身实践充满好奇的人，时常自问、询问教师"为何对这个问题感兴趣，这么问意味着什么"。保持对新理论、新观点以及幼教改革发展动向的敏感性，思考它们与幼儿教育核心理念、课程目标等的关联，主动结合自身和教师们的实践形成新的认识，如此便能越来越精准地抓住和梳理那些值得教师共同探讨的重要话题，引领教师深入开展研讨。

（四）聚焦参与，架构互动对话时空

教研是教师的群体研讨活动，为了让教师们在有限时间内实现原有经验基础上的思维碰撞，开启成长的可能性，首先要确保所有教师都能在教研中积极主动地参与，这是一个专注投入的观点输入与输出过程。那么，教研组组长该如何做才能调动所有参与者发言，保证对话机会的公平性呢？我们也常常发现，教师在教研中讨论的话题往往缺乏规划，"走到哪算哪"，很少对问题进行深度研讨。此时，教研组组长又该如何把控教研进程，使教师们的思考和讨论更有针对性和意义呢？

我们发现，教研组组长除了要关注那些不太主动表达的教师，给予他们更多参与机会外，还可以借助一些类似规则游戏的教研工具流程来解决可能遇到的难题。比如，可以采用"问题风暴""观点便利贴""六顶思考帽""鱼骨图""世界咖啡"等工具，有效控制研讨程序和效率，便于梳理信息和呈现观点。教研工具能有效保障所有人的发言权公平，为教师观点的表达提供支撑，推动高质量互动，考察教研成效。然而，决定工具效用的是运用工具的人的理念和方式。应当明确教研活动不同环节的目的，如激发所有人集思广益，考察和反思某个做法的优势和缺陷等，再结合研讨目的选择和使用工具。但要注意，工具是为服务教研、提升效率而存在的，切不可被外在形式所束缚。

我们需要反思和重建更符合园本教研运作逻辑的模式：珍视教师的好奇与质疑，允许教师基于自己真正关心的问题组建研讨圈子，而不必过于在意是否遵循教研活动原有的外在要求。上海市许多幼儿园内部以及幼儿园之间已经开展了富有创造性和实效性的探索。向这些幼儿园学习，研究园本教研本身的开展过程，研究参与教研活动的教师，将为我们后续的实践提供有益指引。

后记

有幸获得一个好机会，让共事已有12年之久的我们一起著书。

我们三个年龄相仿，其中两人已光荣地捧回“30年教龄证书”，另一位也即将获得此殊荣。曾经年少的我们都对一生从事同一职业深感不可思议，但共同的奋斗目标，让我们义无反顾地走到现在，相聚在一起。因此，在确定书名时，我们很自然地想到了《许孩子一个幸福童年》。这无疑是过去、现在直至未来，我们内心深处最明确、最美好且最坚定的信念。

2024年，我们开始着手整理、编写《许孩子一个幸福童年》。书中通过“筑牢保教质量的根基，以核心理念为引领”“以课程领导力驱动课程实施的高质量发展”“锚定游戏是撬动保教质量提升的关键支点”“激活自我评估，赋能持续改进”“强化教研支撑，助力保教质量持续提升”这五个篇章，真实呈现了我们作为教研员，多年来立足于幼儿园各类活动现场的思考和行动。我们也清晰地认识到，这本书本质上也是上海近1700所幼儿园在“捍卫儿童立场”之路上，一步一个脚印、不断迭代优化的真实写照。

我们三人何其有幸。在2021—2022这两年间，当接到总结上海学前教育二十余年波澜壮阔改革进程的重任时，我们既满心欢喜，又忐忑不安。欣喜的是，我们遇上了学前教育发展的黄金时期，“办人民满意的学前教育”“持续促进保教质量提升”成为全国幼儿园共同的奋斗方向，而我们获得了“讲述上海学前教育故事”的宝贵机会。忐忑的是，我们面临着“如何在蓬勃发展的历史长河中凸显上海的坚守与特色”“如何在市、区、园持续的不懈努力中梳理出突破与创新”等巨大挑战。直到得知“整体提升幼儿园保教质量的上海实践”荣获上海市基础教育教学成果奖特等奖、基础教育国家级教学成果奖一等奖时，我们由衷地为自己身为上海学前教育课程改革的一分子而深感自豪。

亲身经历整个过程，我们深切体会到上海学前教育“积跬步以致千里”的深刻内涵。我们就如同浪潮中的三朵小浪花，在无数次挑灯夜战、字斟句酌的艰难过程中，最终汇聚成推动前行的“澎湃动能”。在此，我们要衷心感谢给予我们智慧和帮助的人们。

感谢引领我们走进新课程的专家们，是他们为上海学前教育发展绘制了宏伟蓝图，始终激励着我们心系儿童，并深入反思实践；也是他们多年来不离不弃的陪伴，以及孜孜不倦的鞭策，让我们有幸站在“巨人”的肩膀上，追逐上海的“学前教育梦想”。

感谢与我们并肩作战的全市所有园所和教师，以及各区教育学院的教研员们。我们组成合作共同体，齐心协力地聚焦实践工作中的难点问题，共同收获上海学前教育的累累硕果。我们都在为提高幼儿园保教质量以及为中国学前教育事业的发展贡献力量。

感谢这二十多年来带教我们成长的黄琼老师和周洪飞老师。她们是我们的引路人，也是上海学前教育课程改革的设计者、指导者和反思者，更是上海学前教育教研文化的缔造者。在复盘“整体提升幼儿园保教质量的上海实践”时，她们如数家珍地详述着上海学前教育的每一处变化，满怀热情地展望着美好的未来，这给予我们执着探索的原动力。

我们还要感谢上海市教育委员会、上海市教师教育学院（上海市教育委员会教学研究室）的历任领导们。他们不遗余力地给予支持和保障，积极倡导“幼儿发展优先”理念，大力支持培育“精精瘦、墨墨黑”的上海小囡，高度认同“让孩子在蓝天白云下尽情撒欢”。多年来，正是在他们的殷切期待下，我们不敢有丝毫懈怠，积极主动地探索前行。

实际上，《许孩子一个幸福童年》是众多学前教育工作者共同的愿景。

我们知道，数以万计的一线教师每天都在兢兢业业、辛勤地工作着，他们或许没有惊天动地、催人泪下的故事，但绝大多数都在努力践行“以促进每一个幼儿健康快乐成长为宗旨”“丰富幼儿成长经历”“明确游戏在课程中的重要地位”“走进游戏，走近幼儿”“让自我观察评估成为幼儿园工作常态”“基于问题主动探索”“探索能导向解决课程真实问题的教研实践”。

《许孩子一个幸福童年》同样也是所有学前教育工作者面临的永恒课题。未来，是要求广大教师都去做我们认为正确的事，还是探寻教师专业成长的最近发展区，激发教师的生命活力？是依靠外部评价来警醒教师，还是促使教师学会在自我评价中反思，使其成为提升质量的根本力量？我们的探索之路仍在继续，需要不断思考与探索，助力上海四万余名幼儿教师成为幸福、有力量且具备学前教育核心竞争力和影响力的创新型教师。

如今，《许孩子一个幸福童年》虽已完成编撰，但由于我们自身学识有限，书中所述内容难免存在疏漏，恳请各位读者批评指正。

徐则民　贺　蓉　王　菁

2024 年 12 月

图书在版编目（CIP）数据

许孩子一个幸福童年 / 徐则民，贺蓉，王菁著. 上海：上海教育出版社，2024.12. —（上海教育丛书）. — ISBN 978-7-5720-3193-9

Ⅰ. G612

中国国家版本馆CIP数据核字第202429YT42号

责任编辑　袁　玲

封面设计　蒋　妤

上海教育丛书

许孩子一个幸福童年

徐则民　贺　蓉　王　菁　著

出版发行　上海教育出版社有限公司

官　　网　www.seph.com.cn

地　　址　上海市闵行区号景路159弄C座

邮　　编　201101

印　　刷　浙江临安曙光印务有限公司

开　　本　700 × 1000　1/16　印张 20.25　插页 3

字　　数　320 千字

版　　次　2025年5月第1版

印　　次　2025年5月第1次印刷

书　　号　ISBN 978-7-5720-3193-9/G·2822

定　　价　54.00 元

如发现质量问题，读者可向本社调换　电话：021-64373213